柴崎祐二 編著

シティポップとは何か

河出書房新社

シティポップとは何か

はじめに

ここ数年来、世の中は空前のシティポップブームに沸いてきた。音楽雑誌／ウェブサイトはもちろん、新聞、ファッション誌、ラジオ、テレビなど、数多くの媒体がシティポップを取り上げ、それが広くリバイバルしていることを伝えてきた。

かつて日本で生まれたシティポップは、もはや、それをリアルタイムで楽しんでいたファンがあの時代を懐かしむための「懐メロ」として存在しているのではない。当時を知らぬ若い世代の音楽リスナーが積極的に掘り起こし、聴き、シェアすることを通じて、同時代的魅力に満ちた音楽として、大きな人気を獲得したのだ。中古レコード店では、たとえば山下達郎、吉田美奈子、角松敏生《かどまつとしき》らによる往年のアナログ盤を多くの人々が買い求め、それらがにわかに人気アイテムとしてプレミア価格で取引されるという光景も日常化した。並行して、それらの需要を裏付けるように、CD、レコード、デジタル等の各フォーマットで、毎月のようになにがしかの人気作品が再発売されてきた。

興味深いことに、こうした状況は日本国内にとどまらず、アジア各地や北米をはじめとした西欧圏を巻き込み、国境を越えた盛り上がりをみせている。いや、もしかすると、昨今のシティポップブームは、むしろそうした海外での盛り上がりが主導してきたものかもしれないし、今やその受容の中心地は海外に移っている感もある。

テレビ東京系バラエティ番組『ＹＯＵは何しに日本へ?』の２０１７年8月放送回において、東京のレコード屋を探索するために訪日したアメリカ人男性が紹介された。次々とレコードをめくり、ある作品を掘り当て狂喜する彼の姿を、印象深く記憶する読者も少なくないだろう。そのお目当てのレコードとは、シティポップ屈指の名盤として語られる、大貫妙子《おおぬきたえこ》の１９７７年作『SUNSHOWER』だった。

竹内まりやが１９８４年にリリースしたアルバム『VARIETY』収録の楽曲「プラスティック・ラブ」への急激な注目度の上昇も、こうした状況を象徴する出来事だった。２０１７年、とある海外ユーザーによって YouTube へ非公式にアップされた同曲の動画は、著作権侵害申し立てによって二度にわたって削除されたものの、２０２１年7月までに7０００万回に迫る勢いで再生され、コメント欄に目を転じれば、海外の視聴者からの称賛で埋め尽くされていた。

世界中の若年層へ広く浸透し、様々なブームを作り出しているモバイル媒体向け動画プラットフォーム TikTok も、シティポップの人気に大きな役割を果たしている。今は亡き歌手・松原みきが１９７９年にリリースしたデビュー曲「真夜中のドア〜stay with me」のリバイバルヒットがその象徴的な現象だろう。かねてから YouTube 上では人気曲として多くの再生回数を稼いでいた同曲だが、２０２０年10月、インドネシアで活動するシンガー、Rainych がカヴァーヴァージョンを公開し、広く人気を集めた。すると、松原みき歌唱のオリジナル版への人気も改めて沸騰し、次いで、TikTokにおいて本曲を使用した動画が大きなバズを獲得、またたく間に多くのリスナーへと広がっていくことになった。「真夜中のドア～stay with me」は、結果的に、現在世界最大級の音楽ストリーミングサーヴィスであるSpotifyのバイラルチャート「グローバルバイラルトップ50」を駆け上がり、同年12月には18日連続で世界1位を獲得する大ヒット曲となった。

TikTokでのバズをきっかけにヒットへとつながった最近の例には、大貫妙子が１９７８年にリリースしたアルバム『ミニヨン』に収録されている「4:00A.M.」がある。サビの「Lord, give me one more chance（「主よ、もう一度私にチャンスをください」の意）」という歌詞に合わせて何かを祈願するという構図が世界的に流行し、それが波及する形で、２０２１年12月初旬には同じくSpotifyの「グローバルバイラルトップ50」チャートにおいて最高21位まで上昇した。

これまでには他にも、濱田《はまだ》金吾《きんご》「街のドルフィン」（１９８２年）や泰葉《やすは》「フライディ・チャイナタウン」（１９８１年）のリミックス・ヴァージョンがTikTok動画で盛んに使用され、人気を博してきた。まさに、いつどんな曲が何をきっかけにブレイクするか予測のつかない状況になっている。

さらに、海外でのシティポップへの注目は、こうしたネット上における広がりにとどまらず、エンタメ界の中枢にも及んできた。２０１９年には、米国の人気ラッパー／プロデューサー、タイラー・ザ・クリエイターが自身のアルバム『IGOR』で、山下達郎の

「Fragile」をサンプリングしたことが話題となったし、ロック界でも、UKの人気バンドThe 1975が、2020年5月リリースのアルバム『仮定形に関する注釈（Notes On A Conditional Form）』で、佐藤博の「SAY GOODBYE」をサンプリングした。さらに2022年1月には、R&B系シンガーソングライターのザ・ウィークエンドによるアルバム『Dawn FM』で、亜蘭知子《あらんともこ》の「Midnight Pretenders」が大々的に使用され、日本のファンを驚かせた。また、韓国や台湾、インドネシア等の東アジア／東南アジア各地域においても、シティポップ楽曲をカヴァーする若手アーティストが現れたり、いかにもシティポップ的な音楽性／ビジュアルをとりいれたオリジナル新曲が連続的にリリースされている。

もちろん、日本国内のシーンに目を転じても、シティポップ系アーティストがにわかに再注目され、新旧リスナーに向けたリリースやコンサート開催も活性化してきた。また、この10年ほど、若手アーティストが作り出す音楽の一部へ新たに（ネオ）シティポップの名を与えて評価／カテゴライズしようとする動きもあった。

こうした大々的なリバイバル／ブームを通じて、どうやら、シティポップという言葉は、特定のジャンル用語としての機能を超えて、一種の「ムード」として把握されるようになった。元来曖昧さを孕んでいたこの呼称は、時代を下るたびに拡張的なイメージを付与され、発展を続けてきた。「あの頃の日本」「好景気に沸く都市」「オシャレ」……シティポップが想起させるイメージはきわめて多様で、雑多でもある。当然、人によってその受け取り方も違ってくるだろう。ときには、「昔は良かった」「世界に誇るべき日本固有の文化だ」など、長きにわたって自己肯定感の欠損に倦《う》む「ニッポン」が自らの過去を美化する欲望と重ね合わせるように、シティポップの遺産を引きずり出そうとしているように思えることもある。海外におけるシティポップ人気を、ナショナリスティックな文脈で消費しようとする動きも、ところどころに潜在しているようだ（象徴的なのは、様々な問題含みで開催された2021年の東京オリンピック開会式の前後において、シティポップ系楽曲がBGMとして現場で使用されていたという事例だろう）。こうした欲望の裏返しとして、「海外から都合よく眼差される極東日本の文化」という、これまで様々に批判されてきたオリエンタリズム的な問題に通じる何かも潜んでいるのかもしれない……。

今、もう一度冷静に考えてみようではないか。シティポップとは、いったいどんな音楽・文化なのか／だったのか。それはどこからやってきたのか。どのように発展／拡散をとげ、なぜ再び大きな盛り上がりが出来するに至ったのか。これから我々は、一口に「主に80年代の日本で作り出された都会的ポップミュージック」と理解するだけでは足りないシティポップという多面的な存在を、音楽的な面、歴史／社会的な面、ときには時代の政治意識との共振／非共振という視点から眺め直していく。そして、それを通じて、シティポップをより深く鑑賞／理解するための道筋を探っていきたい。単にシティポップを礼賛し、消費しようとする視点ではなく、ときにシティポップを批判的に眺め、文化的／社会的な文脈において、それがどのような「功罪」を背負ってきた／いるのかについても、論じることになるだろう。シティポップの来し方と、現在、そしてこれから。それらをできるだけ様々な論点から照らし出してみることが、本書の狙いである。

そのような大それた試みを行おうとしている編著者のお前は一体何者なのか？　という声が聞こえてきそうだ。一応述べておけば、私は１９８３年に埼玉県の田舎町に生まれた、シティポップをリアルタイムで経験していない世代の人間である。しかも、２００２年に上京して以後も、特に意識してシティポップ系の音楽を嗜んできた者ではない。シティポップへ興味を抱いたのはここ10年ほど、はじめは仕事を通じてだった。

私は、２００６年からレコード業界でＪ－ＰＯＰ系のプロモーションを担当し、２００９年にはインディーレーベルに移り、主に宣伝と制作を担当してきた。現在はフリーの音楽ディレクターとして音楽業界に関わる傍ら、文筆活動を行っている。そういった業務を通じて携わった担当アーティストや作品が、ある時期からメディアや評論家から「シティポップ」あるいは「ネオシティポップ」とカテゴライズされるようになり、それまで自分の中で茫漠と抱いていたシティポップ観とどうやらかなりのズレがあるらしいことを意識するようになった。世にシティポップと呼ばれている作品を聴き直してみたり、新たに聴いてみたり、その定義について考えているうちに、いつしか私はシティポップのファンになり、クラブでレコードやＣＤをプレイしたり、気づいたら同好の友とディスクガイド本の編纂などにも関わるようになっていった。並行して、そもそもシティポップとはどんな音楽で、どのように受容され、どのように語られているかについての興味がますますふくらみ、その成果を各所に雑文として書き残してきたりもした。

当然私は、シティポップが隆盛を極めていたかつての時代を知らない。だから、そこにストレートな懐古と憧憬を抱くよりもむしろ、後から来た世代として、その時代に生まれたシティポップがどのように受容され、それを取り囲んだ文化が各時代とどのような関係を結んできたかに関心を抱いている。自分と同じ世代か、あるいはより若年の音楽ファンたちが、アナログレコードやネット上の動画やストリーミング配信などを通じて熱心にシティポップを愛好してきた事実、そしてそれが国内に留まらない趨勢を見せている状況。シティポップが過去に生まれた音楽だったとしても、こういった状況は他人ごとでなく、むしろ自分ごとであると考えるようになった。シティポップという魅力的な音楽文化の歴史に敬意を払いつつも、それぞれの時代を読み解く鍵を、シティポップとその受容状況の中に探してみたい。それが本書を書いてみようと思った一番の動機だ。ベテランのシティポップファンの方々には、若造のそんな妄言には付き合っていられないよ、と言われるかもしれない。それはそれで仕方のないことだと思う。だが、もし、シティポップを通じてどこまで射程の長い思考を起動することができるかということに少しでも関心を持ってもらえるなら、必ずや、本書で展開される議論にも楽しくお付き合いいただけるはずだ。

本書は、2021年1月30日に行われ、筆者が講師をつとめた美学校オープン講座「基礎教養シリーズ　ゼロから聴きたいシティポップ」の内容、ならびに当日のために作成されたレジュメを元に、以降の動きやさらなる研究を交えた大幅な加筆修正を経てまとめられたものである。私が担当した本論に加え、講義へ参加いただいた美学校音楽学科主任の岸野雄一氏、ゲストとして登壇いただいた日本学研究者のモーリッツ・ソメ氏とポピュラー音楽研究者の加藤賢氏による論考、韓国・ソウル在住のギタリスト／DJ／プロデューサーの長谷川陽平氏へのインタビューも収録しているので、より深くシティポップを味わい理解するための一助としてほしい。また、随時註釈を設けてあるので、そちらも併読することをお勧めする。

シティポップとは何（だったの）か。一筋縄では行かないこの問いを、読者の皆さんと共にじっくりと解きほぐしていこう。

目次

（第1章）シティポップ概説

1-1

シティポップのあらまし

シティポップの音楽的特徴

シティポップとは何なのか？　一般的には、「おしゃれで都会的、かつ軽やかなサウンドを伴ったポップス」という漠然としたイメージで語られることが多いが、具体的にはどんな音楽的要素によって構成されているのだろうか。シティポップが日本で生まれた音楽であることは間違いないが、海外産の諸音楽から大きな影響を受けたものでもある。まずは、ルーツとなったそれらの音楽を紹介しよう。

ここでいう「海外」とは、主に米国のことだ。もっとも大きな影響源といえるのが、1970年代後半から1980年代前半にかけて、北米のポピュラーミュージックシーンにおいてブームを巻き起こしていた、AOR〈※1〉と呼ばれる音楽だ。70年代初頭に現れたシンガーソングライター系の柔和なサウンドや、いわゆる「ウェストコーストロック〈※2〉」の流れを軸としながら、ジャズやソウルミュージック、ソフトロック〈※3〉等の要素を取り込んだポップス寄りの音楽が、ロスアンゼルス等の西海岸都市を中心に興隆した。

〈図1—1〉

※1 AOR
アダルトオリエンテッドロック（Adult Oriented Rock）の略で、主に日本で流通するジャンル用語。米国では同様の音楽をアダルト・コンテンポラリー、ソフトロック等とい

代表的なアーティストは、ボズ・スキャッグスや、彼の大ヒットアルバム『シルク・ディグリーズ』（76年）〈図1―1〉に参加したミュージシャンを中心に結成されたバンド「ＴＯＴＯ」、クリストファー・クロス、Ｊ・Ｄ・サウザー、エアプレイ、ジノ・ヴァネリ、ボビー・コールドウェル、マイケル・フランクスなどが挙げられる。

メロウ〈※4〉でアダルトな雰囲気を伴ったこのＡＯＲの隆盛は、ジャズ界とのクロスオーヴァーによっても推進されており、まさにその言葉どおりロックとコンテンポラリー〈※5〉でポップなジャズを混ぜ合わせた「フュージョン〈※6〉」とも表裏一体の関係にあった。代表的なフュージョンアーティストには、スティーヴ・ガッド（ドラムス）やリチャード・ティー（キーボード）といった名手を擁するバンド「スタッフ」や、ジョー・サンプル（キーボード）やラリー・カールトン（ギター）ら手練《てだれ》が集ったクルセイダーズなどがいる。

また、ブラックミュージック〈※7〉の存在もきわめて重要だ。というより、ＡＯＲにせよフュージョンにせよ、ひろく黒人音楽からの影響がなければ、決して成立していなかったジャンルである。マーヴィン・ゲイ、スティーヴィー・ワンダーらによって70年代に勃興した「ニューソウル〈※8〉」をはじめとして、トム・ベルやギャンブル&ハフらが主導した「フィラデルフィアソウル」、70年代半ばからのディスコサウンド〈※9〉、さらには、それらの流れと水脈を分かち合いながら70年代後半に現れたブラックコンテンポラリーミュージック〈※10〉（日本ではしばしば「ブラコン」と略される）は、そのトラック（オケ）部分を取り出して聴いてみれば、ＡＯＲとの類似性は明白だろう。代表的なアーティストには、アイ

うのが一般的。若者の対抗文化としてのロックをよりソフトにし、ソウルやフュージョンと融合させたポップなサウンドが特徴。70年代半ばごろに発祥し、80年前後にブームを迎えた。近年では「ヨットロック」と呼称されることもある（１６３頁参照）。

※2 ウェストコーストロック
ＬＡを中心とする米国西海岸地域で活況を呈したロック。代表的なアーティストにイーグルス、ジャクソン・ブラウン、ドゥービー・ブラザーズなど。ザ・バーズら60年代から同地域で活動していたアーティストが先導し、70年代に全盛期を迎えた。陽光あふれる同地のカラッとした空気感を反映するように、爽快で軽やかなサウンドが特徴。一方で、都会ならではの憂いを含む陰影に富んだサウンドや歌詞も大きな魅力とされる。

※3 ソフトロック
主に60年代後半から70年代初頭にかけて米国を中心に制作された、ソフトで口当たりの良いポップス。代表的な存在にロジャー・ニコルズ、ア

ズレー・ブラザーズ、アース・ウィンド・アンド・ファイアー、クール・アンド・ザ・ギャング、といった前時代から活動するベテラン勢から、レイ・パーカー・ジュニア、ルーサー・ヴァンドロス、フレディ・ジャクソン、アニタ・ベイカーなどがいる。

時に、ノスタルジックな意匠として、当時リバイバルしていた50年代後半から60年代前半にかけてのアメリカン・ポップス（いわゆる「オールディーズ〈※11〉」）や、60年代半ばにかけて英国から世界を席巻したマージービートサウンド〈※12〉が引用されることもある。さらには、ボサノバなどのブラジル音楽の影響も聴かれる。日本でも人気の高いAORアーティスト、マイケル・フランクスが盛んに取り入れたこともあり、一部のシティポップにもブラジル的な要素は伏流として影響を及ぼしている。また、ラテン音楽〈※13〉の存在も忘れてはならない。特に、ニューヨークサルサがフィラデルフィアソウル〜ディスコ文化と邂逅した、いわゆる「サルソウル系」はその筆頭だろう。

つまりシティポップとは、ここに挙げたような、ウェストコーストロック、AOR、フュージョン、ソウル、ディスコ、ブラックコンテンポラリーミュージック、オールディーズ、そして一部ブラジル〜ラテン音楽などから多大な影響を受け、模倣しようとした、日本で生まれた（日本人アーティストが生んだ）「同時代的音楽」であった。ゆえに、それまでの日本音楽界において主流を占めてきた歌謡曲〈※14〉から飛翔し、「海外からの息吹」をもっとも重要なアイデンティティとしたことが最大の特徴だといえる。メジャーセブンスコード〈※15〉や、ナインスなどを付加したいわゆるテンションコード〈※16〉を多用する洗練され

ソシエイション、ハーパース・ビザールなど。コーラスを多用したアレンジ、室内楽風の楽器の導入、凝った和音進行などが特徴。これらのサウンドを「ソフトロック」と呼称するのは日本独特の用法であり、海外ではAORのことを指す場合が多い。のちの渋谷系の時代にリバイバルする。

※4 メロウ
一般に「熟した」「香り／甘みが豊か」などを表す形容詞。音楽用語としては、たっぷりと柔らかで豊かなサウンドを指す。

※5 コンテンポラリー
一般に「現代的な」という形容詞。ポピュラー音楽においては、米国のラジオのチャンネル名やヒットチャート名のイメージから転じて、洗練され、都会的なサウンド傾向を指すことが多い。

※6 フュージョン
ロックやポップスの要素を取り入れたジャズ。「クロスオーヴァー」とも。70年前後に発生、徐々にポップ化が進み、80年前後に全盛期を迎え

たハーモニー〈※17〉、その上に流れるメロウな旋律、16ビート〈※18〉やシンコペーション〈※19〉を盛り込んだ流麗でファンキーなリズム……シティポップ系の楽曲を構成する各要素は、米国産ポピュラーミュージックからの直接的影響を強く物語っている。

他にも、ヴォーカルスタイルにおいては、それまでの歌謡曲によく聴かれたコブシやかすれは抑えられ、スムースな歌唱が一般的だ（後に述べるように例外もある）。演奏を担う楽器編成は、主にロックやソウルと同様のコンボスタイル〈※20〉を基軸としながら、各種ホーンや、パーカッション、ときにストリングス、シンセサイザーの電子音などが加わる豪奢なものが多い。これらの要素も、やはり同時期の米国産AOR等に通じる部分である。

一方で、「米国産音楽への憧憬／同化」という巨大なベクトルとともに、日本ならではの要素もたびたび観察できる。たとえばハーモニーやメロディーにおいても、それまでの歌謡曲から時に無意識的に受け継いでいる日本的湿性〈※21〉（マイナーキーの楽曲において特に顕著に現れやすい）や、それ以前のフォーク時代〈※22〉から続くシンプリシティを感じさせるものも多いし、歌唱の面でもいわゆる「演歌」的な要素が顔を覗かせることもある。リズムへのヴォーカルのノリという意味でも、特に芸能界／歌謡界に出自を持つシンガーがシティポップ系の楽曲を歌ったときなど、若干のちぐはぐさを感じさせることも少なくない。しかし、こうした要素が音楽的な欠陥なのかといえばそうではなく、むしろ米国産のそれにはない、日本産音楽ならではの魅力を獲得することにも一役買っているのだ。

た。演奏技術の高さが重視される。

※7 ブラックミュージック
ここでは米国在住の、主にアフリカ系アメリカ人によって演奏／制作されるポピュラー音楽全般を指す。ソウル、R&B等が代表的。広く音楽用語として浸透している一方、近年では「ブラック」という表現の妥当性が疑問視されることもある。

※8 ニューソウル
1970年前後に現れた、社会的な意識を内在する新たなソウルミュージック。シンプルなダンス志向が強いそれまでのソウルとは異なり、メロウで流麗なサウンドや、16ビートを伴った繊細なビートなどが特徴。代表的な存在に、本文に挙げたアーティストのほか、カーティス・メイフィールド、ダニー・ハサウェイ等がいる。

※9 70年代半ばからのディスコサウンド
それまでのモータウンサウンドやフィラデルフィアソウルを祖型に、ディスコで盛んにプレイされるヒット曲が70年代半ばから多く現れた。ラ

シティポップのプレイヤーたち

シティポップを担ったとされるのはどんなアーティスト／音楽家たちなのだろうか（詳しくは後に論じていく。ここではひとまず一般的な理解に沿って、当時はそうカテゴライズされていなかったが現在シティポップ系とされる人物も一部含んでいることを断っておきたい）。

ここにおいても、それまでの歌謡曲システムとは違った構図が見えてくる。歌手、作曲家／作詞家という、分業を基本とする従来の歌謡曲システムにとどまらない、自作自演歌手＝シンガーソングライターが多く活躍したのがシティポップシーンの特徴だ。作曲や歌唱はもちろん、中には作詞や編曲まで行うアーティストもおり、自らの創作を首尾一貫して行うことが美徳とされるという意味でも、旧来の音楽家のあり方とは一線を画していた。

シンガーソングライター系の代表的な存在に、角松敏生、杉真理《すぎまさみち》、安部恭弘、濱田金吾、村田和人、山本達彦、大滝詠一、山下達郎、伊藤銀次、南佳孝、吉田美奈子、大貫妙子、松任谷《まつとうや》（荒井）由実、尾崎亜美、八神純子、門《かど》あさ美、EPO、中原めいこ、竹内まりや（主に初期はプロの作家から曲提供を受けることが多かったが、徐々にシンガーソングライターとしての評価を獲得していった）らがいる。

とはいえ、自作自演歌手ばかりでなく、歌い手に専念するアーティストも多かった。楽

ブ・アンリミテッド「愛のテーマ」（74年）やヴァン・マッコイ「ハッスル」（75年）が火付け役とされる。その後、映画『サタデー・ナイト・フィーバー』（77年）のヒットやドナ・サマーのブレイクなどで世界的なムーヴメントとなった。

※10 70年代後半に現れたブラックコンテンポラリーミュージック
それまで主に黒人マーケット向けだったソウルが、よりマスなマーケットに適合するようにマイルドかつ都会的な色彩を強めることで派生したジャンル。白人ポップスやAORからの逆影響もみられる。80年代以降は、シンセサイザーやドラムマシン等、電子楽器の積極的な使用も進んだ。

※11 オールディーズ
ロックンロールやドゥーワップ、バブルガムポップなど。当時の若者のライフスタイルに寄り添う、甘く溌剌としたサウンドが魅力。73年公開の映画『アメリカン・グラフィティ』でオールディーズ楽曲が大量に使用されたことなどをきっかけにリバイバルが発生し、日本にも波及し

曲によって自作自演か歌唱のみかをスイッチしているアーティストも少なくないので一概に分類することは難しいが、こちらは、稲垣潤一、大橋純子、松原みき、須藤薫、ラジ、当山ひとみ、今井美樹などが挙げられる。バンド形態を取りながらも職業作曲家／作詞家から提供された楽曲を歌唱演奏した、杉山清貴&オメガトライブ（のちにメンバーを交代し、1986オメガトライブ〜カルロス・トシキ&オメガトライブへ）のような珍しい例もあった。

　このように、旧来の歌謡曲システムを否定したかのように見えるシティポップにあっても、プロの作／編曲家の存在感は大きかった。むしろそうした熟練の「裏方」たちこそが、この時代のシティポップの特徴を形作ってきたともいえる。林哲司、井上《いのうえ》鑑《あきら》、武部聡志、鈴木茂、松任谷正隆、大村雅朗、清水信之、新川博、鷺巣《さぎす》詩郎《しろう》、佐藤準、山川恵津子といった面々が著名だろう。

　ジャズや最新型洋楽ポップスのイディオムを巧みに取り入れるシティポップの作曲／編曲は、概して高度な音楽的知識／手腕が要求されるものであり、かつてのフォークムーヴメントとは異なって、「ぽっと出」のミュージシャンたちの手に負えるものでなかった。それゆえ、彼らのような新世代のプロフェッショナルに白羽の矢が立ったのだ。彼らの多くは、そうした「仕事」と並行して本人名義の作品を残してもおり、そのあたりからも旧来の分業的システムとの世代差を感じさせる（一方で、たとえばそうした旧世代の代表格である大作曲家、筒美京平はシティポップ系の楽曲に多く関わるなど、世代間の混交という一面があったことも見逃せない）。

　技術面での要請という視点でいえば、バックトラックの演奏を担った一流スタジオミュ

た。大滝詠一や山下達郎を筆頭に、日本のアーティストに与えた影響も大きい。

※12 マージービートサウンド
ビートルズを中心とする英リバプール発のビートバンド全般の音楽。リバプールがマージー川河口に位置することからこの名がついた。「リバプールサウンド」「ブリティッシュビート」とも。米国産ロックンロールやR&B、ポップスから影響を受けた小気味良いサウンドで当時の若者を熱狂させた。シティポップ系アーティストでは、伊藤銀次や杉真理、竹内まりやなどが積極的に取り入れた。

※13 ラテン音楽
広義には、中南米地域の人々や米国のラテン系アメリカ人によって演奏されるポピュラー音楽／ダンス音楽の総称。マンボ、ルンバ、サルサ等が代表的。

※14 歌謡曲
元は昭和初期に発生した用語で、西洋音楽と伝統音楽が習合したポピュラー音楽全般を指す。作曲家、作詞

ージシャンたちの貢献もきわめて大きい。AORやブラックコンテンポラリーミュージックを消化した淀みなく流れるようにスムースな演奏は、非常に高度な技術を要求する。レコーディングスタジオの現場では、譜面を瞬時に把握し演奏する力、いわゆる初見能力や、時にヘッドアレンジ〈※23〉を交えながら自らのプレイのストックを掘り下げるセンスも重宝され、結果的に一部のトップミュージシャンたちがシティポップ系の録音を寡占するような状況が生まれもした。逆にいえば、こうした状況があったために、各楽曲や歌手の境界を超えた「シティポップならではのオリジナリティ」が刻印され、「あの時代」〈※24〉の音を今もなお聴く者へ強く印象づけているのだともいえよう。

パートごとに代表的なプレイヤーを挙げておこう。ギターでは、松原正樹、鈴木茂、芳野藤丸、松下誠、今剛《こんつよし》、鳥山雄司、土方隆行《ひじかたたかゆき》など。ベースでは、伊藤広規、後藤次利《ごとうつぐとし》、小原礼、岡沢章、渡辺直樹など。ドラムでは、村上秀一、林立夫、山木秀夫、青山純、岡本郭男《おかもとあつお》ら。キーボードでは、井上鑑、笹路正徳《ささじまさのり》、佐藤準、小林信吾、佐藤博、松任谷正隆など。他にもパーカッショニストの斉藤ノヴや、サックス奏者の土岐英史《ときひでふみ》、トランペット奏者の数原晋《かずはらしん》などが、当時のレコードのクレジット欄を賑わせた。彼らの多くは、ジャズ／フュージョンと畑をまたいで活動するミュージシャンでもあり、中にはパラシュートや、スペクトラム、マライアなど、バンドとして活動する者もいた。

また、プロデューサーやアレンジャー、ミュージシャンの起用は、日本国内に限ったことではなかった。70年代後半から徐々に米国のスタジオでのレコーディングが増え始め、

家、歌手など、プロフェッショナルなチーム体制を敷いて制作されることが一般的。60年代後半からジャンル内の細分化が起こり、70年代にニューミュージックが登場すると、既存産業体制によって制作されたドメスティックな色彩の強い歌曲全般を指す用語として浸透していった。

※15 メジャーセブンスコード
ルート（根音）、長3度、完全5度、長7度によって構成される和音。三和音では表現できない洒脱な感覚や特有の浮遊感を与えることから、シティポップ系楽曲にも多用される。

※16 テンションコード
四和音（セブンスコード）にさらに音を加えたコードの総称。「ナインス」「イレブンス」「サーティーンス」などがある。楽曲中に効果的に取り入れることで、より複雑で繊細な響きを生み出す。

※17 ハーモニー
和音そのものを指す他、その進行、各音の配置、組み合わせのこと。和声。

フュージョン〜AORの黄金時代を彩る憧れのスタープレイヤーたちにバックアップを受ける例も目立った。この事実は、一部国内一流スタジオの使用料金の高騰で海外スタジオでのレコーディングの方がむしろ安上がりであったという当時の業界的事情も反映していると思われるが、そもそもシティポップというものが、いかに同時代の米国シーンに憧憬を抱きながら、密着的／並行的に発展していったものだったかということを教えてくれる。

言及されることは少ないが、音作りの現場を支えたレコーディングエンジニアの存在も重要だ。シティポップが流行したのがポップス史におけるスタジオワークの爛熟期ということもあり、彼らの果たした役割の大きさは計り知れない。内沼映二、吉田保、田中信一、瀬戸宏征らが代表的な存在だろう。

そして、実際にレコードの企画と制作を担ったプロデューサーや、各レコード会社のディレクターがいなければ、シティポップというカルチャーは発展しえなかっただろう。予算を潤沢に確保し、多くのミュージシャンを集め、スタジオをブックし、発売スケジュールを管理する。シティポップが、メジャーレコード業界を中心とした様々な人々の関わる複合的な創作物であるがゆえ、それを統括するプロデューサーやディレクターの采配は、クリエイティブな面においても非常に大きなものだった。

日本コロムビア〜ソニーの高久光雄、フィリップス〜フォノグラムの本城和治《ほんじょうまさはる》、クラウン（PANAMレーベル）の国吉静治、RVC〜ミディの宮田茂樹、RVC〜アルファ・ムーンの内田宣政、東芝EMI〜ファンハウスの重実博《しげみひろし》、ビクター〜ソニーの川原伸司などが

※18 16ビート
基本単位を16分音符とするビート。ソウルやファンク、フュージョン等で多用される。ファンキーなノリを強く感じさせるビートとされる。

※19 シンコペーション
リズムのアクセント（強拍と弱拍）を本来のパターンとは違う形で並べることで得られる効果のこと。リズムを「食う」とも言われる。ダイナミックな躍動感を演出する。

※20 コンボスタイル
比較的少人数で編成されたバンド演奏スタイル。ロック以降のポピュラー・ミュージックにおいては、一般にドラム、ベース、ギター、キーボードという編成を基本とすることが多い。ジャズやロックの世界によく見られる。

※21 日本的湿性
明確に定義するのは難しいが、音階等に「日本」らしい「歌謡曲性」を受け継ぐ要素があるものを、西洋のロックやジャズのカラッとしたサウンドと対比させ、ウェットな情緒と捉えることがある。

著名な面々だ。また、当時ではごく珍しいフリーランスのプロデューサーとして山下達郎や大貫妙子、竹内まりやらのソロアルバム制作を手掛けた牧村憲一も、シティポップを語る上での重要人物の一人だ。ほかにも、各プロダクションのマネージャーや、CM音楽業界のディレクター、コンサートプロモーター等、多くの裏方たちの強力なバックアップと尽力があってこそ、シティポップは輝かしい一時代を形成することができたのだ。

ここまでに名前を挙げた面々を含め、シティポップに携わった者たちのほとんどが東京出身あるいは東京在住者であったということも指摘しておこう。そのサウンドの特徴はもちろんだが、スタジオ、レコード会社、プロダクション、コンサート会場などを含む東京を中心とした地理的紐帯と、実際の人的つながりが、その名のとおり、シティポップ＝都会の音楽という認識を形成することとなったのだ。

シティポップの歌詞

作詞家の存在も忘れてはならない。たとえば売野《うりの》雅勇《まさお》、康珍化《かんちんふぁ》、秋元康、松本隆。みな、シティポップ系にとどまらない華々しい活躍をした作詞家たちだが、彼らは作／編曲家に対して、シティポップの「視覚的世界」を言葉によって作り上げた重要な存在だといえる。シティポップ系の名曲として現在よく名の挙がる楽曲をいくつか取り上げてみよう。

※22 それ以前のフォーク時代
シティポップ発生以前のフォークブームでは、和音やアレンジなどがシンプルなものが多く、時に歌謡曲的なメロディーを伴う楽曲もあった。主に元フォーク系のアーティストがシティポップ系のサウンドに取り組む場合、歌唱や和音の面でそうした要素が背景的に聴かれることがある。たとえば、日暮し、風らの作品を参照。00年前後に「喫茶ロック」という名称でリバイバルした諸作品の一部にも、同様の要素が聴かれる。

※23 ヘッドアレンジ
あらかじめ譜面によって指示されたアレンジではなく、スタジオ現場で当意即妙に発案／実行される編曲のこと。音楽的な見識やテクニックを要する上、個人のセンスに大きく左右される。

※24 「あの時代」
「1-2 シティポップの黄金時代：1980年代」を参照。

海沿いのカーブを　君の白いクーペ
曲がれば、夏も終る…
悪いのは僕だよ　優しすぎる女《ひと》に
甘えていたのさ

傷口に注ぐ　Gin のようだね
胸がいたい　胸がいたい

夏のクラクション
Baby　もう一度鳴らしてくれ　In My Heart
夏のクラクション
あの日のように　きかせてくれ
跡切《とぎ》れた夢を　掘り起こすように…

（稲垣潤一「夏のクラクション」、作詞：売野雅勇、作曲：筒美京平）

1983年7月にリリースされた、稲垣潤一「夏のクラクション」〈図1―2〉。絶妙に薄口の歌謡性を残した筒美京平ならではのメロディー、井上鑑編曲によるオケの見事さもさる

〈図1―2〉

ことながら、なによりもその歌詞が鮮烈なイメージを喚起する。

「カーブ」「クーペ」「クラクション」という車やドライブに関連する単語。「海」「夏」というブライトな印象を抱かせる語と対応するように置かれる、「傷口」「跡切れた夢」というメランコリックなワード。そして、「Gin」「Baby」「In My Heart」という唐突な英語表現。夏と、リゾートと、車での移動、酒（リカー）、そして、恋愛の機微。ちりばめられた諸要素が、いかにも「あの時代」ならではのイメージを立ち上がらせる。リゾート空間と都市の往還が醸す、ロマンスの香り。男女への感情投影を誘う独白的言語が紡がれているようにみえて、アイテム的なキーワードが配されることで、この曲の歌詞は、あくまで情景喚起的な作用をもたらす。

もちろん、自ら作詞を行うアーティストの歌詞にも「シティポップ的表象」は頻出する。

夜へ継ぐ　時のベールを
突き抜けて　浮かぶ　光の街は
たちまち集まる人々の群れで埋る
身動きできない騒がしい渦へ巻き込む

Town　鮮かに
Town　写し出された

そびえるコンクリート　透間を縫うは
駆け足で過ぎる時のリズムに
あたりは一面音の洪水で溢れる
途切れぬ騒ぎと時間の津波に揺られて

Town　夜明けさえ
Town　真昼の様な

（吉田美奈子「TOWN」、作詞・作曲：吉田美奈子）

1981年11月に発売された吉田美奈子による8作目のアルバム『MONSTERS IN TOWN』〈図1―3〉のオープナーで、強烈なファンクビートを乗りこなす吉田の堂々たる歌唱が圧巻の名曲だ（のちに12インチシングルとしてもリリースされた）。ここでもいくつかの印象的な言葉が耳を捉える。「夜」「街」、タイトルにもある「TOWN」、「そびえるコンクリート」。これらはすべて都市＝シティの情景を喚起するワードであり、なにがしかの感情移入を誘う人称的な物語は排され、人々の集う夜の街の姿と喧騒が描き出されている。

もう一曲見てみよう。

〈図1―3〉

見下せば　知り尽くした都会は雨
さよなら　言える筈のない君の声

今の横顔　何てSexy
ふいを衝かれて　グラス止める

蒼ざめた　シェイドの透き間　近づく夜
いつのまに　翳りをまとう女に変わる

無理に微笑えば　何てSexy
妙に惹かれる　最後の時間

（寺尾聰「SHADOW CITY」、作詞：有川正沙子、作曲：寺尾聰）

1980年8月、のちの大ヒット曲「ルビーの指環」に先んじてリリースされた、元ザ・サベージで俳優の寺尾《てらお》聰《あきら》によるシングル曲「SHADOW CITY」〈図1—4〉。当時のAORマナーを十二分に咀嚼した佳曲だが、イマジネーション豊かな歌詞世界も特筆すべきだろう。

ここでも都会における一夜の情景が描かれ、おそらく、寺尾自身と同じ「オトナの男

〈図1—4〉

性」が語り部に想定されているのだろうが、憂いを漂わせつつも苦悩を滲ませるわけでなく、どこか俯瞰的で非没入的な視点が貫かれている。描かれるのはあくまで情景であり、都市の「ワンシーン」なのだ（ちなみに、前奏と間奏には、「Tutulutu Tutututulutu」という寺尾自身によるハミングが配され、ほとんど映画やドラマの背景音楽のようですらある。後述するように、実際にCM楽曲としても使用された）。「私」や「あなた」が現れようとも、歌手自身や聴き手と感情レベルで同化することなく、ひとつの情景演出装置として役割を与えられている。そして、それらのイメージ喚起を通じて、聴き手を取り囲むムードが醸成、あるいは刷新されていく。

　ここに挙げた3曲で綴られている言葉は、旧来のフォーク系ニューミュージック〈※25〉における私小説的／自然主義的〈※26〉な感情没入を超えて、あくまであるムードを湛えたシーン／景色を創出するために奉仕していると理解すべきだろう。言葉は極限までバックグラウンド化され漂白されているがゆえ、かえって広く共有可能なイメージを発散する。仮に地名やブランド名などの固有名詞が現れようとも、そこに表出するのは、それらが持つ唯一性というより、多くの同時代的聴き手が共有可能なイメージとしての具象性だ。私小説的な固有性を剥奪された言葉は、その性質がゆえに、順列組み合わせ的な操作を通じて、潤沢な再生産が可能なものとなる。それは結果的に、後のシティポップにおける歌詞表現の類型化を呼び込むことにもなったが、一方で現在のリスナーである我々にとっては、いわゆる「シティポップらしさ」を容易に想起可能にしてくれている。バックミラー、テールランプ、サーフショップ、カンパリソーダ、パームツリー、プールサイド……。様々

※25 旧来のフォーク系ニューミュージック
かぐや姫、グレープなどが代表的。「四畳半フォーク」とも。

※26 私小説的／自然主義的
自らの生活のうちに起こる「身近」な出来事や恋愛の煩悶などを「等身大」の視点で描き出し歌う手法。必ずしも文学運動としての自然主義と思想的に通じているわけではなく、より通俗的で、ロマンチックな傾向が強い。

なヨコ文字語彙が、シティポップらしさの源泉として、楽曲へ貢献してきた。

ところで、時折、「シティポップにおいて歌詞はそこまで重要なものではない」という感想や評論を見かけるが、これは半分当たっていて、半分外れているだろう。

確かに、リスナーと歌手の主情主義的〈※27〉な繋がりを重要視する観点からいえば、シティポップの歌詞はいかにも物足りないものに思える。しかし、ある「シーン」を描き出し、聴くものたちがそれを広く共有するという楽しみ方を可能にしているという意味では、シティポップの歌詞はきわめて重要な役割を担っているといえる。勘の良い読者なら、「それって旧来、歌謡曲の歌詞が担ってきたことと似ているんじゃない？」と指摘するだろうが、まさにそのとおりだ。シティポップとは、そうした形で歌謡曲の伝統を一部受け継いだポピュラー音楽＝同時代的なポップスであったといえよう。シティポップの歌詞表現が対立するのは、あくまで歌詞における私小説的な自然主義や主情主義であって、折々の「トレンディー〈※28〉」を担ってきた存在としての歌謡曲ではなかったのだ。

「シティポップ」という呼称

ここまで、特に断りもなく「シティポップ」という呼称を用いてきたが、そもそもこの名称はいつ、どこで、どのように発祥し、どういった適用可能範囲を持つ語なのだろうか。

※27 主情主義的
人間の精神活動の中で、理性よりも感情や情緒を第一のものとし、他者との関係においても感情の強いつながりを重要視する傾向。フォーク系ニューミュージックの歌詞に多く観察できる。

※28 トレンディー
最先端の、当世風の、という意。歌謡曲とトレンディーとの組み合わせはやや意外に思われるかもしれないが、「歌は世に連れ、世は歌に連れ」という有名な文句のとおり、元来歌謡曲とは、主にその歌詞において、時々の人心の公約数的トレンドと触れ合うものでもあった。

和訳すれば、「都市のポップス」。なんとなくわかったような気にもなるが、あまりに茫漠としており、音楽ジャンル名としていまいちしまりがわるい。

そこで、まずはその発祥を探ろう。当時、ニューミュージック〈※29〉系のアーティスト／作品を積極的に紹介していた音楽雑誌、『新譜ジャーナル』、『ヤングフォーク』、『ヤングギター』、『ライトミュージック』（1976年4月号より『ニュー・ライトミュージック』に改称）等各誌の70年代に刊行されたバックナンバーを調査したところ、「シティポップ」という語の源流は、どうやら1977年の5月ごろに遡ることができそうだということがわかった。フォーク／ポップ系バンド、日暮しが1977年5月25日にビクター音楽産業からリリースしたシングル「オレンジ色の電車」（c/w「街の影」）の広告（『ヤングフォーク』1977年夏号）〈図1―5〉に、（「シティポップ」に複数形の「ス」を伴った）「シティ・ポップス」の表記を確認できる。以下に広告の文句を書き出してみよう。

> 星勝と日暮しの出逢いからクリスタルなシティ・ポップスが生まれた。
> （中略）新しいシティ・ポップスと呼べるような澄み切ったクリスタル・サウンドと榊原尚美の優しいヴォーカルを聴いた時、あなたの心にきっとあたたかい新しい風がそよぐことでしょう。

A面のタイトル曲は、今現在イメージされるシティポップの音楽性とはやや距離がある

※29 ニューミュージック
ニューミュージックは、先に述べたような「フォーク系」に限ったものではなかった。詳しくは49頁「ニューミュージックとシティポップとの違い」を参照。

〈図1―5〉

フォーク系のポップスだが、洗練された和音や軽やかなギターストローク、コーラスはたしかにシティポップ的な要素の萌芽を感じさせてくれる。B面「街の影」もスローテンポの佳曲だが、演奏やストリングスのアレンジに都会的な息吹を感じ取ることができる。

　これに続く「シティ・ポップ（ス）」の使用例としては、コーラスグループ、ブラウンライスの元メンバー、惣領智子《そうりょうともこ》が1977年10月25日にリリースしたセカンドソロアルバム『City Lights by the Moonlight』（RCA）の帯に「シティ・ポップス期待のシンガー」という惹句が記載されているのが確認でき、どうやら、先の例とあわせて、やはり1977年を境にこの語が徐々に出現したことがわかる（ちなみにこのレコードは、実に完成度の高いソフトでメロウなサウンドを聴かせてくれる作品であり、現在シティポップと聞いて想像するものにも近いといえる）。

　興味深いのは、この名称が出現したのが雑誌に掲載されたレコードの広告欄やレコードの帯の上であったということだ。『レコード・コレクターズ増刊　シティ・ポップ　1973－2019』（2019年）で筆者が行った角松敏生へのインタビューでも、「（シティ・ポップスという呼称は）どこかのレコード会社の宣伝マンがマーケティング的に考えたもの」（101頁）と述べられており、いわば商業的要請によって作られた語であったのだ。

　一方で、資料からは、シティポップ（ス）という呼称が広く浸透するのには多少の時間を要したこともわかってくる。『Rooftop』1977年12月号に「シティ・ポップに挑戦する坂田修」という小さなコラムが掲載されていたり、『新譜ジャーナル』1978年1月号内、大橋純子を紹介する記事において「シティ・ポップスを歌う大橋純子」と記載されていたり、同時期の使用例も確認できるが、頻繁に媒体上に登場するのは、1980年代に入ってからである。後に触れるように、「シティポップスの貴公子」の異名をとった山本達彦や、稲垣潤一など一部アーティストの紹介記事において、度々目にするようになる。それゆえ、もっとも厳密かつ狭く定義するならば、この時期のメディア上で明確にシティポップ（ス）とカテゴライズされたそれらアーティストのみをそう呼称すべきという意見もある。なお、お気づきのように、現在では「シティポップ」という表記が一般的であるが、この時期は「シティポップス」と、末尾に複数形の「s」＝「ス」を伴う場合が多いようだ（その他、時折「シティー・ポップス」など、長音符「ー」入りであったり、微妙な表記ゆれもある）。いつ、どのようにして「ス」が省かれてしまったのかについては、次章で改めて触れる。

シティポップは音楽ジャンルなのか？

かように、シティポップという言葉は、自然発生的というよりも、レコードを売る側の欲望によって出来したものだった。すると、自ずとそれが指し示す音楽においても、（本書冒頭で紹介したような様々な特徴が個別的に溶け込んでいるとはいえ）なにか明確に共通する統一的要素を摘出できるわけではない、という事態になる。当時のレコード会社の狙いを推察するに、フォーク系のニューミュージックが主流を占める若者の音楽受容にあって、主に米国の最新型ポップスを自覚的に取り入れた音楽性を特徴とするアーティストを区別化したいという思いがあったのだろう。しかしながら、そこに明確な指針はなく、いわば場当たり的にジャンル名を当てていった結果、定義上も大きな揺らぎを持つ用語として浸透していくことになった。

例を上げよう。やや時代を下って、1986年に東芝EMIがリリースした、自社アーティスト4名による代表曲を集めたオムニバスアルバム、その名も『シティ・ポップス・ビッグ4』は、商品のタイトルとして用いられるまでにシティ・ポップスという呼称が人口に膾炙したことを物語っているが、ここで「四天王」として取り上げられているのは、高中正義《たかなかまさよし》、佐藤隆、鈴木康博、安部恭弘の4名であった。少なくとも、安部恭弘は現在の感覚からしてもシティポップにカテゴライズされうる音楽家だが、佐藤隆はラグジュアリー〈※30〉な作風に定評があるとはいえ、音楽的には歌謡曲とニューミュージックとの境界線上にいるシンガーソングライターだ。高中正義はむしろインスト中心のフュージョン系だし、元オフコースの鈴木康博に関しても、AOR調のレパートリーもあるとはいえ、やはり現在の感覚からすると「ビッグ4の一人」と呼ぶには少なからず違和感がある。

この時期の東芝EMIは、他にも「シティ・ポップス」をタイトルに関したコンピレーション盤を複数リリースしているが、中には甲斐《かい》バンドによる歌謡ロック風の曲やフォーク時代の長渕剛の曲を収録した商品もあり、結局のところ、どんな音楽を「シティ・ポップス」と呼ぶかどうかは、メーカー側の恣意性によって規定されていたことがわかる。そ

※30 ラグジュアリー
一般的には豪奢さ、贅沢さなどを指す。ポピュラー音楽の文脈では、装飾的できらびやか、かつアダルティな様を指すことが多い。『ラグジュアリー歌謡』（2013年）の刊行をきっかけに、80年代のアイドル歌謡の中で特に洋楽感覚に溢れたものなどにこの語を冠する例も増えた。シティポップのサウンドに聴かれるきらびやかさとも近接した概念か。

うした状況からも、当時からシティポップというジャンル名が指すものがいかに曖昧であったかも見えてくるが、この曖昧さは現在のシティポップ受容にもはっきりと受け継がれ、リスナー間において「あれはシティポップなのか／これはシティポップではないだろう」という議論が折に触れて噴出する要因になっている。

先に引用したインタビューで、角松敏生は以下のように述べている。

〈シティポップは〉音楽ジャンル名というよりも、色々な時代背景の中での〝スタイル〟のことを指しているものだと思います。夏の夕暮れのカフェでカンパリ・ソーダを飲む、とかそういうイメージ図式の中で使われてきた言葉なわけです。（『レコード・コレクターズ増刊 シティ・ポップ 1973−2019』101頁）

まとめよう。シティポップとは、特定の音楽的要素を指し示す、狭義の音楽ジャンル用語ではなく、ある音楽からひとつの「ムード」を摘出し、それをもって他との差異化を図ろうとする戦略の上に出現した、恣意性を孕んだ名称だったのだ。もちろん、ポピュラーミュージックにおいて、すべての音楽ジャンル名にはそうしたコマーシャルな戦略や欲望が少なからず混入するものだが、ことシティポップは、その混入度の多寡という点で、きわめて特異な存在だといえる。のちに詳しく見るように、シティポップが高度消費社会との蜜月関係を高々と築き上げたことを思えば、こうした「マーケティング的性格」も、納得できることだろう。また、当時は、そのように商業主義的ニュアンスを含んだお手軽なレッテルとして、時に実演者側から忌避される言葉だったことも、認識しておくべきだ。角松敏生は同じインタビューの中で次のように述べている。

そういうの（引用者註：シティポップ的なイメージ）が新しい都市文化としてみなされる一方で、逆にいうと笑われたりもしたんですよ。シティ・ポップをオシャレの題材として売るやつはむしろ田舎者だ、という空気。
だから、僕は当時から自分の音楽をシティ・ポップと言われるのがとても嫌だった。デビュー・アルバムのフライヤーにも書かれたけど、凄く違和感があった記憶がある。自分がスタイリッシュだと思うものを表現しているだけで、人にシティ・ポップと呼称されるほど何か田舎臭い感じがしたんです。僕らの先輩たちも、あなたの音楽はシティ・ポップだから、それについて取材をしたいと言ったら絶対に嫌がると思いますよ（笑）。（同前）

アーティスト側にもこうした違和感を抱いた者がいた一方、一部メディア側にも時にシティポップを批判的に取り上げる傾向があった。芸能情報誌『明星』の1984年2月号に掲載された、匿名の同誌記者たち（A〜D）が前年の音楽シーンについて語り合う企画「'83年フォーク&ロック界大総括」という記事では、以下のように述べられている。

A 〔前略〕軽いシティ・ポップス風、言ってみればBGMによさそうなのがうけたね。山本達彦なんてのがその筆頭だろうね。

C それに、稲垣潤一。彼のLP「J．I．」なんか、すごく売れたものね。女子大生人気が圧倒的みたいだね、山本と稲垣は。

B 新人群もそのセンを狙ってどんどん出てくる気配だよ。鈴木雄大、岩崎雄一、宇佐元恭一、安部恭弘とめじろ押しだ。

C ただ、このクラスは売れてるのかな？ なんか同じムードで、これといった個性が見えないんだな、僕には。

D そこそこにはイってるんじゃないの。つまりレコード会社の営業政策でしょ。そこそこに売れる線を狙って冒険はしない。だから、そこそこに売れそうなレコードがどんどん作られる。従って、同じような傾向のアーチストが続いて出てくる。（『明星』1984年2月号、156頁）

比較的コアな情報を扱う音楽専門誌でなく、ライトな芸能誌においてすらこうした論調であったというのが印象的だ。シティポップは、発祥から数年後の時点では、すでにメディアからも揶揄的に言及される対象となっていたのだ。

1-2

シティポップの黄金時代：1980年代

1981年の大ヒット

1981年2月5日にリリースされたあるシングル盤が、発売後1ヶ月を経てじわじわとチャートを駆け上がっていった。その後、同シングルは日本音楽史に残るロングヒットを記録し、同年のオリコン売上ナンバーワンを獲得した。それが、今や日本ポップスの大スタンダードとなった、寺尾聰の「ルビーの指環」だ。寺尾自身による作曲、井上鑑の編曲、松本隆の作詞からなるこの曲は、印象的なギターフレーズとシンセサイザーを伴ったイントロ、ヴィブラフォン等を散らした洒脱なアレンジ、抑制された歌唱等、親しみやすさと高度な音楽性を併せ持った傑作だ。寺尾がテレビ出演時に見せた特徴的な振り付けや都会的なファッションとともに、ヴィジュアル面からも多くのファンを魅了した。同楽曲を収録したアルバム『Reflections』〈図1—6〉（前節で引用した「SHADOW CITY」も収録）も、通算1

〈図1—6〉

60万枚以上を売り上げる驚異的なヒットを達成し、一種の社会現象ともいえる状況を巻き起こした。

同じ年、もうひとつのビッグヒット作が生まれた。1981年3月21日にリリースされた、大滝詠一のアルバム『A LONG VACATION』〈図1―7〉だ。それ以前から一部マニアによって熱狂的に支持されていた大滝詠一だが、ブリルビルディングサウンド〈※31〉、初期ロックンロール〈※32〉、ニューオリンズ音楽〈※33〉などをマニアックに昇華したオリジナル作は、リスナーの音楽リテラシーを要求するハイコンテクストな内容のものが多く、高水準の内容に比して一般的な人気を獲得するには至っていなかった。

しかし、『A LONG VACATION』において大滝詠一は、当時好評を博していたAOR作品、J・D・サウザーの『ユア・オンリー・ロンリー』（1979年）などに触発され、フィル・スペクターによる「ウォール・オブ・サウンド」をはじめとしたかつてのアメリカンポップスを現代的なサウンド制作工程に取り込み、真っ向からチャートアクションを狙う親しみやすい楽曲を制作した。1曲を除くすべての曲で松本隆を作詞に迎え、数多くの一流ミュージシャンを投入、エンジニアリングに名匠・吉田保を起用した本作は、大滝の意図どおり、きわめて高い完成度とポピュラリティーを両立した内容となり、結果的には発売後1年で100万枚を売り上げる大ヒット作に輝いた。

1981年のアルバム売上チャート（1980年12月1日―81年11月30日付オリコン調べ）を見ると、ここで挙げた『Reflections』が1位、『A LONG VACATION』が2位を獲得している。

〈図1―7〉

※31 ブリルビルディングサウンド
ニューヨーク市マンハッタンのブロードウェイ1619番地に位置する同名ビル、および1650番地のビルを中心に作られた楽曲とそれを元にした録音物。これらのビルは新興音楽出版社の拠点となり、多数のソングライターが活躍した。彼らは50年代後半から60年代前半にかけてアメリカンポップスを代表する優良な楽曲を多く世に出した。代表的なソングライターに、ジェリー・ゴフィン＆キャロル・キング、エリー・グリニッチ＆ジェフ・バリーなど。

※32 初期ロックンロール
初期エルヴィス・プレスリーに代表

この成功例が、日本のレコード産業に対して、ＡＯＲに根ざした作品の商業的ポテンシャルと人気ぶりを強く印象づけ、その後に続くシティポップの黄金時代を築き上げていったといえるだろう。なお、これら2作は、当時のメディアにおいて明確に「シティポップ」と名指されていたわけでないことも言い添えておく。ウェルメイドなＡＯＲ風ポップスの商業的成功例として、いわば、後に続くシティポップ黄金時代を準備する「トリガー」として機能したと理解すべきだろう（現在では、これらもシティポップ系作品に含めることが一般的になっている）。

同時代の日本経済・社会

ここで、１９８０年代初頭の日本経済の状況を振り返っておきたい。戦後復興から高度経済成長期を経て、１９６８年には国民総生産（ＧＮＰ）が当時の西ドイツを抜き、アメリカに次いで2位まで上昇するなど、日本経済は急伸長を遂げた。その後、70年代前半のエネルギー危機（オイルショック）による大幅なインフレーションによって戦後初のマイナス成長を記録。重工業産業の低迷を招きつつも、情報技術産業やレジャー／リゾート産業等の第三次産業が急速に発展、ドル高・円安による貿易黒字増大によって国際的な競争力を高め、一方ではアメリカとの貿易摩擦が深刻化していった。

される、50年代半ばから後半にかけてのロックンロールサウンド。大滝サウンドの随所に初期ロックンロールの要素を見出すことができる。また、大滝はエルヴィス・プレスリーのモノマネを得意としていたことでも知られ、「いかすぜ!この恋」（72年）などのオマージュ曲もある。

※33 ニューオリンズ音楽
ディキシーランドジャズを始めとして、ニューオリンズの音楽には長い歴史があるが、ここではプロフェッサー・ロングヘアやアーニー・ケイ・ドゥ、アラン・トゥーサン、リー・ドーシーらに代表されるニューオリンズR&B～ソウルを指す。「マルディグラ」という同地のカーニバルをルーツとする独特のうねりをもったリズムが特徴的。『A LONG VACATION』においては、「Pap-pi-doo-bi-doo-ba 物語」に顕著な影響が聴かれる。

こうした経済の発展は、日本人の階級所属意識も変質させていった。1960年代前半から、自らの生活水準を下程度と感じる人の割合が漸次低下、中程度と自認する割合が増加し、いわゆる「一億総中流」という意識が広く共有されていったのだ。70年代から80年代にかけては、現金給与総額はインフレ上昇率を追い越す割合で伸び続け、国内の実質賃金の上昇が起こった。これにより、人々の購買力はますます増進し、消費社会化に拍車がかかることとなった。アメリカの社会学者エズラ・ヴォーゲルが、日本の高度経済成長の要因について分析し、日本型経営組織を高く評価した著書『ジャパン・アズ・ナンバーワン』の日本語版が刊行され、70万部を超えるベストセラーとなったのも1979年であり、80年代を通じて、多くの日本人が自国の経済力を誇るようになった。

また、この間に続いてきた農村出身者の都市への流入によって、地縁共同体が徐々に解体され、それに伴い家族共同体の縮小＝核家族化も進行し、徐々に「個」として、各種サービスを消費しながら生きるライフスタイルが一般化していくことになった。

高度消費社会のサウンドトラック

シティポップの黄金期である1980年代前半と、右で述べたような経済・社会状況が深化していった時代は、まさしくピタリと符合する。購買力を獲得した人々が様々なアイテムを求め、広告メディアもそれと呼応するように、カタログ的な商品情報を洗練させ、「モノを買う」という行為そのものが、当人にとってのアイデンティティ形成に奉仕する。いわゆる顕示的消費〈※34〉の一般化ともいえそうなこうした趨勢は、ファッションやライフスタイル雑貨等におけるブランド志向を強化したが、同じくソフト／コンテンツの消費においても同様の志向を浸透させていった。

この時代に本格化したそうした消費マインドの新奇性を大胆に描き出した小説が、田中康夫のデビュー作、『なんとなく、クリスタル』〈図1―8〉だ。１９８０年の第17回文藝賞を受賞したこの作品は、81年に単行本として刊行されるやいなやヒットを記録、１００万部を超える大ベストセラーとなった。東京は渋谷区神宮前4丁目のマンションに居住し、青山学院大学（をモデルとした大学）へ通う学生兼ファッションモデルの主人公・由利の「優雅な」生活が描かれ、大量のブランド品や、ブティックやレジャー施設などのファッショナブルなスポットの名が登場する本作は、いわばそれ自体が最新の消費にまつわるカタログであり（単行本版では、固有名詞を中心に、４４２もの註が付けられている）、当時の時代精神の一側面を鮮やかに切り取った作品として大変興味深い。

この小説は、主人公・由利の目と耳を通じて、音楽の存在が大きくクローズアップされているのも特徴だ。マイケル・フランクス、ケニー・ランキン、エアプレイ、ディック・セント・ニクラウス等、ＡＯＲ系のミュージシャンの名前が次々と登場し、そのレコードや楽曲が、登場人物の生活のワンシーンを彩るインテリアのごとく配置されていく。冒頭、

※34 顕示的消費
アメリカの経済学者・社会学者のソースティン・ヴェブレンが著書『有閑階級の理論』で提示した概念。贅沢なブランド品などを、生活上の必要からではなく社会的地位の誇示のために購入することを指す。

〈図1―8〉

前夜に六本木のディスコで遊び疲れた由利が起き抜けにラジオをかける場面からして、こんな感じだ。

> FENの方は、スティーブン・ビショップ[10]の「オン・アンド・オン」[11]に変わっている。どうも、朝から調子のくずれる曲が、続けてかかっている。
> 朝は、もうちょっとタイト[12]な音が流れていた方が、ハップ[13]になれる。たとえば、ケニー・ロギンズ[14]あたりが流れていた方が。（『なんとなく、クリスタル』8頁）

驚くべきは、このたった二つのパラグラフに対して、人名や曲名を含め五つの註釈が付いていることだろう。主人公が過ごす何気ない朝のワンシーン自体が、ライフスタイルとそれを彩る音楽を含めたアイテムのカタログとして（パロディ的に）描き出されているのだ。さらにいえば、由利の恋人・淳一は、学業の傍ら、フュージョンバンドの気鋭のキーボーディストとして活躍する青年であり、彼らの生活において、音楽が重要な役割を果たしていることがわかる。しかしながらここには、音楽を題材に青春の懊悩《おうのう》を描いた、たとえば五木寛之『青年は荒野をめざす』（1967年）のような、かつてのビルディングスロマン小説に見られる音楽への切迫した自己投入はなく、あくまで、ライフスタイルに沿って軽やかに選択される消費財の一要素として描写されるに過ぎない。

社会現象ともいえる大ヒットを記録した『なんとなく、クリスタル』は、「クリスタル族〈※35〉」なる言葉も生み出した。本作は、新時代に生きる新鮮な若者像を描き出したが、一方で田中康夫自身には、そういった極度の舶来志向やブランド志向の空疎さを嘲笑するスノビッシュなスタンスも内在していた。しかしながら、空前の「なんクリブーム」の中で、そうしたデリケートな諧謔《かいぎゃく》性はいつのまにか押し流され、ただ登場人物たちの生活に憧憬を抱き、模倣しようとする者たち＝クリスタル族が群となって前景化してきたのだ。

同時期におけるシティポップの隆盛も、こうしたスノッブ〈※36〉から「憧れ」への変遷という文脈と無関係ではないだろう。内容的な次元で「なんクリ」に登場する数々のAOR系音楽に直接的な影響を受けている事実はもちろん、豊かな消費文化への憧れを都会的なイメージ戦略の下に吸収したシティポップは、むしろ、それが「本場産でない本場産のような音楽」であることによって、消費者自身のブランド志向や舶来志向とも鮮やかに符合しているのである。

前述の通り「シティポップの貴公子」の異名をとった山本達彦は、女性誌『ミス・ヒーロー』1983年8月号で、同年にリリースされた新アルバム『マティーニ・アワー』のニューヨークレコーディングと、パリでの写真集撮影を振り返りながら、以下のように語る。

「ポラロイドやスライドもずいぶん撮ったな。こんな風景を音にしてみたいと思ってね」(『ミス・ヒーロー』1983年8月号、86頁)

※35 クリスタル族
『なんとなく、クリスタル』で描かれたライフスタイルやトレンディーなブランド志向を追求する若者群（主に当時の女子大生）のこと。それらを軽佻浮薄なものとみなす揶揄的な意味合いもあった。81〜82年ごろが全盛期とされる。

※36 スノッブ
一般的には、下流のものや同族コミュニティ外のものを見下すような態度のこと。田中康夫に代表されるように、「クリスタル」的なるものにおけるごく初期の消費主義マインドには、自らの志向を相対化して冷めた目で眺めるようなアイロニカルで排他的な態度があったとされる。若者文化におけるスノッブから「ベタ」への変遷については、第2章118頁も参照。

「サンジェルマンあたりのホテルってみんなこぢんまりとして、民宿風なんですね。古い建物で、階段なんかもかたむいてる。ヘミングウエイ《ママ》はここでどんな生活をし、どんな道を散歩して、夜何時くらいまで仕事をしてたのかな、なんて想像してしまった」（同前87頁）

舶来文化のオリジンとしてのニューヨーク、パリに身を置き、かの地の風景からインスピレーションを得ることで、自らの表現として再パッケージする。そのプロセスを通じて、彼の音楽を享受するものへ、まるで海外旅行のガイドブックに描かれたような「憧れの風景」を供給する。ここには、「クリスタル族」が憧憬とともに空想した「本場の空気」を非都市生活者にも読み下しやすいように再パッケージし、より一般的な層へ親しみやすいものとして提示した彼の音楽の機能的本質が見て取れる。

イメージソングの時代

高度消費社会とシティポップの関係をより直接的に明示する例として挙げられるのが、当時放送されたテレビCMにおける楽曲使用、いわゆる「イメージソング」のブームだ。1970年代前半までのテレビCM用楽曲は、そのCMのために書き下ろされ、商品名やクライアント企業名が楽曲の中に折り込まれるような、映像内で自己完結的に使用される例が主だった。

しかし、70年代半ばから、企業名／商品名を排し、並行して、主にシングルヒットを狙って既存レーベルからレコードが発売される例も目立ってきた。これを牽引したのは、カネボウ、資生堂といった化粧品メーカーのCMで、こうした楽曲は当初「キャンペーン・ソング」と名付けられ、後には「イメージソング」と呼ばれるようになった。いうなれば、現代におけるCMタイアップソングの萌芽がこの時期にみられたのだ。音楽社会学者の小川博司は、共著書『メディア時代の広告と音楽――変容するCMと音楽化社会』（2005年）で、こうした例が広く「イメージソング」と呼ばれるようになった経緯の一端を、以下のように述べている。

イメージソングは、視覚的なイメージとともに流され、視覚的なイメージとともに受けとめられた。テレビ・コマーシャルにおいては、歌は映像とともに流された。ポスターにおいても同じようなイメージが提示された。例えば、夏のファンデーションのキャンペーンであれば、青い海を背景に水着の女性が登場するのが常であった。イメージソングは、視覚的なイメージとともに体験されたのである。（『メディア時代の広告と音楽』32頁）

年	アーティスト	楽曲	クライアント（商品／キャンペーン）	オリコンウィークリーランキング最高位
80	庄野真代	昼よ、熱く君を語れ	カネボウ化粧品80年春	6位
	竹内まりや	不思議なピーチパイ	資生堂80年春	3位
	山下達郎	RIDE ON TIME	日立マクセル	3位
	八神純子	パープルタウン	日本航空	2位
	五十嵐浩晃	ペガサスの朝	明治製菓	3位
81	寺尾聰	ルビーの指環	ヨコハマゴム	1位
	寺尾聰	Shadow City	ヨコハマゴム	3位
	八神純子	I'm A Woman	ヤマハ（ステレオ）	17位
	ナイアガラ・トライアングル	A面で恋をして	資生堂81年秋	14位
82	大橋純子	シルエット・ロマンス	サンリオ	7位
83	稲垣潤一	ドラマティック・レイン	ヨコハマゴム	8位
	EPO	う・ふ・ふ・ふ	資生堂83年春	7位
	山下達郎	高気圧ガール	全日空83年沖縄	17位
84	ハイ・ファイ・セット	素直になりたい	シチズン	19位
	中原めいこ	君たちキウイ・パパイヤ・マンゴだね。	カネボウ化粧品84年夏	8位
	竹内まりや	本気でオンリー・ユー	カゴメ	20位
	杏里	気ままにReflection	日清食品	7位
	香坂みゆき	ニュアンスしましょ	資生堂84年秋	13位
85	杉山清貴&オメガトライブ	ふたりの夏物語 NEVER ENDING SUMMER	日本航空	5位
	山下達郎	風の回廊（コリドー）	本田技研工業（インテグラ）	12位
	松任谷由実	メトロポリスの片隅で	資生堂85年秋	8位
	杉山清貴&オメガトライブ	ガラスのPALM TREE	ダイドードリンコ	5位

こうしたイメージソングの全盛期は1980～89年とされる。その前半期は、本節でみてきたとおり、シティポップの黄金期とも重なっている。化粧品メーカーの広報戦略として始まったイメージソングの重用は、この時代において次第に他業種へも波及していき、多くのヒットを世に送り出すこととなった。同じく『メディア時代の広告と音楽』を参照し、この時期にイメージソングとしてリリースされたヒット曲の中で、シティポップ系のアーティストによって歌われた楽曲、

および現在の視点から「シティポップ風」と判断できるものを前ページの表にまとめてみた（アーティスト名、曲名、クライアント［商品／キャンペーン名］、オリコンウィークリーランキング最高位の順で記す）。

こうして並べてみると、各アーティストのレパートリーの中でも、今でも代表曲とされているものが多く目につく。それぞれのCM映像と楽曲は、企業イメージ／商品イメージの促進を担っていると同時に、視聴者のライフスタイルのワンシーンとリンクすることが期待され、更には観る者たちをCMが提供するイメージ世界との融和へ誘う作用が期待されていることがわかる。この点について同書は、化粧品のイメージソングを例に挙げ、以下のように述べる。

これらのイメージソングは、化粧品のイメージソングであると同時に、受け手＝消費者である「あなた」がドラマの主人公であることを歌い上げる「あなた」のイメージソングなのである。この傾向は、化粧品以外のイメージソングでも変わらない。イメージソングは、いわば個々人が自己を演出し、演技することへの自覚が高まった劇場社会の付随音楽ということができる。（同前38頁）

「シーンメイキング」するシティポップ

社会学者の宮台真司、石原英樹、大塚明子による『サブカルチャー神話解体』（単行本版1993年、増補文庫版2007年）は、1990年当時の若者への大規模な調査を交え、戦後日本における様々なサブカルチャー／メディア潮流と、それをコミュニケーションとして享受する者たちの人格システム的相同関係を論じる壮大な著作であるが、シティポップの特質を理解するためにも実に示唆的な視点を提供してくれる。

宮台らは、序章と、音楽コミュニケーションについて論じた第2章において、戦後ポピュラー音楽の流れをたどりながら、歌謡曲、グループサウンズ〈※37〉、フォークといった各ジャンルを、その享受者とのコミュニケーションという観点から読み解いていき、ここまで見てきたような「クリスタル族」、およびその母集団である「新人類〈※38〉」と親和的な音楽として、「ポップス」を分析する。そこで重要なキーワードとして提示されているのが、「シーンメイキング機能」だ。

宮台らのいう「ポップス」は、音楽家⇅リスナーという限定的な関係性の中で、歌詞表現への全人格的な没入による関係性（「これって、わたし／僕と同じ」「彼／彼女だけがわたし／僕をわかってくれる」）がコミュニケーションの最重要な部分を構成する音楽ではなく、あくまで濃密

※37 グループサウンズ
ビートルズ等のコンボスタイルのビートバンドが日本でもブームを巻き起こし、60年代後半にわたって、同傾向のバンドが数多くデビューした。しかし、ビートルズが「若者の反抗」という社会学的エポックを体現していたのに比べ、ほとんどのグループサウンズは既成の歌謡曲システムの中で「ビートバンド風」に売り出されたアイドル的存在を脱することができなかった（それ以前のエレキブーム期から活動していたベテランバンドが「イメチェン」してグループサウンズとして売り出されることもあった）。一部のバンドは、そんな鬱憤をステージ上での激しい演奏として表現することもあり、のちのニューロックシーンに繋がっていく。後年「和モノ」発掘の流れで再評価されたほか、和製ガレージパンクとして海外のリスナーからも注目された。

※38 新人類
定義には諸説あるが、主に50年代後

な関係性を持ち出すことなく、コミュニケーションが行われる「場」を演出／形成＝シーンメイキングする機能を期待される音楽であるとされる。同書掲載の四象限図を引用しよう〈図1―9〉。この図に示された「シーンメイキング」を同書は以下のように説明する。

〈シーンメイキング機能〉とは、文字どおり、コミュニケーションのシーン（場）を演出する機能をいう。簡単にいえば、都会っぽい雰囲気・おしゃれっぽい雰囲気・大人っぽい雰囲気を醸し出すためのツールとして使えるかどうかという側面にかかわる。車で・リゾートで・バーで・レストランで・トレンディースポットで、他者との付き合いの場面を彩るために／特定の自己イメージの提示のために、音楽が用いられることがよくある。これらの音楽は、「現実に享受される場所」に結びつく形で〈シーンメイキング〉な享受のされ方をしている。（『増補　サブカルチャー神話解体』48―49頁）

これぞまさに、本節で論じてきたシティポップの機能的特徴をずばり言い当てているテキストだといえるだろう。実際、同書52頁掲載の図解では、この「シーンメイキング機能」を色濃く持った「ポップス」を担うアーティストとして、その筆頭に山下達郎、竹内まりやの名が置かれている。

また、先程も登場した山本達彦は、クリスタル族の女子たちのバイブルとされていたファッション雑誌『ＪＪ』１９８３年１月号でのインタビューで次のように語っている。

半から60年代前半生まれの世代を、80年代当時に名指した用語。70年前後の学園紛争を中心とした闘争の記憶も、あるいはその後に続く「シラケ」的な空気からも遠い新たな若者群を指す言葉として喧伝された。社会不安や実存的不安に拘泥することなく、ファッション的な消費に熱心で、かつ「ネアカ」で社会適応型である、とされた。裏面では、「おたく族」の始原としての姿も。

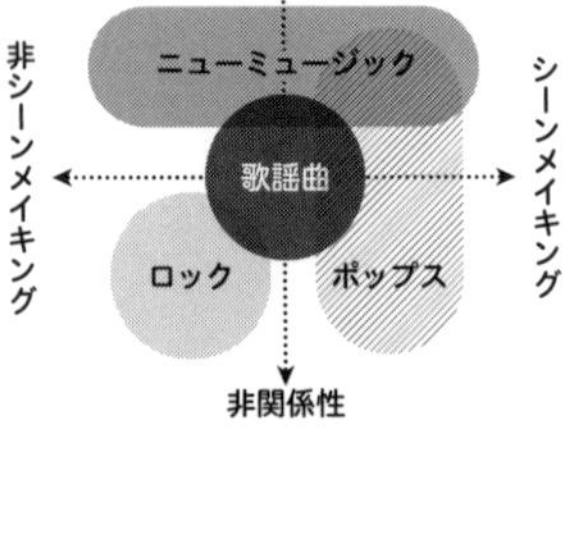

〈図1―9〉『増補　サブカルチャー神話解体』47頁掲載の四象限図を元に作成

「音楽は（中略）、BGM――バック・グラウンド・ミュージックでいいと僕は思ってるんですよ。寝っ転がって聴いてるのか、ドライブのお供か知らないけれど、その人の目の前にある、ひとつの風景を演出したいとき、いつもの同じ街をその日の気分に塗りかえたいとき、そんなとき背景にね、流してくれれば、いいと思いますよ」（『JJ』1983年1月号、224頁）

シティポップはまさに、この時代に台頭した「新人類」たちが、安定成長時代の高度消費社会を謳歌し、彼らの参加する場や自己のイメージを演出する機能を担った、優れた「サウンドトラック」だったのである。

ニューミュージックとシティポップとの違い

ここで少し寄り道をしてみたい。ここまで何気なく使用してきた「ニューミュージック」という言葉がある。シティポップと同様、とかく定義合戦が繰り広げられやすいジャンル用語であり、その適用範囲の揺らぎという点では、おそらくシティポップ以上の曖昧性を孕んだ概念だろう。

一般的にニューミュージックとは、作曲家/作詞家、プロダクション、歌手、既存メディアという体制の下に形成されたそれまでの歌謡曲的芸能/業界システムの外部から現れてきた実演家（主にシンガーソングライター）による音楽をそのように呼称したことに端緒を持つ（ここでは、海外における「ニューミュージック」という呼称や、その後の『ニューミュージック・マガジン』等、カウンターカルチャーとひもづけられる場合における用法は措く）。

この呼称の語源を探ると、70年代初頭、ベルウッドレコードのディレクターであった三《み》浦光紀《うらこうき》の発案という説、荒井由実の発案だとする説など、様々なヴァリエーションがみられるが、いずれにせよ、当初においては「非歌謡曲的作家性および洗練性」という文脈を色濃く反映した語であった。その後時代を下りながら、さだまさし、アリス、松山千春、中島みゆき等、歌謡フォーク的な自作自演アーティストによる音楽も広く含めるようになっていく。

このような経緯から、ニューミュージックの発祥的語義に忠実であろうとするならば、現在シティポップ系とみなされているミュージシャンによる音楽をその主軸として捉えることも可能ではあるのだ。たとえば、『宝島特別編集　日本ロック大百科［年表篇］１９５５―１９９０』（１９９２年）において「ニューミュージック期」（同書では１９７３年から78年までをその全盛期としている）を論じた篠原章によれば、荒井由実や山下達郎、吉田美奈子、南佳孝などがニューミュージックを担う存在として挙げられ、一般的に想定される代表的なフォーク系ニューミュージックのアーティストは（具体的にアーティスト名が挙げられているわけではないが)、「産業フォーク〈※39〉」という(多少侮蔑的な)名称が与えられている。

しかしながら、『サブカルチャー神話解体』の中でも述べられているように、ニューミュージックというジャンルでは、「わたしのことをわかってくれるのはあなた(だけ)」「あなたのことをわかるのはわたし(だけ)」というアーティスト/聴き手間の限定的関係性の相互的承認こそが重要なコミュニケーション機能を担っているという認識に基づくなら、シーンメイキング機能をコミュニケーションの本質とするシティポップと、一般的に用いられるようになった後の語彙としてのニューミュージックの間には、本源的に隔たりがあると見たほうがよい。

そして、逆側から眺めれば、なぜニューミュージックの浸透期にシティポップという言葉が分出され、区別されたのかという疑問も湧いてくるわけだが、これについては前節で見たとおり、「フォーク系のニューミュージックが主流を占める若者の音楽受容にあって、主に米国の最新型ポップスを自覚的に取り入れた音楽性を特徴とするアーティストを差別化したい」という欲望がレコード会社等の送り手側に芽生えていたと推察すべきだろう。

※39 産業フォーク
27頁註25「旧来のフォーク系ニューミュージック」と同じ。同書で篠原は以下のように述べる。「70年代前半に生まれた産業フォークを、「ニューミュージック」とすることもあるが、彼らはロックの相対化とは無縁で、新しいポップへの意志もほとんど備えていない」(66頁)

ウォークマンとカーステレオ

シティポップの「シーンメイキング機能」は、音楽それ自体(ソフト)だけで成し遂げられたわけではない。再生機器／メディアの発展も深く関わっている。

1979年7月、世界初の再生専用ポータブルカセットテーププレイヤーとしてソニーから発売された「Walkman TPS-L2」は、発売直後こそ売上が伸び悩んでいたが、しばらくしてから人気が沸騰、一時は在庫切れになるほどのヒットとなった。さらに、81年2月に発売された2号機「WM-2」、通称「Walkman2」は、販売台数250万台を超える超ヒット商品となり、既存の音楽聴取のスタイルを覆す一大転機をもたらした。

ウォークマンならびに同様の携帯カセットプレイヤーの急速普及は、オーディオ業界、ソフト業界双方にとって非常に大きな出来事であったが、何よりもドラスティックな変化を蒙《こうむ》ったのが、ユーザーの意識だった。都市論・メディア論を専門とする社会学者・若林幹夫は、1980年代を多面的に論じるオムニバス論考集『1980年代』（2016年）に寄せたテキスト「なめらかで均質な空間が顕在化し始めた時代」の中で、以下のように述べる。


ヘッドフォンやイヤフォンから音楽が流れ始めると、自分だけに聞こえる音楽が透明なシールドのようなものを作り出して、風景と自分との間に距離ができたような感じになる。自分の周りを覆う透明なアクリル板越しに周囲を見ている感じ。その感覚は、カーステレオを聴きながら閉じた窓越しに流れる景色を観る時に似ている。景観とは文字通り〝景色の観え方〟だが、自分好みにカスタマイズされた〝音の風景《サウンドスケープ》〟を持ち歩くことを可能にすることで、ウォークマンは八〇年代以降の景観経験を変えたのだ。（「なめらかで均質な空間が顕在化し始めた時代」『1980年代』278—279頁）

それまで自室やコンサート会場等に限定されていた聴取経験が、個々人の手で屋外へ持ち出されることで、各人が自分だけの景観経験を形成する。各々が赴くスポットの風景は、自らが参加する映像作品の舞台装置のように立ち上がり、音楽によってその「シーン」が形成される。カナダの現代音楽作曲家レーモンド・マリー・シェーファーによって提唱された「サウンドスケープ〈※40〉」が、元来、自然の景観を眺めるように、聴取者の周囲に存在する音を景観として捉えようとする概念だったとすれば、ウォークマン以降の音風景は、聴取者自身の演出的意図が容易に／直接的に滑り込む空間を指すことになった。つまり、「音楽を聴く」という聴覚経験に景色が従属しうる図式が出来したのである。そのような転倒関係の中にあって、集中的聴取を前提としない「BGM」的で心地よい音楽は、屋外を含む「場」や「スポット」の演出における特権的な地位を獲得するに至ったのだ。

音楽学者・細川周平は、ウォークマンが及ぼす音楽体験の変容を都市論・記号論の視点から論じた先駆的な著作『ウォークマンの修辞学』（1981年）の中で、「ウォークマンの購買層が特に利用するフュージョン系の音楽」（161頁）と記しているほか、別箇所でも、「フュージョン、ニュー・ミュージック、あるいはアダルトオリエンテッド・ロック（AOR）などと商業戦略上、様々に呼ばれているほぼ同一の音楽」（226頁）と述べている。こ

※40 サウンドスケープ
「音の風景」。旧来のクラシック音楽など、コンサート空間や作品自体へと閉じた音楽観を超えて、〝音楽〟を環境の中に生成する存在として捉え直し、そこで鳴っている様々な音（自然音や街の音など＝音の風景）へと耳を開き、それとの双方向的な関係において音楽を位置付けようとする概念。

の、「様々に呼ばれているほぼ同一の音楽」に、現在でいうところのシティポップも含まれていたことは明白だ。シティポップのシーンメイキング機能と、ウォークマンの浸透が導いた音風景の変容。ここには、ただの時代的符合という以上の、根源的レベルでの共犯関係があったといえよう。

もう一つの大きな存在が、カーステレオだ。ウォークマンの普及は、コンパクトカセット〈※41〉形式での新譜リリースの充実はもちろん、レンタルレコード店の拡大やＦＭラジオ情報専門誌が掲載するオンエア予定曲リストを参照して「エアチェック〈※42〉」する文化の浸透とも歩調を合わせながら、カセットテープでの音楽鑑賞スタイルを爆発的に拡大させた（コンパクトカセットのステレオ化、高音質化という品質改善や、家庭用ラジカセの普及もあった）。それと連動するように、カーステレオの世界にも変革が起きた。80年代に入ると、それまで主に使用されていた8トラック（通称「ハチトラ」）〈※43〉プレイヤーに代わって、ＦＭチューナー内蔵型のコンパクトカセットプレイヤーが主流となった。劣化しやすく収録時間も短いハチトラに対し、コンパクトカセットはまたたく間にカーステレオ界を席巻し、新譜のテープや、自らのお気に入り曲を収めたミックステープをドライブのお供に楽しむというスタイルが広まっていく。当然、シティポップ系の楽曲も車内で盛んにプレイされた。

音楽評論家の木村ユタカは、自身が監修を務めたシティポップのガイドブック『クロニクル・シリーズ：JAPANESE CITY POP』（２００６年）において、カーステレオの普及とシティポップの関係に触れた箇所で次のように述べている。

※41 コンパクトカセット
オランダのフィリップスが１９６２年に開発したカセット入り磁気テープ。安価かつ小型、さらには長時間の収録が可能な上に劣化が少ないという利点から、60年代末から世界的に普及した。

※42 エアチェック
ラジオでオンエアされる楽曲をリスナーがカセットテープに録音する行為。各ＦＭ雑誌は各局のオンエア予定曲を番組表の形式で掲載しており、お目当ての曲のエアチェックのために事前に準備しておくことが可能だった。手書きのインデックスやＦＭ誌付属のジャケットイラストをあしらったオリジナルテープ作りも流行した。

〝街〟や〝リゾート〟をテーマにした爽やかなシティ・ポップは、そうしたスタイルで楽しむ音楽としては、まさにうってつけだった。なかでも、大滝詠一の『ロング・バケイション』(81年)と山下達郎の『フォー・ユー』(82年)は、80年代前半のカー・ステレオ占拠率が最も高かった2枚だといわれている。(『クロニクル・シリーズ：JAPANESE CITY POP』102頁)

先に引用した若林幹夫の文章にもあるとおり、カーステレオでのシティポップ聴取が、ウォークマンでのそれと同じように、シーンメイキング機能を強化したであろうことは論を俟《ま》たない。

人々は、同乗者(しばしば恋のターゲットであったろう)と共有するムードをメロウな音楽で演出しながら車を走らせることで、目まぐるしく変わっていく窓外の景色に、インスタントな自己の刷新を重ね合わせていたのかもしれない。彼らは、かつての若者たち(たとえばフーテン族〈※44〉など)のように、「本当に旅に出る」ことはしなかった。『なんとなく、クリスタル』において主人公たちがそうしたように、ちょっとしたドライブとして心地よい範囲の安全な行き先(リゾート)を目指し、音楽と戯れ、そしてまた、市街地を舞台にした消費生活へと戻っていったのだ。ドライブ(移動)と、スムースな音楽。流れるように、摩擦なく感覚をくすぐる両者の快さは、感覚的にも、どこか似通ったところがある。シティポ

※43 8トラック(通称「ハチトラ」)
正式名称は「8トラック・カートリッジテープ」。2トラックのステレオチャンネルが四つあることからそう呼ばれる。1965年、カーオディオでの使用を想定して開発された。コンパクトカセットが普及するに従い、衰退した。

※44 フーテン族
主に60年代末、日本に土着化したヒッピー的ライフスタイルの若者を揶揄的に「フーテン族」と俗称した。住所不定で定職につかず、社会からドロップアウトした生活を送る者たちの意。永島慎二の漫画『フーテン』を通じて認知された。映画『男はつらいよ』シリーズにおける「フーテンの寅」という呼称は、はじめは自己諧謔的な色彩があったが、のちの国民的キャラクター化によってフーテン自体のイメージもどこか愛嬌のあるものへと変わっていった。

ップとドライブの蜜月は、様々なレベルで絡み合った必然的な出来事だった。

シティポップのヴィジュアル

ドライブでも大人気だったという大滝詠一の『A LONG VACATION』、山下達郎の『FOR YOU』（1982年）〈図1―10〉は、実に印象的なイラストを使用したジャケットアートワークの素晴らしさでも名高い。「シティポップ」という言葉を耳にしたとき、人によっては、そのサウンドではなく、これらのアートワークが放つヴィジュアルイメージをまっ先に想起する場合もあるだろう。前者を担当したイラストレーターは、永井博。後者は、鈴木《すずき》英人《えいじん》。彼らも、シティポップの黄金時代を作り上げた、輝かしい「準主役」たちだ。

永井博は1947年徳島生まれ。70年代からイラストレーター、グラフィックデザイナーとして活動を開始した。『A LONG VACATION』にも描かれたプールサイドの風景をモチーフとしだしたのは73年。湯村輝彦やペーター佐藤らとアメリカを旅行した際、LAの空港に着陸する飛行機からみた、地上に点在するプールの風景に刺激されたのがきっかけだった。また、プールサイドや水面にヤシの木が影を落とす永井独自の表現は、ダリやデ・キリコといったシュルレアリスム〈※45〉に連なる作家からの影響だという。さらにそこへポップアート〈※46〉の手法を織り交ぜ、カラッとした夏の空気が漂う、唯一無二の作

〈図1―10〉

※45 **シュルレアリスム** フランスの詩人アンドレ・ブルトンが提唱した思想・芸術運動。「超現

風を確立した。『NIAGARA SONG BOOK』（1982年）等、大滝詠一の諸作品をはじめ、岡本一生『Moonlight Mystery』（1980年）、石黒ケイ『Purple Road』（1983年）など、シティポップ系作品のアートワークを手掛けた。近年では、昨今のシティポップリバイバルを受け、若手アーティストによる作品やコンピレーション盤のジャケットも多く手掛けている。

　鈴木英人も、永井とほぼ同世代の1948年福岡生まれ。80年ごろからイラストレーターとして活動を開始する。彼もまた、同時代のアメリカの風景に触発され、その画風を確立した。山下達郎作品におけるアートワークと並んで名高いのが、1981年の創刊から88年まで担当した、雑誌『FMステーション』の表紙〈図1―11〉に寄せたイラストだろう。同誌へは、エアチェック向けのオリジナルカセットテープ用イラストも提供するなど、「『FMステーション』といえば鈴木英人」というイメージを定着させた。当時編集長を務めた恩藏茂による著書『『FMステーション』とエアチェックの80年代――僕らの青春音楽記』（単行本版2009年、改題文庫版2021年）でも、雑誌のイメージ戦略と売上にとって、いかに鈴木英人のイラストが要の存在であったかがたびたび言及されている。濃いブルーと、紐状丸状のポップな図形で表現された光のきらめき、細部まで描き込まれたアメリカンヴィンテージカー。彼もまた、多くの人々に、きらびやかな80年代の心象風景を埋め込んでいった。

　他にも、『ハートカクテル』で一世を風靡した漫画家／イラストレーターのわたせせい

実主義」とも。現実の奥に隠された事象を表現することを目指した。サルバドール・ダリは絵画におけるシュルレアリスム運動を担った代表的存在。ジョルジュ・デ・キリコは同運動への重要な参照元の一人として語られる。永井博のイラスト作品における「現実以上の夏」というべき表象は、たしかに現実の風景の裂け目から立ち現れる超現実のイメージを描く手法に通じるものを感じさせる。

※46 ポップアート
戦後の大量消費社会を反映した現代美術における潮流。60年代に興隆し、代表的なアーティストはアンディ・ウォーホルやロイ・リキテンスタインら。大量生産商品ヴィジュアルのキッチュな援用や、アメリカンコミックなど下位文化からの引用的手法が特徴。80年代の高度消費社会と寄り添ったシティポップのアートワークのルーツのひとつに、こうしたポップアートがあるという事実は、大変興味深い。

ぞう、エアブラシを使用した精密な画風で人気を博したペーター佐藤らの仕事も重要だろう。イラストレーター以外にも、ＹＭＯとの仕事でも知られる奥村靫正《おくむらゆきまさ》などのグラフィックデザイナー、佐藤博の名盤『awakening』のジャケットに作品を提供した日本ともゆかりの深いフォトグラファー、スティーヴ・ハイエット等、シティポップ黄金時代をヴィジュアル面から彩ったクリエイターは数多い。加えて、アーティスト本人が登場するジャケット写真や、当時のファッション誌などで、彼らのコーディネートを担当したスタイリストやヘアメイクアーティストなども、「シティポップ的なる意匠」の創出に貢献した重要な存在だったといえるだろう。

シティポップの「シーンメイキング」は、音楽だけではなく、こうしたヴィジュアルイメージも不可分に含みあわせた上で達成される、特有の機能だったのである。

〈図1—11〉『FMステーション』1983年12月19日号

シティポップとバブル景気

この節の最後に、シティポップとバブル景気の関係性について触れておこう。「シティポップ＝バブル期の音楽」という記述をたまに目にするが、実のところそれは正しくない。シティポップ全盛期である80年代前半というのは、バブル前夜にあたるのだ。

為替レート安定化のための協調的なドル安路線を狙う先進５カ国による合意、いわゆる

「プラザ合意」が発表されたのが1985年9月。それを受け、据え置きから一転、翌86年に実行された公定歩合の引き下げにより名目金利が低下し、株式や不動産への投機がヒートアップ、91年までその過熱した状況が継続していく。これをバブル景気と呼ぶわけだが、シティポップの一般的人気は、このころにはすでに拡散のサイクルに入っていた。

バブル景気といえば、一般に「拝金主義」「高度消費社会」といった言説と結び付けて語られるが、であれば、これまで論じてきたように、消費社会に順応的な存在だったシティポップも、さらに勢いを増して流行しそうなものである。なぜそうならなかったのか。

恐らくは、バブル景気との関係でいうならば、いわば、ハレとケにおける「ハレ」の前夜であったからこそ、シティポップは興隆しえたといえるのではないだろうか。シティポップが内包していた豊かさや舶来文化への憧れは、それが成されない段階であるがゆえに培養され、表現として昇華される。いざ狂乱に足を踏み入れてしまった時代において、憧れというものは、それ自体を培養する契機を組み込むことができず、ただ蕩尽するに任されるようになる。「もっと素敵な、もっとクリスタルなライフスタイルを」という願望は、それがギリギリの一線で牧歌的な憧れであったうちにこそ、息づくのではないか。その後に続いたバブル景気においても、意匠こそ「憧れ」をまぶしたものであっても、どこか絶頂を知った者たちの、（祝祭に隠された）憂いが漂っているように感じるのだ。シティポップとは、思いの外、繊細な構造によって成立していたスタイルだったのかもしれない。

シティポップの衰退と展開

シティポップの「マンネリ化」

1980年代前半に全盛を迎えたシティポップだが、同年代半ばを過ぎると、音楽シーンの中において、徐々にその存在感に翳《かげ》りを帯びていく。これには、いくつかの理由が考えられる。

一つ目は、すべてのポピュラー音楽がそうであるように、それが「売れる」「商売になる」ということが証明された瞬間から、いわゆる「二匹目のドジョウ」を狙った、マーケティング的に安全な作品(商品)が盛んに再生産されるようになったことだろう。こうした状況は、「それなり」のクオリティの作品が安定的に市場へ供給されることには寄与するが、他方で、ポピュラー音楽の場において主な掛け金となる「新しさ」への志向においては、すでにそれが旧態依然とした音楽形態であることを宿命的に露呈してしまうのだ。

この時期のレコードの中古品を漁っていると、レコード会社各社から数多くの新人がデビューするも惜しくもヒットを残せずほぼ1枚きりで消えていく、という事例の多さがよくわかる（もちろん、そのような事実からこれらが即音楽的につまらないということにはならない。契約が継続できるかを決する売上成績は、かけられたプロモーション労力の多寡にもよるだろう。むしろ、後年のリスナーにとっては、「類型的」なサウンド＝二匹目のドジョウであるからこそ、大量生産品としてのシティポップの「粋」が息づいていると感じられることさえある）。

また、既存の芸能界、特にアイドル業界における80年代半ば以降の「シティポップ風歌謡」の急増加も、ユースカルチャーとしてのシティポップ文化のヘゲモニー低下を促したといえるかもしれない。もちろん、松田聖子や菊池桃子等、80年代を通じて優れたスタッフを集結し、音楽的にも質の高い作品を送り出した例も少なくはない。だが、そうした事実以上に、シティポップの歌謡界への吸収が、シティポップに残存していたサブカルチャーとしての進歩的イメージを減殺《げんさい》したのは間違いないだろう。

アナログからデジタルへ

二つ目は、デジタル技術の伸長だ。シティポップの重要な音楽的アイデンティティのひとつに、「生音、生演奏であること」があった。シティポップが参照元としたAORにおいても、演奏技術に長けた専門的ミュージシャンの華麗な演奏を、豪奢なスタジオ環境の下で磨き上げ、タッチの差や楽器のトーンの微妙な差異を表現することが重要視されていた。もちろん、当時は他のほとんどのポピュラーミュージックもそうした価値観を有していたともいえるが、ことシティポップにおいては、フュージョンとの強いつながりが示唆するとおり、各人の技術に基づいた演奏の非再現性、一回性、もっと直截にいえば、アナログな「ヒューマンフィール」が称揚されていたのである。

そんな中、CBSソニー所有の東京・信濃町スタジオでは、1982年ごろからデジタルレコーダー「PCM-3224」を導入、85年にはビクタースタジオでも後継機「PCM-3324」が稼働を開始した。その後、89年には、トラック数〈※47〉がそれまでの2倍の48trとなった「PCM-3348」が登場し業界標準機として広く浸透していく。

レコーディング現場において、なぜデジタルレコーダーが革命的だったかといえば、録音したそばからプレイの修正をしたり、切り貼りやループ等の編集がごく容易になったから、そして、そういった編集を幾度経たとしても、原理的には音質の劣化が起こらないからだった。これによって、セッションにおいて、必ずしも1曲まるまる通してプレイする必要がなくなり、ミスをしたとしても、その場で該当箇所だけ修正すれば事足りるようになった。このように、様々な編集技術が直接的に音作りに適用されるようになった結果、演奏の非再現性、一回性を重視する感覚はおのずと減衰していく。更にはデジタル録音技術の普及とともに、ピッチ(音程)補正や、揺らぐテンポを自動的に均等化してくれるクオンタイズ機能も一般化し、一層精緻な編集が可能になったが、同時に、「ヒューマンフィール」はより後退していくことになった。

※47 トラック数
ここでは、一曲(一本のテープ)の中でヴォーカルや各楽器などを別々に録音できる上限数のこと。一般的に、この数が多いほど精密な多重録音や編集が容易になり、より構築的な音楽制作が可能になるとされる。

楽器そのものに起こった技術革進も大きな影響を及ぼした。先駆的なミュージシャンたちはすでに70年代からアナログシンセサイザーを導入して独創的な音作りを実践していたが、80年代に入ると、YMOを中心とした「テクノポップ〈※48〉」の興隆とともに、シーケンサー〈※49〉等を取り入れた音作りも次第に一般化していった。しかし、そういった電子機器は、当時は未だ扱いに難儀するものであり、プロフェッショナルの音楽家による録音現場では、専門のプログラマーの助けを得ながら用いられるものであった。

この状況を世界規模で大きく変革したのが、日本の電子楽器メーカー、ローランドの呼びかけにより開発された、デジタルシンセサイザー等の楽器におけるデータ交換の統一規格「MIDI〈※50〉」だった。これにより、音符、休符等の譜面データを各楽器間で簡便にやりとりすることが可能となり、アマチュアを含めた実際の制作現場にデジタル楽器が急速に浸透していくきっかけをもたらした。また、あらかじめデジタル録音されたサウンド（PCM音源）を使用するシンセサイザーの技術も同時期に飛躍的に向上、制作現場での活用が本格化した。サンプラーの発展によって、様々な音源を任意のパターン／タイミングで再生することも容易になった。こうした技術革新も、旧来型のシティポップがそれまで貫いてきた非再現性や一回性を、徐々に脇へと追いやっていくことになる。

ジャーナリストの烏賀陽弘道は、著書『Jポップとは何か』（2005年）の中で、この時代におけるデジタル技術によって失われていく楽曲の個性について、現場で録音を担ったあるエンジニアの言葉を交えながら、以下のように述べている。

※48 テクノポップ
80年代を中心に国内外で興隆したポピュラー音楽ジャンル。西ドイツのクラフトワークらを始原とし、シンセサイザー等の電子楽器を用いた機械的なサウンド、いわゆる「ピコピコ」音を特徴とする。生楽器主体の演奏にこだわらず、シーケンサーなどを使用した自動演奏を多用する。機械人間＝オートマン的な身体表象をともなった近未来的ヴィジュアルも特徴。

※49 シーケンサー
音楽データを電気信号として記憶させ、シンセサイザー等に送り自動再生させる機器。

※50 MIDI
音程、音の長さ、タイミング、音色、強弱などの様々な演奏情報データを統一規格化したもの。これらのデータで各楽器の音源を再生する。現在販売されている電子楽器のほとんどが同規格を採用している。オーディオファイルと違いあくまで演奏情報の集合体であるため、データ容量も軽く、きわめて汎用性が高い。

「演奏」から人間の手作業が少なくなれば当然の帰結なのだが、アナログ時代に比べて人間的な「個性」は失われていった。

まず、現場の録音エンジニアたちが口を揃えるように「音」の個性が乏しくなった。サンプリングされた楽器や合成音の音色は、結局はデジタルデータにすぎない。（中略）多様性が減り、画一的になった。その変化を、ある録音エンジニアが、うまい例えで表現している。

「アナログ時代の録音が手づくりの「おふくろの味」なら、デジタル時代の録音は、つくり方も味もレトルト食品みたいなんです」（『Jポップとは何か』61－62頁）

「演奏」の多様性にこそアイデンティティの多くを依ってきたシティポップにとって、デジタル技術の浸透は、苦境への道のりとなったのだ。

デジタル時代との折衷

他方で、一部の才能豊かなミュージシャンたちは、むしろそういったデジタル化の流れを巧みに取り込みながら、個性溢れる創作を続けていった。

たとえば角松敏生は、1985年5月にリリースした5枚目のオリジナルアルバム『GOLD DIGGER～with true love～』〈図1—12〉において、当時米国を中心に興隆していたエレクトロファンク〈※51〉風の電子音や、ヒップホップ風のスクラッチやエディットを大胆に取り入れ、生演奏を主体とした流麗なリゾート志向のサウンドから脱却し、「シティポップのその後」を鮮やかに描き出した。

山下達郎は、86年4月に発表した通算8枚目のオリジナルスタジオアルバム『POCKET MUSIC』において、初めてのデジタルレコーディングに取り組んだ。当初は前年のリリースを予定していたものの、デジタル機材特有の硬質なサウンドや「人間的なノリ」の欠如との苦闘を繰り返し、発表が翌年に持ち越された。しかしながら、結果的にその試行錯誤は、デジタルサウンドの有機的な昇華法と、新時代における「ヒューマンフィール」の可能性を大きく切り拓く傑作を生むこととなった。スタジオミュージシャンを交えない打ち込みを主体とした内容は、その後に続くセルフ多重録音全盛時代〈※52〉を予見するような先駆性に満ちたものであり、さらに完成度を増した88年10月発売のオリジナルアルバム『僕の中の少年』と並び、現在ではキャリア屈指の名作として評価されている。

山下とも関係の深い佐藤博も、「シティポップのその後」を独自に生き抜いたオリジネイターの一人だ。『awakening』（1982年）を筆頭に、当初から多重録音に取り組んできた彼だけあり、デジタル化時代の高波にも巧みに対応し、『FUTURE FILE』（1987年）、『AQUA』（1988年）などの名作をものにした。他にもこうしたデジタルテクノロジーと

〈図1—12〉

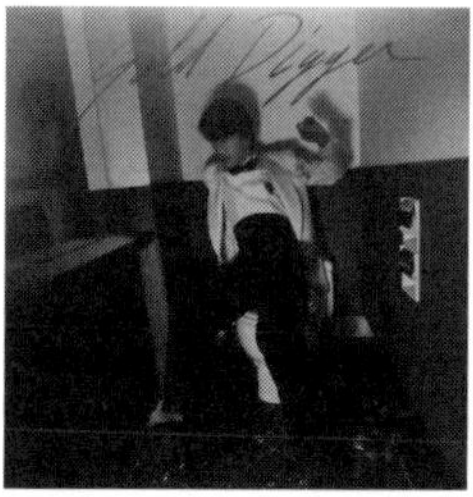

※51 エレクトロファンク
80年代に入って急速に普及しつつあったシンセサイザー等の電子サウンドを取り入れたファンクミュージック。「エレクトロ」とも。オールドスクールヒップホップとも連動し、ラップの要素を取り入れた曲もヒットした。

※52 セルフ多重録音全盛時代
2000年代に入ると、デジタル式MTR（マルチトラックレコーダー）やDAWの普及により、職業的アーティストではないアマチュアでも多重録音を駆使した音楽制作が容易になっていく。こうした制作方法は、その後のさらなる機器の発展と

旧来のシティポップの共棲を推進した珍しい新人の例として、有賀《ありが》啓雄《のぶお》の名が挙げられる。
あるいは、たとえば松任谷由実のように、デジタル時代との共存を図りながら、シティポップ的なクリシェを乗り越え、よりマスな一般リスナー層を見据えた音楽へと舵を切っていく者もいた。とはいえ、繰り返しになるが、こうした「サバイバル」をトップで勝ち抜いたのは一部の限られた例にとどまり、かねてより活動してきた多くのシティポップ系アーティストたちは、押し寄せる他ジャンルの攻勢の中で、次第にその存在感を薄めていく。

80年代後半、それまでのシティポップからの流れを受け継ぐデジタル時代の新しい動きも起こっていた。それが、エレクトロニックな要素を積極的に取り込んだ一部の音楽だ。右の角松敏生の例でも触れたように、エレクトロファンクや、ヒップホップ、ニュージャックスウィング〈※53〉等の影響を受けて国内でも新たなアーティストたちが活動を始めており、彼らの音楽は、シティポップ全盛世代のそれとは異なる、よりフロア〈※54〉寄り、あるいはストリート〈※55〉寄りの質感をまとっていた。とくに、新世代のR&B系アーティストたちの活躍は、その後90年代に本格化するJ-R&Bシーン〈※56〉の源流として考えるならば、シティポップを超克する新たなメロウ・ミュージックの胎動であったとも捉えられる。代表的なアーティストとしては、大沢誉志幸《おおさわよしゆき》、久保田利伸、岡村靖幸、林田健司などが挙げられる。

廉価化により、DTMという呼称のもとここ10年ほどで全盛を迎えている。

※53 ニュージャックスウィング
80年代後半、音楽プロデューサーのテディ・ライリーが中心となって生み出したR&Bの新ジャンル。それまでのブラックコンテンポラリーミュージックやエレクトロファンクにより自覚的なヒップホップ風要素を加えた打ち込みサウンドが特徴。キース・スウェットの「I Want Her」や、ボビー・ブラウンの「My Prerogative」等の大ヒットにより、一躍ブラックミュージックの最前線を象徴するサウンドとなり、日本のポップスシーンにも大きな影響を与えた。

※54 フロア
ここでは主にディスコのダンスフロアのこと。クラブカルチャー普及後は、ダンスに特化したノリやすいサウンドを「フロア向け」「フロアユース」などという。

※55 ストリート
一般に、ポピュラー音楽用語として

ユースカルチャーの変遷と他ジャンルの侵攻

カタログ的消費と戯れた「クリスタル族」の姿も、80年代が半ばに差し掛かろうとしている中で、急速な陳腐化を迎えていた。元来消費主義と親和的で、カウンターカルチャー的な反抗性も希薄な上に、社会的マジョリティとしての中流意識に規定されていた彼ら／彼女らは、そうした性質がゆえに体制迎合的でもあり、揶揄の対象になりやすかった。ユースカルチャーとして、ごく微妙なバランス感の上で成立していた「新人類」文化は、いつしかその覇権を手放し（根強い伏流としてその後も存在しつつも）、ある種の傾向をもつ者からは、むしろ乗り越えられるべきハビトゥス〈※57〉とみなされるようになっていく。その「傾向」とは何か。ここでもやはり、国内ポピュラー音楽の変遷をたどり直してみることが役立つ。

80年代後半、国内音楽シーンは、いわゆる「バンドブーム」に沸いた。80年代以前から、ライブハウスを中心にアンダーグラウンドな活動を行うインディーズバンドは多く存在したが、この時代に至って、BOØWY、レベッカ、BUCK-TICK、ZIGGY、SHOW-YA、プリンセスプリンセス、爆風スランプ、LINDBERGらが若者から大きな人気を博す。アマチュアを含め、（演奏技術が伴っていないとしてもとりあえず）楽器を手にし、ロックバンドを結成することが、音楽を志す若者たちの一般的な指針となった（そうした潮流の帰結的な存在が、19

の「ストリート」は、ヒップホップ的なノリやサウンドを指すことが多い。端正なフュージョン的サウンドを基軸としていたそれまでのシティポップと入れ替わるように、80年代後半からは、よりR&B／ヒップホップ的要素を取り入れた楽曲がトレンドを牽引していった。

※56 90年代に本格化するJ-R&Bシーン
北米のR&Bシーンと連動するように、日本でも90年代半ばからR&B的要素を取り入れたアーティストがメジャーフィールドで多く活動するようになった。宇多田ヒカルのブレイクに見られるように、特に女性シンガーの活躍は顕著で、いわゆる「ディーバ」ブームも起こった。

※57 ハビトゥス
フランスの社会学者、ピエール・ブルデューによって提唱された概念で、人々の日常生活の認知や思考、行為を無意識的に方向づける性向のこと。クリスタル族以降からバブル時代にかけて、多くの都市部の若者がカタログ的消費志向やブランド志向をハビトゥス的に内在化していた。一方

89年2月から放送が開始されたTBS系TV番組、「イカ天」こと『三宅裕司のいかすバンド天国』だった）。結果的に、国内のメジャー音楽産業の興味の矛先は、従来の歌謡曲〜ポップスから、ロックバンド系へと大きくシフトしていく。「青田買い」という言葉どおりのバンド獲得合戦が行われ、90年代に入るころには、一般的な若者のライフスタイルに寄り添うのは、こうしたロックバンドたちによるサウンドとなった。シティポップおよびそれが体現していた価値観は、若者文化における居場所をだんだんと失っていったのだ。

バンドブームが、新たな若者世代による野趣と非洗練のエネルギーでシティポップを追い立てたのだとしたら、その合わせ鏡として、同時期に都会的洗練の側からシティポップ弾劾の立場につくこととなったのが、その頃胎動期にあった、いわゆる「渋谷系〈※58〉」の存在だ。ニューミュージックやシティポップなど「旧来の主流」への辟易が、ユースカルチャーとして揺籃していた国外インディーポップ〈※59〉への憧憬と重なり合い、新しい洗練への渇望として噴き出したのがこの渋谷系だったと考えるとき、旧来のシティポップが拠って立つ産業構造に与えられた打撃は、実際に渋谷系の諸アクトが記録したセールス以上に甚大なインパクトがあったと推察できる。明らかにそこで、「都会的であること」の大きな転換が招来されたのだ。一方で、細密に渋谷系の人脈的系譜を遡れば、かつてのシティポップ胎動期に通じる裏方陣の姿が見えてもくる。そういった意味では、陳腐化したシティポップを討ちながら起きた、「本来のシティポップ的なるもの」のルネサンスであったと見ることもできるかもしれない。

で、それと対置される性向（パンク、メタル、インディーズ等）も伏流として存在していた。バンドブーム期とは、それが大衆レベルに可視化された時代だったといえる。

※58「渋谷系」
90年代に東京の渋谷を発信源として興隆した音楽ジャンル、シーンの名称。狭義では、当時HMV渋谷店においてレコメンドされていた洋楽要素をふんだんに取り入れた邦楽作品／アーティストを指すことも。代表的な存在に、小沢健二、小山田圭吾、オリジナル・ラブ、ピチカート・ファイヴなど。60年代の映画やレコード等のヴィジュアルを取り入れたデザインや、過去の様々な音楽を引用、編集するサンプリング的なセンスも特徴とされる。同時期の渋谷宇田川町界隈におけるレコード文化の繚乱とも密接に関連しており、DJやバイヤーなど、ミュージシャン以外の貢献も大きい。第2章92頁等も参照。

※59 国外インディーポップ
渋谷系（もしくはプレ渋谷系）の大きな影響元のひとつに、主にUKのインディーポップ（ネオアコーステ

そして、シティポップが決定的に衰退するもっとも大きな要因は、90年代に、「小室サウンド〈※60〉」などに象徴される「J-POP」がシーンを席巻したことだろう。よく知られるように、元々「J-POP」という呼称は、1988年に放送を開始したFMラジオ局J-WAVEが、自局でオンエアする邦楽楽曲をそう呼んだことが発祥だといわれている。当初、洋楽のみをオンエアする「都会的」なラジオ局であることをポリシーとして開局したJ-WAVEは、邦楽を流すにあたって、その楽曲が一般の歌謡曲やポップスと違って「洗練された」「洋楽のような」音楽であることをアピールする必要があった。そうした状況の下、レコード会社各社との話し合いの中で捻出された言葉が「J-POP」だったのだ。邦楽でも歌謡曲でもなく、「J（apan）」のポップ、という概念の誕生だった。ここで興味深いのは、当初この「J-POP」として想定されていた音楽が、シティポップ的なものと相当に重複しているという事実である。『Jポップとは何か』で、烏賀陽弘道は、当時J-WAVEでチーフ・プロデューサーを務めていた斎藤日出夫による発言を紹介している。

「まず、演歌やアイドルはダメ。サザンオールスターズ、松任谷由実、山下達郎、大瀧詠一や杉真理はいい。が、アリスやチャゲ&飛鳥、長渕剛はちがうだろう、というふうに感覚的に決めていった」（『Jポップとは何か』8頁）

ィックやギターポップ）があった。メジャーレーベルのシステムに頼らないDIY（第3章※21参照）的な美学に貫かれており、アートワークやファッションを含め、ポストパンク以降というべきクールなイメージを纏っていた。小山田圭吾と小沢健二が在籍したロリポップ・ソニック（のちのフリッパーズ・ギター）やカジヒデキの在籍したブリッジなどに多大なインスピレーションを与えた。

※60 小室サウンド
90年代半ば、音楽プロデューサー小室哲哉によって制作された楽曲群を指す。電子楽器をふんだんに使用したダンサブルかつキャッチーなサウンドで、大ヒット曲を連発した。trf、自身もメンバーのglobe、華原朋美などが代表的な存在。彼等を中心とするアーティストは「小室ファミリー」とも呼ばれた。

たしかに、Ｊ－ＰＯＰに含みうるかどうかの判断基準とされている「洋楽っぽさ」というのは、ここまで本書が述べてきたシティポップの要件のひとつに当てはまっている。しかし、サザンオールスターズや松任谷由実といった越境的で厚いファン層を持つアーティストは別として、山下達郎や大滝詠一を現在想像されるＪ－ＰＯＰの代表的存在と考えるのには少々違和感があるのではないだろうか。これは、Ｊ－ＰＯＰという語が実際に一般へと浸透したのが１９９３～95年の間であり、その際、語彙発祥時に想定されていたサウンドとは無関係に、「小室ファミリー」や「ビーイング系（※61）」等、当時大流行していたより大衆的な音楽と積極的に結び付けられていったことから来るギャップなのだと思われる。もちろん、同時代のダンスミュージックやエレクトロニックミュージック（※62）をオリジナルな形で昇華した「小室サウンド」にしても、旧来の歌謡曲との比較で言えば明らかに「洋楽的」であることには変わりない。しかし、彼らをＪ－ＰＯＰの完成者とみなすとき、当初はまがりなりにもその名称を冠せられる存在であったシティポップ的なるものが、Ｊ－ＰＯＰの全盛によって（商業的な次元では）主役から脇へと押し流されていく結果になったのは、いささか皮肉である。

※61 ビーイング系
音楽制作会社ビーイング所属のアーティストたちによる音楽。狭義には、「ビーイングブーム」といわれた90年前半にヒットを送り出したアーティスト、およびその音楽を指すことが多い。代表的な存在に、WANDS、B'z、ZARDなど。ロック色が強いと思われがちなビーイング系だが、実はシティポップとも繋がりは太い。詳しくは第2章１０５頁を参照。

※62 同時代のダンスミュージックやエレクトロニックミュージック
小室哲哉自身はプログレやフュージョン等、幅広い音楽的素養を持った音楽家だが、90年代に自身のプロデュース手法とサウンドを完成させるにあたっては、ユーロビートやテクノ、トランス等のダンスミュージックを参考にし、そこにキャッチーなサビを組み込むなど、国内リスナーにも親しみやすい音作りを行った。特に、イギリスのプロデューサーチーム、ストック・エイトキン・ウォーターマンからの影響は大きく、ビジネス面でもシンパシーを抱いていたという。

意匠としてのシティポップの延命

ここまで見てきた状況からもわかるとおり、80年代末以降、特に90年代に入ってからは「シティポップ不毛の時代」といわれてきた。たしかに、ごく一部のビッグネームを除き、目立ったチャートアクションを見せるシティポップ風の楽曲はなかったし、かつてのように明確にシティポップの要素を前面に押し出した新人アーティストは激減した。

一方でシティポップは、送り手側によって自覚的に前面化されるものとしてではなく、数ある音楽要素の中のひとつの意匠として、（おそらく作り手の側でも）無意識的、深層的なレベルで継承されていく。この時代にあってもなお、というよりも余計に、シティポップとは明確に謳われていない＝マーケティング的にもそれを明確に狙っているとは思い難い作品において、シティポップ風の曲が収録される例が少なくないのだ（ニュージャックスウィングやグラウンドビート〈※63〉等、折々の世界的流行と折衷しながらシティポップ的意匠が援用されていることも多い）。

また、あまり指摘されない事実だが、90年前後には第二次AORブームというべき小さなムーヴメントが起こっていたことも指摘しておきたい。1991年公開のホイチョイ・プロダクションズ製作映画『波の数だけ抱きしめて』〈図1―13〉のサントラ盤は、1982年を舞台にした映画本編に登場する架空のコミュニティラジオ局の放送を模した形で、

※63 グラウンドビート
UKのグループ、ソウル・II・ソウルによる1989年からの一連のヒット（「Keep On Movin'」や「Back to Life」）をきっかけに、日本独自に定着したジャンル用語。レゲエからの影響を感じさせるタメのある16ビートが特徴。間を生かした軽やかなトラックがクラブシーンで支持された。

〈図1―13〉映画『波の数だけ抱きしめて』ポスター

様々なＡＯＲアーティストによる名曲群が収録されている。基本的にはＡＯＲ黄金期（＝シティポップ黄金期）へのノスタルジアに駆動されたプチムーヴメントではあったが、同時期にはかつてのＡＯＲ全盛期を彩った外国人アーティストが日本限定流通の作品を制作していたり、渕上祥人、坂本洋、小田育宏、栗林誠一郎、中野麻衣子など、明らかに往時のＡＯＲに準拠した音楽性を持つアーティストが新たにデビューしていたりもする。近年シティポップのアナログレコード作品は急速に発掘が進み、アーカイブも行き届いてきたのだが、まだまだこのあたりは体系的な情報が構築されているとはいえず、今後の課題でもあるだろう（それに関連した実践的な取り組みについては、第5章第1節の中の「「オブスキュア・シティポップ」とは何か」で詳しく触れる）。

（第2章）

シティポップという「物語」

2-1

編纂されるシティポップのルーツ

1970年代半ばの「シティポップ」名盤……?

ここまで読んできた読者の中には、シティポップの代表的存在であるはずのシュガー・ベイブや、ティン・パン・アレー周辺の音楽について未だに触れられていないことを訝しく思う向きもあるかもしれない。

山下達郎や大貫妙子、村松邦男らが集結し、ビーチボーイズ等から影響を受けた巧みなコーラスワーク、ソウルミュージックの躍動を取り入れた小気味よくドライブする演奏で、「シティポップ屈指の名盤」とされる『SONGS』(1975年)〈図2―1〉を残した前者と、細野晴臣、松任谷正隆、林立夫、鈴木茂を中心としたバンド/チームで、マッスルショールズ・リズムセクションなどの同時期の米国のセッションミュージシャン集団を範としながら、同じくソウルミュージック的要素の濃い演奏で多くの「シティポップ名盤」を残した

〈図2―1〉

後者。
現在刊行されている各種ディスクガイドや様々な記事においても、彼らの音楽が「珠玉のシティポップ」であることが自明の「事実」としてたびたび取り上げられているにもかかわらず、なぜ「シティポップとは何か」を謳う本書では、彼らを筆頭的存在として扱っていないのだろうか？　その疑問に答えるのは、意外にも簡単だ。なぜなら、彼らが活動を行っていた当時、「シティポップ」という言葉はまだ存在しなかったか、少なくとも音楽ファン一般には定着していなかったからだ。

第1章第1節で見たとおり、「シティポップ（ス）」という用語は、今回の調査で遡ることができた限り、1977年夏にもっとも早い用例が発見された。しかし、それがすぐさま特定のシーンを形成するような動きには発展せず、山本達彦、稲垣潤一といったアーティストたちが広く支持される80年代前半になって、ようやく人口に膾炙していった様子も確認した。それを踏まえると、単純な事実として、シュガー・ベイブの唯一のアルバム『SONGS』や小坂忠《こさかちゅう》『ほうろう』〈図2—2〉、鈴木茂『バンドワゴン』などの75年に発表された作品が、発売当時からすでに「シティポップ」と認識されていたとは言い難いのである。

そうすると、これらの作品は、当時どのようなジャンル名で呼称されていたのかが気になってくる。だが、当時の雑誌記事や広告を渉猟しても、明確にジャンル名称を与えられている様は見えてこない。頻出する形容詞を挙げるなら「ファンキー〈※1〉」「ポップ」というところだろうが、より一般的なのは、「日本のロック〈※2〉」や「ニューミュージッ

〈図2—2〉

※1 ファンキー
「いかした」等を意味する俗語funkyを元にする表現で、転じてジャズにおける「黒人的な」フィーリングを表す語となった。60年代には、ジェームス・ブラウンらが打ち出したサウンドが「ファンキー」と形容され、後には、16ビートや反復的なフレーズを伴ったソウルミュージックを指すジャンル「ファンク」の名へと発展した。日本のロックやポップス系のジャーナリズムにおいても、ファンク的なノリを感じさせる楽曲やアルバムに対して「ファンキー」という形容が用いられるようになり、70年代半ば頃の作品のレビューなどでも散見される。

ク」という、より広い枠組みの中の一派として位置づける言説である。

『ライトミュージック増刊　スーパー・ロック'76』（1975年）では、「日本のロックは動く　ROCK MAP　歴史から見るロック図表」というページが設けられ、75年当時に活動していたミュージシャンたちを、それぞれ「○○派」というくくりでカテゴライズしている。「ロックン・ロール派〈※3〉」、「プログレッシブ派〈※4〉」などと並んで設けられた「アメリカン・ロック派〈※5〉」というカテゴリーには、シュガー・ベイブやキャラメル・ママ（ティン・パン・アレーの前身名）をはじめとして、小坂忠、鈴木茂&ハックルバック、センチメンタル・シティ・ロマンス等の名が記されている。

また、『週刊プレイボーイ』1976年7月20日発売号では、「日本のニューミュージック'76」という特集記事が掲載されている。憂歌団やゴダイゴ、矢沢永吉などと並んで（ここでもニューミュージックという呼称の広範性が印象的だ）、3ページにわたるアルバムレビューページにおいては、現在では「シティポップの名作」と認識されることの多い作品……伊藤銀次、大滝詠一、山下達郎による『ナイアガラ・トライアングル VOL.1』（1976年）、鈴木茂『バンドワゴン』、シュガー・ベイブ『SONGS』、ティン・パン・アレー『キャラメル・ママ』（1975年）、ブレッド&バター『マハエ』（1975年）、南佳孝『摩天楼のヒロイン』（1973年）などが取り上げられている。

※2 日本のロック
70年代には、50年代後半のロカビリーブームを起点として、グループサウンズ、ニューロック等へと発展していく流れが、「日本のロック」の歴史として言説化されていった。また、後にシティポップとカテゴライズされるアーティストたちによる音楽も、当初はこの「日本のロック」の流れの中に現れた一現象として把握されることが少なくなかった。

※3 ロックン・ロール派
70年代に入って以降より複雑化／高踏化するロック（プログレッシブロック等）に対抗するように、初期ロックンロールのシンプルな音楽性へと回帰しようとする動きが現れた。日本でもロックンロール志向のバンドが活躍し、同書ではキャロルやダウン・タウン・ブギウギ・バンドなどの名が挙げられている。

※4 プログレッシブ派
60年代末に英国で発生した、複雑な構成と壮大なコンセプトを持つロックミュージックを「プログレッシブロック」と呼ぶが（代表的な存在に、キング・クリムゾン、イエス、ジェ

「シティミュージック」

ニューミュージック内におけるこうしたカテゴライズ言説の蓄積と並行するように、76年秋ごろから雑誌媒体におぼろげながら登場しはじめるのが、「シティミュージック」という用語である。『ヤングフォーク』1976年秋号は、元シュガー・ベイブの大貫妙子がファーストアルバム『Grey Skies』（1976年）でソロ活動を開始したことを報じる記事で「輝きはじめたシティ・ミュージックの花」という表題を掲げているほか、本文中でもシュガー・ベイブに言及した次のような一文がある。

> 惜しまれつつ今年の4月に解散してしまったシュガー・ベイブは、メンバー全員が東京出身（引用者註：75年4月から正式メンバーとして加入したドラマーの上原裕は京都出身）で、いわゆるシティ・ミュージックを確立したグループとして高い評価を受けた。そのシュガーなきあと、洗練された音楽センスに満ちたシティ・ミュージックを引き継ぐのはやはり、シュガーの中心人物だった山下達郎であり、そしてこの大貫妙子だろう。（151頁）

ネシス等）、日本にもそれらに影響を受けたグループが存在した。同書では、四人囃子、ファー・イースト・ファミリー・バンド、コスモス・ファクトリーなどの名が挙げられている。

※5 アメリカン・ロック派
同書では、カントリーロック、スワンプロック、ウェストコーストロック等（＝アメリカンロック）からの影響を感じさせるバンドやアーティストを「アメリカン・ロック派」とくくっている。1975年ごろにおいては、のちのシティミュージック系アーティストがアメリカンロックからの影響が濃い一派としてひとくくりに認識されていたというのが興味深い。裏を返すなら、AORの胎動も起こっていたこの時期のアメリカのロックシーンが、いかに多様で様々な要素の入り混じったものだったかを告げてもいる。

大半が「東京出身」というメンバーの経歴を、「シティミュージック」の確立と結びつけるような論調が興味深い。また、『ニュー・ライトミュージック』1976年10月号に掲載された、同じく『Grey Skies』の発売を知らせるクラウンレコードの広告〈図2—3〉にも、次のような文言が記載されている。

> Song-Writer, Keyboard, Vocal, とすべてにその才能を発揮する大貫妙子
> シティーミュージックを確立したシュガーベイブ解散後初のソロアルバム

シティミュージックの呼称が冠されたのは、シュガー・ベイブや大貫妙子にとどまらない。『ヤング・ギター』1977年2月号へ評論家・遠野清和が寄せたコラムでは、「シティ・ミュージックってどんな音楽なんですか?」と訊かれても困ってしまう」(86頁)と冒頭から述べた上で、一応は「——都会的フィーリングを持ったニュー・ミュージック——かな」(同)と定義し、直近の76年にリリースされたシティミュージックの代表的作品として、南佳孝『忘れられた夏』、山下達郎『サーカスタウン』、大貫妙子『Grey Skies』、荒井由実『14番目の月』、吉田美奈子『Flapper』、矢野顕子『JAPANESE GIRL』といった、ティン・パン・アレー〜シュガー・ベイブ人脈のアーティストたちのアルバムを挙げている。

時代は飛んで80年代に入ると、この「シティミュージック」という用語は、音楽専門誌

〈図2—3〉

以外の一般媒体においても流通するようになっていく。編集者の村田健人は、自身の卒業論文を再編集したnoteの記事において、その様子を描き出している。

芸能雑誌『明星』の1980年6月号には、「シティー・ミュージックの元祖がいよいよ輝き始めた!」というコピーのもと、南佳孝のインタビューが掲載されている。翌年7月の『明星』にも同じく南佳孝について「シティー・ミュージックの旗手」「シティー・ミュージックの元祖的存在」と評するインタヴューが掲載されている。これらのインタヴューは、南佳孝の音楽について、デビューアルバム『摩天楼のヒロイン』(1973年)の頃を含めて「シティー・ミュージック」としている。(「シティ・ポップ卒論① 「日本のポピュラー音楽をめぐる〝シティ〟の移り変わり」」2019年2月9日公開、原文の強調は割愛した)

また、村田は同記事にて、『朝日ジャーナル』1982年9月3日号に音楽評論家・前田祥丈が寄稿した、大滝詠一『A LONG VACATION』の大ヒットを分析する記事「BGM化現象が生んだ「快適ミュージック」」において、「細野晴臣らが演奏に参加している南佳孝、松任谷由実、吉田みな子(引用者註：原文ママ)などの音楽が「シティー・ミュージックと呼ばれたこれらの音楽」としてまとめられている」とも指摘している。

前章で分析した同時期における「シティポップ(ス)」という言葉の一般化と、この

「シティミュージック」の浸透状況を比べてみると、両者の間に微妙な差異があるのがわかる。つまり、すべての例を明確にカテゴライズすることは困難だとしても、少なくともこれらの語が一般化した初期においては、「シティポップ（ス）」は、80年代に入ってから活動を本格化した／あるいは人気を得た新世代アーティスト（稲垣潤一や山本達彦等）による音楽を指し、片や「シティミュージック」は、主にティン・パン・アレー／ナイアガラ〈※6〉周辺で活動していた「先駆者」たちを指し示そうとした語であった、ということが認められるのだ。

なお、「シティミュージック」の呼称は、同時期の洋楽の国内向けプロモーションにおいても使用されていたことがわかっている。第1章で名前を挙げたAORのオリジネーターの一人、マイケル・フランクスのアルバム『スリーピング・ジプシー』（1977年）リリースに際して、発売元のワーナー・パイオニアがこの語をプッシュしたとされている。当時の担当ディレクター田中敏明は、ウェブマガジン『ONTOMO』におけるインタビュー記事「AORの先駆けとなったシティ・ミュージックのブームを誘発！――マイケル・フランクス「アントニオの歌」」（2020年12月5日掲載）の中で、次のように語っている。

> 当時、音楽誌『アドリブ』の呼びかけで、業界内では〝ソフト・アンド・メロウ〟というムーヴメントが生まれていました。（中略）
> その一方で、私はマイケル・フランクスの音楽を〝シティ・ミュージック〟として

※6 ナイアガラ
大滝詠一が主宰したレコードレーベルの名前。大滝の名字をもとに大きい滝＝ナイアガラの滝のイメージから命名された。大滝詠一の各ソロ作の他、シュガー・ベイブ『SONGS』（75年）や、山下達郎、伊藤銀次、大滝詠一による『ナイアガラ・トライアングル VOL.1』（76年）、佐野元春、杉真理、大滝詠一による『ナイアガラ・トライアングル VOL.2』（82年）などをリリース。
なお、大滝詠一は、主にレーベル主宰／プロデューサー／作曲家／文筆家としては「大瀧」詠一という表記を使用しており、一般的に「大滝」は歌手としての表記とされている（ただし、はっぴいえんど以前では、役割によらず「大瀧」表記を使用した）。本書において同氏の名を挙げる際は、それらの各役割を横断する

宣伝し、メディアの露出を図りました。当時、ニック・デカロ、ベン・シドラン、ルパート・ホームズなど同傾向のアーティストがいましたが、各社の事情が異なり、まとまってのプロモーションは難しい状況でした。私はＣＢＳソニーで当時、ネッド・ドヒニーの担当ディレクターをされていた森下さんと「シティ・ミュージックの流行を作っていこう！」と意気投合したことを覚えています。

つまり、厳密にいうなら、「シティミュージック」という言葉は、国内アーティストのみに対して使用されていたわけではなかった。同じ時期、後にＡＯＲと呼ばれる音楽にもこの名が冠されたという事実は、いかに「先駆者」たちがリアルタイムの洋楽と親和性の高い音楽を送り出していたかということを物語っているようにも思われる。

風都市

ジャンル名としての「シティミュージック」は、ひとまず以上のように理解できた。一方で、この名称の発祥へさらに遡ると、ある音楽関係法人の存在に行き当たる。１９７０年代初頭、東京・渋谷のロック喫茶〈※7〉／ライブスペース「Ｂ.Ｙ.Ｇ」を拠点としながらコンサートの企画等を行っていた「風都市」がそれだ。

ニュアンスで触れている箇所も多く厳密に使い分けるのは困難であるため、読者の混乱を避ける意味も含め、引用文の場合を除き「大滝」詠一表記に統一した。

※7 ロック喫茶
60年代後半から都市部を中心に現れた、ロックのレコードを聴かせる喫茶店のこと。70年代に全盛を迎えた。輸入レコードも高額で最新のロックへのアクセスが限られていた時代にあって、多くのファンから重宝され、ミュージシャンや関係者も通った。常連たちの間でコミュニティが形成され、はちみつぱいやシュガー・ベイブなど、ロック喫茶での交流がバンド始動の起点になった例も多い。東京のロック喫茶の代表的な存在には、渋谷のB.Y.G、ブラック・ホーク、高円寺のMovin'、四谷のディスクチャートなど。

緩やかな同好集団としてスタートした彼らは、71年に法人化、はっぴいえんどやはちみつぱい、あがた森魚《もりお》らのマネージメントを担うようになり、後には関連会社としてライブブッキングを担当する「ウィンド・コーポレーション」、原盤制作会社「シティ・ミュージック」を立ち上げる。彼らは、南佳孝や吉田美奈子ら、後に「シティ・ミュージック」系とされるアーティストの各デビューアルバム『摩天楼のヒロイン』、『扉の冬』（ともに1973年）をトリオ傘下のショーボートレーベルとタッグを組んで制作しており、この原盤制作会社の名前が後のジャンルとしての「シティミュージック」の密接なルーツであるかのように思える。しかし、先の記事で村田が指摘するとおり、当時彼らの音楽面を指して明確に「シティミュージック」と表現する資料はない。単なる組織名だったものが、事後的に、関連するアーティストが作り出す「都会的な音楽」を表す語として使用されていったのだと推察される。村田の記事を引用する。

この「シティ・ミュージック」は1974年には解散しており、またこの時期に「シティ・ミュージック」という単語が何らかの音楽を指し示す単語として用いられていたことを示す資料も見つからない。また、「シティ」という言葉遣いに関しても、彼らが名乗っていた「風都市」という名義を「風（ウィンド）」と「都市（シティ）」に分けただけであったことを証言する、実際の運営者のインタヴューも存在する（『定本はっぴいえんど』p.192）。また、この「風都市」という単語は、はっぴいえんどのドラマー、作詞家であった松本隆による造語である。本人が、彼らの１９７１年のアルバム『風街ろまん』の仮タイトルであったと語っているように、「都市（シティ）」が彼の個人的な表現の重要なモチーフの一つであったこともたしかであるが、それが一つのジャンルを形成したり、特定の音楽を指し示すような言葉として流通していたことを示す資料は見当たらない。（「シティ・ポップ卒論①」、原文の強調は割愛した）

過去へ適用されるシティポップ

ではなぜ、シュガー・ベイブやティン・パン・アレー関連の「シティミュージック」系諸作が、いつのまにか堂々たる「シティポップの名盤」と目されるようになったのだろう。もっとも大きな要因は、シティポップ全盛期の後、後年の音楽ジャーナリズムやアーティスト、ファンの間で起こった「シティポップ観」の転換だ。

とりわけ、２０００年代に入ってから刊行された各種のシティポップ系ディスクガイドやガイドブックにおける言説が及ぼした影響が大きかったと考えられる。音楽評論家・木村ユタカが２００２年に上梓した『ディスク・ガイド・シリーズ　ジャパニーズ・シティ・ポップ』の増補改訂版（２０２０年）の前書きでは、次のように述べられている。

〝ジャパニーズ・シティ・ポップ〟とは、2002年に最初の本を出すときに命名したものです。私の中学〜高校時代にあたる70年代後半から80年代前半にかけて、音楽誌では、南佳孝や山下達郎、大滝詠一などの都会的で洗練された音楽のことを〝シティ・ポップス〟とか〝シティ・ミュージック〟という言葉で表現していました。彼らの音楽が大好きだった私は、従来の〝シティ・ポップス〟を2000年代に独自の視点で捉えなおすことを意図して〝ジャパニーズ・シティ・ポップ〟と名付けたのです。

本書における〝ジャパニーズ・シティ・ポップ〟の定義は、〝都市生活者のための都市型ポップス〟です。私はその起点をはっぴいえんどに定めて、彼らの活動から脈々と受け継がれ、2019年の現在も流れ続けている〝日本の都市型ポップス＝ジャパニーズ・シティ・ポップ〟の歴史を俯瞰することができる内容を目指しました。

（『ディスク・コレクション　ジャパニーズ・シティ・ポップ［増補改訂版］』9頁）

ここで木村は、2002年版の刊行時から、かつて「シティ・ミュージック」という名で呼ばれていた音楽も含め、〝ジャパニーズ・シティ・ポップ〟という呼称の下へ再集合させる意図があったことを宣言している。こうしたスタンスは、木村監修によるディスクガイドの続編的な書籍『クロニクル・シリーズ：JAPANESE CITY POP』でも踏襲され、ティン・パン・アレーやナイアガラ周辺のアーティストたちが、シティポップの歴史の本格的端緒を担う存在として描き出されている（ただ、木村の同書以前にシティミュージックをシティポップの名に含める例がまったくなかったわけではない。たとえば、1998年にリリースされたPANAMレーベル系音源を集めたコンピレーションCD、『スーパーセレクト・シティ・ポップス・コレクション・ベスト35』には、ティン・パン・アレー一派や、大貫妙子などの70年代楽曲が多く収録されている）。

こうしたシティポップ観の変質を振り返るうえでは、本書にも補論を寄せている、日本学研究者モーリッツ・ソメと、ポピュラー音楽研究者・加藤賢による議論が理解の助けとなる。ソメの論文「ポピュラー音楽のジャンル概念における間メディア性と言説的構築――「ジャパニーズ・シティ・ポップ」を事例に――」（2020年）および、訳者である加藤によるその書評論文「〈書評論文〉「シティ」たらしめるものは何か？：シティ・ポップ研究の現状と展望」（2020年）では、「間メディア性（※8）」と、関連して用いられる「イーミック（emic：文化内在的）」、「エティック（etic：文化外在的）」という概念が提出されている。

シティポップに限らず、一般にポピュラー音楽文化においてジャンルが規定される際には、作家がどんな意図をもってどういった音楽的実践を目指したのか、というように創作者の意図にフォーカスしたり、楽曲構造やプレイの内容そのものがジャンル種別を決するといった、文化内在的＝イーミックな要素を重要視することが多い。

しかし、ジャンルとは、決してそれらのみによって規定されているわけではない。ソメの議論を紹介しながら加藤が挙げる例によれば、たとえば、「アートワークのデザインやミュージシャンのファッション、帯に書かれたキャッチコピー、広告とその掲載媒体、そ

※8 間メディア性
一般に、複合的なメディア環境にあって、それぞれの異なるメディアが影響しあうことで現れる相互的作用を指す。ここでは、音楽という「作品」において、音声やそれ以外のメディアが相互に作用している様子がポイントとなる。同論文においてソメは、「存在論的間メディア性」という概念も紹介し、「新しいメディアは既存のメディアとの差異に基づいて自分自身を定義する、ということである」と説明する。この視点からすれば、シティポップというジャンルの概念も、シティポップという個別的な実体が先行して存在するわけでなく、むしろ間メディア性によって事後的に浮かび上がったものであると理解できる。

して音楽ジャーナリストによる雑誌記事など」の、音響現象としての音楽作品それ自体を離れた文化外在的＝エティックな「記号群」の作用こそが、広く共有されるジャンル概念形成へ大きく貢献しているというのだ。

シティポップの例に照らすなら、「シティポップス」とは、80年代初頭には主に当時の新世代アーティストを指す言葉であった。ところが、〝ジャパニーズ・シティ・ポップ〟という呼称を与えた木村をはじめとする一部の音楽ジャーナリストの評論活動を通じて、かつては「シティ・ミュージック」と呼ばれていた音楽といつしか集合するようになった、という事例こそが、文化外在的な記号群（評論）が、間メディア性をもってジャンル概念を変異、拡張させてきたわかりやすい例といえるだろう。

実際、木村によるディスクガイドの初版が刊行されて以来、同様のシティポップ系ディスクガイドや音楽雑誌での特集企画において、シュガー・ベイブの『SONGS』や、ティン・パン・アレー関連作がシティポップの重要作として取り上げられることは常態化している。時に、80年代当時の認識に基づいてそのことを疑問視する「リアルタイム世代」からの声も散見されるが、たびたび巻き起こるSNSでの「あれを含めるべき」「これは含めるべきでない」といった「ジャンル論争」を観察している限り、そういった意見は徐々に少数派となってきている印象は免れない。いずれにせよ、こうした間メディア的言説の蓄積によって、「シティポップ」がその定義を流転させてきた様子がわかるのである。

ちなみに、すでに前章で触れたとおり、元々複数形の「s＝ス」を末尾に伴って「シテイポップス」と呼ばれることも多かったが、今では「ス」が脱落した「シティポップ」という呼び方が支配的になっている。これも、『ジャパニーズ・シティ・ポップ』で〝ジャパニーズ・シティ・ポップ〟の概念が明確に提示された2002年以降に本格化した現象といえそうだ。同書がその後のシティポップ受容における分節点となる重要な（ロングヒットを記録した）書籍だという点に加えて、ジャンル用語として「〇〇ポップス」と表記／発音した際に香る微妙に旧世代的な感覚（「わが青春のポップス」といった定型的表現など）が、洗練された都会的音楽を現代の視点で再定義するという、00年代以降に新たに立ち上がってきたシティポップ観と親和的でなかったからではないかという仮説が立てられる（「ポップス」はそもそも和製英語〈※9〉とされている）。

対して「〇〇ポップ」という表記は、90年代におけるJ-POPという巨大なメタジャンル名の定着はもちろん、洋楽一般における表記法とも合致し、より「今っぽい」感覚を湛えていたゆえに、この時代を起点として徐々にシティポップス→シティポップへの切り替えが起こっていったのではないだろうか。

もちろん、80年代の資料においても稀に「シティ・ポップ」という「ス」抜き表記を見かけることもあるし、その逆もある。すべてが漏れなく呼称変更されるわけではなかった、とも言い添えておく。なお、このあと本書では（特に断りなく使用する場合も含めて）、「シティポップス」と表記した場合は、主に80年代前半の黄金期におけるそれを指し、「シティポップ」と表記した場合は、現在のリバイバル現象までも含んだ広範なジャンル概念を指す言

※9「ポップス」はそもそも和製英語

現『レコード・コレクターズ』編集部の芦崎瑞樹は、「ポップス」という語の日本における浸透を丹念に追った修士論文「輸入大衆音楽のカテゴリー化─「ポップス」の語を中心に─」（2019年）において、「英語圏では「pop」として、複数形「s」をつけない用法が一般的であり、「ポップス」という用法は和製英語的であると言える」と述べている。かつてイギリスのBBCで放映されていた音楽番組の名称「Top of the Pops」など、稀に例外もある。

葉として使用するので、ご留意いただきたい。整理のために、図で示しておこう〈図２―４〉。

再評価されるシティミュージック

もうひとつの疑問が湧いてくる。ではなぜ、本来別のニュアンスを孕んでいたはずのシティミュージックを、シティポップという呼称で受け入れようとする「前提」が人々の間に共有されていったのだろうか。通常、特定のジャンル概念の拡散的適用というのは、一部のジャーナリストがそう恣意的に名付けようとしただけでは、広く受け入れられることは難しいし、それを受け入れる側の意識変化が伴うことも必須だろう。

この疑問に答えるためには、シティミュージック系の音楽が、２０００年前後においてリスナー間でどのように認識されていたのかを考えてみるのがよい。そこで注目すべきなのが、90年代初頭から推進された、「フリーソウル」や「和モノ」といった音楽再評価の流れである。

まずは、そうした再評価ムーヴメントを生み出す母胎となった「レアグルーヴ」について説明しよう。「レアグルーヴ」という名称の起源は、１９８５年、イギリスのDJノーマン・ジェイによるラジオ番組「The Original Rare Groove Show」に遡る。リアルタイムでリリースされた新譜と、過去（主に１９７０年代）にアメリカ各地で制作されたジャズファ

〈図2―4〉

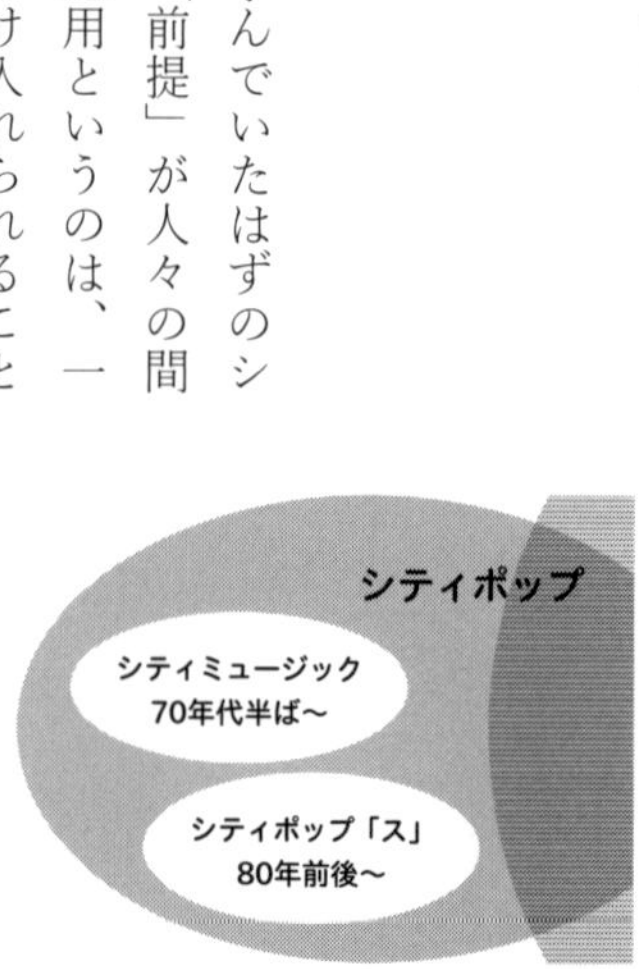

ンクやソウル等の「踊れる〈※10〉」アナログレコードを織り交ぜプレイするノーマンのスタイルが評判を呼ぶと、同じように古いレコードをサンプリングして新たなトラックを作り出すヒップホップのビートメイク文化と連動しながら、80年代後半を通じて、レアグルーヴは大きなムーヴメントとなっていった。87年には、同じくイギリスのDJジャイルス・ピーターソンが、発掘されたレコードで踊るパーティー「Talkin' Loud and Saying Something」を始めたり、DJエディ・ピラーとともに、新譜／再発の双方を手掛けるインディーズレーベル「アシッド・ジャズ」を発足するなど、レアグルーヴは周辺ジャンルとも連動し、新世代のレコードマニア／DJを生み出しながら、クラブミュージック界を席巻する。

こうした流れは日本にも及び、90年代に入るころには、当時レコードショップやクラブを中心に勃興しつつあった渋谷系文化の前史的なシーンとも連動しながら、かつて生み出された音楽の再発掘と再評価が急速に進んでいった。

1990年からフリーペーパー『Suburbia Suite』を発行し、多くの知られざる／忘れられたレコードを紹介してきたDJ／選曲家の橋本徹は、レアグルーヴ以降の価値観を日本のクラブシーンに持ち込んだ代表的な存在だろう。特に、1994年から彼が始動させた大型再発プロジェクト「Free Soul」は、コンピレーションやストレートリイシュー〈※11〉ともに大きなヒットを記録し、たとえば、「ソウル＝魂の熱い叫びである」といったような旧来のブラックミュージック〜ソウルミュージック観を融解させ、メロウで心地よい

※10「踊れる」
レアグルーヴムーヴメントは、オリジナルリリース当時は必ずしもダンスミュージックと目されていなかったレコードをダンス向けに再評価するという性格があった。「踊れる」とは極めて主観的な表現だが、同シーンにおいては、体を揺らしやすいビートや生々しいグルーヴが感じられる音楽が重用された。

※11 ストレートリイシュー
過去に発売されたオリジナル・アルバムやEPをそのままの内容でCDやアナログ盤で再発売すること。

グルーヴやテクスチャー〈※12〉を重視する新しい聴取感覚を浸透させた。
また、そういった動きと並行しながら90年代のクラブシーンへ浸透していった「和モノ」という概念がある。これは、その名のとおり「和」のレコード——60~70年代の日本で制作された歌謡曲やグループサウンズ、ジャズなど——の中から、レアグルーヴ的な観点で聴くことができる（踊ることができる）楽曲が探し出され、クラブ現場でプレイされることで徐々に共有されていったキーワードである。その初期においては、生々しいグルーヴを伴った歌謡曲系の発掘／プレイが主であったが、90年代半ばには「Free Soul」的聴取感覚とも融合しながら、徐々に70年代のシティミュージック系のレコードにも、新世代からの注目が集まっていったのだ。

１９９４年4月、そんなシティミュージック系作品を代表する一枚、シュガー・ベイブの『SONGS』がリマスタリング盤として再発された際、ＣＤ帯の惹句に「え?そんなの、20年前にシュガー・ベイブがやってるよ!」と謳われていたことは有名だ。オリジナル・ラブの田島貴男がかねてよりシュガー・ベイブおよび山下達郎に敬愛を捧げてきたことも知られているし、ピチカート・ファイヴの小西康陽《こにしやすはる》は、『STUDIO VOICE』１９９４年5月号への寄稿の中で、本作のリイシューにあたって発売元から推薦コメントを依頼されたことを明かし、興奮を隠さず次のように語る。当時の小西のシュガー・ベイブおよび山下達郎へのアンビバレントな愛情が垣間見える興味深いエッセイなので、やや長いが抜粋して引用しよう。

※12 テクスチャー
一般的には「感触」や「質感」を表す言葉だが、音楽用語としては、主に演奏や録音（マイキング）、ミックスを通じて現れるサウンドの質感や音響的傾向を指す。私見では、「Free Soul」的価値観においては、比較的生楽器の音を素直に再現するナチュラルなテクスチャーが好ましいものとされ、低音や高音が突出する極端なサウンドは避けられていたように思う。

〈前略〉このシュガー・ベイブのコメント依頼だけは、まさしく心臓が高鳴った。〈中略〉ぼくは本当にこのレコードのおかげですっかり音楽に狂ってしまい、高校生活を棒にふった。勉強も、恋愛もそっちのけで、音楽とレコード集めに夢中になってしまったのだ。〈中略〉

　そしてぼくは山下達郎氏の音楽のとりことなったし、彼の音楽の好みには影響されたなんてものではない。彼のコピーになりたい、達郎さんとまったく同じレコード・コレクションを持ちたいと思ったほどだ。〈中略〉

　やがてシュガー・ベイブはあっけなく解散。待望のソロアルバムは素晴らしかったけれども何かが違う気がした。〈中略〉「スパイシー《ママ》」という2枚目の極私的、職人的なソロ・アルバムは今でも大好きだが、その後大学に入ってからぼくは彼の音楽から急速に遠ざかった。周囲に達郎フリークが多過ぎたし、その頃ぼくはニュー・ウェイヴに出逢った。何も山下達郎ばかりが音楽じゃないのに。そう想いながらぼくはいろんな音楽を聴いてきた。

　でも考えてみればそれは達郎氏の音楽の圧倒的な影響から必至《ママ》に距離を持とうとしていただけなのかも知れない。ぼくの作る音楽はいまだにどこを切っても彼の影響下にある。血液型も星座も同じだし。ぼくにとって山下達郎はひとつの音楽のジャンルだから。（『STUDIO VOICE』1994年5月号、91頁）

若き日に出逢った名盤として『SONGS』への思い入れを語る一方、それ以降のソロ作へは（愛憎相半ばしながらも）今ひとつ乗り切れなかったことが語られている。これは、小西よりさらに年下で、この時代における渋谷系のムーヴメントを担った多くの後続世代にとってもごく納得できる感覚だったと思われる。

そして、１９９６年６月には、ティン・パン・アレーが関わった諸楽曲を、「Free Soul」時代らしいDJ的な視点からコンパイルした『CARAMEL PAPA ~ PANAM SOUL IN TOKYO』〈図2―5〉がリリースされた。DJの二見裕志とバイヤー／ライターの除川哲朗《よけがわてつろう》が選曲／編集を担当し、当時クラブ現場で人気のあったトラックや、（タイトルに反して）キャラメル・ママ〜ティン・パン・アレーはタッチしていないがクラブ向けと判断された「和モノ」曲が集められ、往年の日本産音楽のコンピレーション商品としては異例の好売り上げを記録した。

「生音」の快感

この時代のシティミュージック再発見において強調しておきたいのは、それがあくまで「Free Soul」的な、いわゆる「生演奏」「生音」のふくよかなグルーヴ感を称揚する視点

〈図2―5〉

に貫かれていたということだ。こうした生のグルーヴ感とメロウネスを重視する視点は、渋谷系からの流れを受け継いで登場した後続のパフォーマーたちにも見いだせる。音楽評論家の岡村詩野は、『ミュージック・マガジン』1998年11月号に寄せた記事「横糸と経糸の自由な交差が紡ぐ生々しいグルーヴ」の中で、直後に『ペイパードライヴァーズミュージック』でのアルバムデビューを控えたキリンジを筆頭に挙げながら、以下のように論じた。

> 洋楽／邦楽、新作／旧譜の壁をとっぱらい、そこからにじみ出てくる生々しいグルーヴと独創的な歌を各々の感覚でつないでいくという作業には何か共通するものがあるように思える。まるで〝新世代歌ものグルーヴィスト〟とでも呼んでみたくなるような音の響きとリズムの揺れとメロディの感触。それは明らかに、ここ数年で広がってきた〝シュガー・ベイブ発小沢健二経由〟の新潮流を肯定するものだ。（『ミュージック・マガジン』1998年11月号、54頁）

逆にいえば、この当時は、80年代のシティポップスに多く聴かれる竹を割ったようなシャープなビート感〈※13〉や、デジタルでエレクトロニックなファンクサウンド、過剰なまでにクリーンなミックス〈※14〉や強いリヴァーブ感〈※15〉は敬遠される傾向にあった。こういった嗜好性は、実際に当時の筆者も、感覚的に自明視していたように思う。シティポッ

※13 シャープなビート感
フュージョンのブームなどを経て、80年代のシティポップス系楽曲の演奏はそれまでにくらべて更にシャープかつソリッドになっていった。同時期の海外のドラマーたち、たとえばスティーヴ・ガッドやTOTOのジェフ・ポーカロなどによる端正なプレイが手本として盛んに模倣されたのもそうした傾向に拍車をかけたと考えられる。

※14 クリーンなミックス
80年代の前半から後半にかけて、レコーディングトラック数の増加等、各種録音／整音機材の進化により、各音の分離感が強調され雑味を排した高精細のミックスが実現されていった。

※15 リヴァーブ感
リヴァーブとは残響のこと。80年代のポピュラー音楽においては、過度に分離された楽音と楽音の間を埋めるように、強いリヴァーブがかけられる傾向があった。また、先述のシャープなビート感とも関連して、ドラムスにかけられる「ゲートリヴァーブ」も応用的なリヴァーブ技術と

プス系に限らず、80年代音楽の本格的な再評価は、90年代中後期には一般的なレベルではまだまだリアリティの薄い状況だったのである（ポピュラー音楽の再評価サイクルでは、往々にして、10年ほど前の近過去のポップスがもっとも取るに足らないものとみなされ、さらに遡った時代の音楽の方が脚光を浴びやすいといえる）。いずれにせよ、そうした状況が変わっていくためには、今少し時間の経過と聴取感覚の変質が必要だった（次章を参照）。

神話としてのシティミュージック

90年代半ばから後半にかけて、シティミュージックがリスナーに再発見されていく過程には、これまで述べてきたような音楽的な要素のほかにもいくつかの理由があった。

一つ目は、70年代シティミュージックが漂わせていた、ある種の「反商業性」だろう。シティミュージックを牽引していた主要プレイヤーたちは軒並み、80年代を迎えるころにようやく商業的成功を掴むことになるのだが、少なくとも70年代半ばごろは、ブレイクには程遠い存在だった（荒井／松任谷由実という例外はいるが）。

その上、彼らのコミュニティは東京を中心とした小規模なもので、登場人物たちも限られていた。いわば、東京郊外で緩やかに繋がった「スモールサークルオブフレンズ」による、ある種のアマチュアリズムに貫かれたシーンだったのだ。レーベルディレクター、ラ

して重要。これは、深めのリヴァーブにノイズゲートをかけ、早い位置で残響を切り落とす技法。機械的でシャープなサウンドが特徴。

※16 コマーシャリズム 商業主義。ポピュラー音楽全般が宿命的に胚胎する志向だが、一方でロック等のカウンターカルチャー的観点からすると、退けられるべき不純さとして指弾されることもある。ここでは、旧来の芸能界や歌謡曲中心の主流的な音楽産業でみられる（とされた）商業主義、という意味。

※17 純粋主義的 自らのクリエイティビティや信念に沿って商業主義や売れ線におもねらない音楽を作ろうとする態度。ポピュラー音楽全般がマスなオーディエンスとの相関関係にあることを思えば、少なからず矛盾を孕んだ志向だともいえる。また、こうした純粋主義的な姿勢それ自体もイメージ商材として再パッケージされ、結果的に新しいコマーシャリズムを形成するという現象も頻繁に起こる。

イブハウスのオーナーなど、スタッフも顔を見知った同士であり、稀に歌謡曲界の歌手のバッキングを務めようとも、コマーシャリズム〈※16〉のけばけばしさとは適度な距離を保っていた。あくまで音楽を第一に奉じ、作家的な独立性を重んじた。

こうした当時のコミュニティのあり方や音楽への姿勢が発掘的に語られていく中で、渋谷系以降の若き音楽第一主義者は、シティミュージックの担い手たちのアンチコマーシャルなサブカルチャー性や、純粋主義的〈※17〉な姿を再発見していったのだ。

二つ目は、渋谷系の時代以降、新世代の音楽創作家像のセルフイメージとしてたびたび喧伝された「引用と編集〈※18〉」の論理において、シティミュージックの作品やプレイヤーたちの姿が尊敬すべき先達として浮かび上がってきたことだろう。海外（本場）のポップミュージックからの影響を積極的に取り入れ、それを自認し、ときに参照元となった過去／現在の音楽をスタイリッシュで洗練されたプロダクトをもって明示、あるいはニヒリスティックに暗示する渋谷系的な論理系は、シティミュージックの登場人物に対しても自らの思考類形と相通ずるものを見出し、シンパシーとコンプレックスが入り混じった畏怖の念を発生させることとなった（前掲の小西エッセイを参照）。

たとえば、シュガー・ベイブを率いた山下達郎にしても、ティン・パン・アレーの首領であった細野晴臣にしても、片やオールディーズやソウルミュージック、片やファンクミュージックやエキゾチックサウンド〈※19〉などからの引用と編集を（時にシニカルなやり方で）明示／暗示した。

※18 引用と編集
引用とは、過去の音楽からフレーズ等の一部を借用すること。編集とは、主にそのようにして引用した諸要素を新たな視点で再構築することをいう。ヒップホップや各種エレクトロニックミュージックにおけるサンプリングの理論とも近接した概念。加えて、カットアップやリミックスといった手法を駆使する現代美術運動、いわゆるシミュレーショニズムとの関連も指摘できるだろう。こうした手法は、個々の作家性を称揚しがちな先述の「純粋主義」とは相反するようでいて、その手際の鮮やかさや知識／見識が結果的に作家的な卓越化の掛け金となっている点で、微妙な共犯関係を結んでいるとも考えられる。

※19 エキゾチックサウンド
エキゾチカとも。東洋や南洋、アフリカや中南米等、非西欧音楽を想起させる要素を取り入れたイージーリスニングミュージックのこと。50年代から60年代にかけて流行した。代表的な存在に、レス・バクスター、マーティン・デニー、アーサー・ライマンらがいる。あくまで西洋の視

70年代半ば、90年代半ば双方のファンダム〈※20〉においても、こうした様々なヒントを読み解き、解釈し、作品の理解を深め、該博な音楽知識を獲得することが好ましい態度とされ、いかに優れた「音楽マニア」であるかが掛け金となる（主に男性たちによる）ゲーム空間が形成された。こうして、音楽趣味の卓越化が掛けられたセンスエリーティズム〈※21〉闘争のエネルギーが、その先駆的な似姿として、20年前の若者たちによるシティミュージックの実践に投影されていった流れも、90年代におけるシティミュージック再発見を駆動した一要素だったのではないだろうか。

かくして、シティミュージックはもっともヒップな〈※22〉（過去に生まれた）日本産音楽の座につくこととなった。これで当初の疑問に答えられるだろう。なぜ、本来別のニュアンスを孕んでいたはずのシティミュージックを、シティポップという呼称で受け入れようとする「前提」が共有されていたのか。その答えはこうだ。

90年代を通過し、少なくとも2000年代初頭においてはすでに、ティン・パン・アレーやその前身のひとつであるはっぴいえんどに端を発するシティミュージック系の音楽や人脈図は、音楽シーンやリスニング受容意識の中で、（もしかすると2022年現在の我々が想像する以上に）重要な／尊敬すべき存在として認知されていたのである。それゆえ、00年代に各書籍がシティポップの系譜を描こうとした時点では、多くの若年層リスナー／読者に、シティミュージックの一群を当時伸長していた新世代グルーヴィストたちの真正なるオリジンとして捉え、時には、80年代前半の＝オリジナルの「シティポップス」以上に大きくク

点からみた非西洋風のエキゾチックさが特徴であり、そこにはオリエンタリズム（第4章219頁参照）の意識もみてとれる。細野晴臣は、主に「トロピカル三部作」（第2章117頁参照）においてエキゾチックサウンドからの引用を積極的に行った。

※20 ファンダム
「fan」に接尾辞「dom」を加えた語。単に人称としての「ファン」を指すのでなく、熱心なファンによって形作られる文化的空間のことをいう。

※21 センスエリーティズム
「感性」や「センス」を称揚し、その多寡によって集団内外での卓越性を競い合う規範／指針のこと。知識や見識、審美眼を涵養することが要請され、そこからこぼれ落ちる者を下位の者とみなす傾向も。そのようなゲーム空間ゆえに、いかに「メタ的」視点を取りうるかという競争が発生しやすく、センスエリーティズムからの逃走（の仕草）すらもときにセンスエリーティズム的な論理系を補完することになる。70年代におけるこれらの発生と変遷は、次々節

ローズアップすることに賛同する、強い「前提的」な重力が内在していたのだ。

シティミュージックは、シティポップの中に組み込まれつつもその核たるべき存在として前景化され、いつしかそれ自体がシティポップの顔を担っているように「歴史化」されていった。そして、こうした歴史化の過程の中でそのルーツとして存在感を増していったのが、はっぴいえんどだった。

で紹介する北田暁大の著書『嗤う日本の「ナショナリズム」』に詳しい。

※22 ヒップな
アフリカ系アメリカ人の俗語から生まれた表現で、概ね「カッコいい」といった意味。「クール」とも近い概念。好ましく軽妙洒脱と見なされているもの／ことに対して使用する。ここでは、90年代以降、70年代のシティミュージックがそのような存在として目されていたことを表している。

2-2

シティポップにおけるはっぴいえんどの重力圏

はっぴいえんどとは何か

まず簡単に小史をまとめよう。はっぴいえんどは、ニューロック系バンド、エイプリル・フールで活動していた細野晴臣（ベース）、松本隆（ドラムス。活動時は松本零名義）の二人に、細野とランプポストというグループを組んでいた大滝詠一（ヴォーカル）、同じく細野とスージー・クリーム・チーズというバンドに所属していた鈴木茂（ギター）が加わって１９６９年に結成されたロックバンドだ。

初ステージはまだ「ヴァレンタイン・ブルー」と名乗っていたころの69年10月（翌年3月に「はっぴいえんど」に改名）。ＵＲＣレコード〈※23〉所属のフォークシンガー・遠藤賢司や岡林信康のレコードへの演奏参加を経て、70年8月、ＵＲＣからファーストアルバム『はっぴいえんど』（通称「ゆでめん」）をリリース。その後もコンサート活動やフォーク系アーティス

※23 URCレコード
1969年2月に発足したレコードレーベル。日本初のインディーズレーベルとされる。メジャーレコード会社からは発売が困難なアンダーグラウンドかつ政治性の強い音楽を発売することを目的に設立され、当初は会員販売制をとっていた。日本のフォーク、ロックの黎明期を飾る名作を多数リリースし、のちのシーンの発展に大きく寄与した。本文に挙げたアーティストの他、高田渡、加川良、友部正人、三上寛、ザ・ディランII、なぎら健壱、金延幸子らが

トのバッキングを行いながら、71年11月にセカンドアルバム『風街ろまん』〈図2―6〉を発表。翌72年夏のツアーを境に事実上の解散状態となるが、キングレコード傘下ベルウッドレコードのディレクター三浦光紀からの説得を受け、ヴァン・ダイク・パークスやリトル・フィートのメンバーなど現地ミュージシャンを交えた米ロスアンゼルスでのレコーディングを敢行、73年2月にサードアルバム『HAPPY END』としてリリースした。同年9月21日には、南佳孝や吉田美奈子といった新人ミュージシャンや各メンバーの新プロジェクトのお披露目も兼ねたラストライブ「CITY-Last Time Around」に出演、正式に解散した（ラストステージの模様は翌74年1月に『ライブ!! はっぴいえんど』としてベルウッドレコードより発売された）。

初期にはバッファロー・スプリングフィールド、モビー・グレープ等のウェストコーストロックやサイケデリックロック〈※24〉を参照した音楽性を志向し、徐々にカントリーロック〈※25〉、シンガーソングライターミュージック〈※26〉、スワンプロック〈※27〉、ニューソウル等を取り入れた複層的な音楽性へと発展していく。歌詞はすべて日本語のオリジナル詞で、ほとんどの曲をドラム担当の松本隆が手掛けた。

１９８５年６月には、東京・国立競技場に数多くのアーティストが集結した「国際青年年記念　ALL TOGETHER NOW」で再結成ライブを敢行。このときの模様はライブＥＰ『THE HAPPY END』として同年9月にリリースされた。70年代のオリジナル作はこれまでに幾度となく再発売され、その他ボックスセットや発掘ライブ音源集など、コンピレー

所属した。ＵＲＣは「アングラ・レコード・クラブ」の略。

〈図2―6〉

※24 サイケデリックロック
各種麻薬による意識変容を思わせるような、幻惑的な要素を持ったロック。１９６７年をピークにブームとなり、ジャズなどロック以外の音楽へも影響を与えた。歪んだギターサウンドや、没入感を煽る長尺の演奏、超現実的な歌詞、色彩感豊かなハーモニーなどが特徴。極彩色のアートワークなど、ヴィジュアル的にも強い個性を持つ。80年代以降、折に触れてリバイバルしている。

ション盤も多数ある。

彼らが日本のポピュラー音楽史上において成し遂げた歴史的意義としてもっとも語られる機会が多いのが、それまでロックには乗りづらいと言われていた日本語詞を、斬新な譜割り〈※28〉／歌唱法をもって巧みにサウンドと融合してみせた、という点だろう。

また、作詞を担当した松本隆が、バンドのブレインでもあったマネージャーの石浦信三とのコミュニケーションを通じて描き出し、セカンドアルバムの表題にも掲げられた「風街」というコンセプト（失われた過去の都市の風景と、そこを吹き抜ける風というモチーフ）は、その後に隆盛する都市型音楽（＝シティミュージック）における都市観の祖型的概念とされる。

音楽面においては、ブルースロック〈※29〉～ハードロック〈※30〉志向のバンドが比較的目立った黎明期の日本ロックシーンにおいて、先述の通りウェストコーストロックやスワンプロックなど、同時代アメリカンロック由来の芳醇なハーモニーやリズムを導入したという点も大きな成果としてよく語られている。

活動当時、ファーストアルバムが『ニューミュージック・マガジン』誌で第2回（1970年度）「日本のロック賞〈※31〉」を受賞したり、セカンドアルバムも発売直後から高い評価を得るなど批評的な成功を収めてはいたが、一方で、商業的には特筆すべき成果を残したわけではなかったことも付記しておく。

※25 カントリーロック
アメリカのカントリーミュージックの要素を取り入れたロックのこと。ザ・バーズやフライング・ブリトー・ブラザーズなど、米国西海岸のアーティストが先導した。白人労働者階級の保守的な音楽と目されがちなカントリーを若者の対抗文化たるロックと接合したところに、批評性が宿る。

※26 シンガーソングライターミュージック
70年代に入ると、それまでの狂熱的なサイケデリックロック等も下火となり、シンプルなフォークやポップスに根ざした、自作自演歌手による内省的なサウンドが興隆した。代表的なアーティストに、ジェームス・テイラー、キャロル・キングなどがいる。

※27 スワンプロック
70年頃から現れた、ゴスペルやブルース等、アメリカ南部を起源とする各種のルーツミュージックの要素を取り入れたロックのこと。「ロック以前の音楽」の援用という点で、先述のカントリーロックとも近しい関

はっぴいえんど史観とは何か

このところ、主にSNS上を中心に（再び）話題に上ることが増えた、「はっぴいえんど史観」。言葉だけは目にしたことがあるという読者も少なくないだろう。

「はっぴいえんど史観」とは、はっぴいえんどを日本語のロック／ポップ史における始祖的かつ中心的な存在として位置づける歴史観のことを指す。転じて、はっぴいえんど解散後の各メンバーの商業的／批評的成功（細野晴臣のYMO、大滝詠一の『A LONG VACATION』大ヒット、松本隆の商業作詞家としての大成など）を架け橋として、彼らがかつて所属したはっぴいえんどの重要性／唯一無二性を都度遡及的に措定しようとする歴史認識も含む（各メンバーのインタビュー応答、系譜の提示などを通じ、当人たちがその歴史観を強く下支えする場合もある）。

加えて、前節でみたように、はっぴいえんど〜ティン・パン・アレー周辺のミュージシャンによる音楽的実践に、後年のアーティストたちが倫理／論理のレベルで自己投入していくというのも、内在化されたはっぴいえんど史観の一バリエーションといえるかもしれない。

もちろん、それらを積極的にバックアップしたメディア言説も強力な役割を果たした。実際に、はっぴいえんどの影響と刊行当時のシーン状況を自明的に結びつけた例として、

係にある。代表的なアーティストに、デラニー&ボニー、レオン・ラッセル、トニー・ジョー・ホワイトなどがいる。

※28 譜割り
リズムに対する歌の音譜の割り振りのこと。はっぴいえんどの楽曲においては、単語本来の音節をあえて無視し、リズム感を重視した譜割りが行われている例が多々あり、ロックと相性が悪いと考えられていた日本語を巧みに当時の最新サウンドと融合させた先駆的な例として評価されている。

※29 ブルースロック
アフリカ系アメリカ人によるブルースを基軸にした、主に白人アーティストによるロックのこと。60年代中頃から末にかけて英国を主な発信源としてブームとなった。代表的なアーティストに、ジョン・メイオール&ザ・ブルースブレイカーズ、フリートウッド・マック、サヴォイ・ブラウンなど。アメリカではポール・バターフィールド・ブルース・バンドらがいた。日本でも、ブルース・クリエイション、パワーハウスとい

『CDジャーナル』1995年8月号の特集記事「はっぴいえんどチルドレン」を見てみよう。この特集は、冒頭のキャプションテキストからして「日本語のロックを初めて歌った偉大なバンド「はっぴいえんど」」という滑り出しであり、各所にはっぴいえんど史観的な言説を発見することができる。「新世代たちの〝はっぴいえんど〟」と名付けられたコラムでは、「はっぴいえんどリアルタイム世代」を自認する音楽評論家・杉山達が、オリジナル・ラブや小沢健二、サニーデイ・サービスを紹介しながら以下のように述べる。

> 25年の時を経ても今なお新鮮に輝く、サウンドの今日性。それこそが世代を超えてアピールするはっぴいえんどの魅力である。過去から現在まで、すべての音源が均等に並べられる今だからこそ、はっぴいえんど（ティン・パン・アレー）が孫世代に強くアピールしたとも言える（中略）。爛熟期を迎えているJ‐POPシーンの中、孫世代アーティストを中心とした「はっぴいえんど現象」が起こっているのは当然の帰結である。「日本語のロック（ポップス）」の歴史を振り返った時、はっぴいえんどは唯一無二のオリジネーターなのだから。（『CDジャーナル』1995年8月号、61頁）
>
> 「すべてのJ‐POPは、はっぴいえんどに通ず」。無茶を承知で、そう言い切って本稿の結びに代えたい。（同）

ったバンドが活動した。

※30 ハードロック
ブルースロックをベースに、よりずっしりとしたビートや激しいギター演奏／ヴォーカルを強調したロックのこと。60年代末から70年代にかけて英米を発信源に数多くのバンドが活動した。レッド・ツェッペリン、ディープ・パープル、グランド・ファンク・レイルロード、マウンテン等が著名。日本における初期ハードロックの代表的な存在に、フード・ブレイン、ストロベリー・パス、トゥー・マッチらがいる。

※31 日本のロック賞
70年から72年にかけて『ニューミュージック・マガジン』（現『ミュージック・マガジン』）誌上にて行われた企画で、評論家による投票を集計して、前年リリースのアルバムから優秀作品がランキング形式で発表された。はっぴいえんどのファーストアルバムが1位を獲得した71年発表のランキング、2位以下は次の通り。2位遠藤賢司『niyago』、3位クニ河内と仲間たち『切狂言』、4位フード・ブレイン『晩餐』、5位

岡林信康『見るまえに跳べ』。

同特集の後半を構成する「はっぴいえんどに始まるJ-POPアルバム100選」では、シティミュージック系の各作をはじめとして、テクノポップ〜ニューウェイヴ〈※32〉系、小沢健二やロッテンハッツなどのアルバムが時代順に並べられ、「はっぴいえんどチルドレン」の作品としてレビューされている。

はっぴいえんど史観とシティポップ

はっぴいえんど史観とシティポップの関連を論じるためには、前節で確認した、90年代半ば以降におけるシティミュージック再評価を経由した視点が重要となる。というよりも、「はっぴいえんど」一派が担ったシティミュージックを（80年代前半の「シティポップス」を含んだ）シティポップの始祖として系統立てる視点そのものが、「はっぴいえんど史観」のわかりやすい顕現とみなすこともできるだろう。都市型ポップスの真正な源泉としてはっぴいえんどを屹立させ、彼らやその周辺人脈の実践の蓄積が、シティポップの歩みそのものを形づくっているのだ、という認識だ。

もちろん、これほどあからさまな言説ばかりではないにせよ、同様の認識がメディアを通じて喧伝されることで、シティポップのルーツとしてはっぴいえんどの真正性はさらに補強されていく。シティミュージックの再発見を駆動していた、後年世代による「引用と

※32 ニューウェイヴ
70年代後半からパンクロックの勃興を受けて登場した様々なアーティストによる音楽の総称。電子音楽やレゲエ等の非ロック的な要素も積極的に取り入れ、旧来の商業主義的なロックとの差異化を推し進めた。必ずしも演奏技巧が重視されるわけではなく、むしろ前例破りのアイデアや鮮烈なコンセプトが称揚された。「テクノポップ」は、そうしたニューウェイヴの中における電子音楽的要素の強い一群を指す。日本でも70年代末期から数多くのニューウェイヴ系アーティストが活躍した。

編集」の論理の原型探しが、さらに遡ってはっぴいえんどという源泉を発見（措定）するに至り、その起源性をサーチライトの光源としながら今度は時間をUターンして、ついには80年代の「シティポップス」さえもが一貫した歴史記述の中に収められていった、というのが、シティポップ受容に対してはっぴいえんど史観が果たした機能の概略だろう。

ところで、一般的に「〇〇史観」と名の付くものは、当該の史観を内在あるいは掲揚する者でなく、当該史観の外部からそれを相対化する狙いで、攻撃的／揶揄的に言及されることが多い。「はっぴいえんど史観」というワードも、この歴史観に対する否定的な見解を表明するために発されることがほとんどだ。要するに、はっぴいえんどを様々な事象の始原あるいは中心とみなすことで、他に存在する／した豊かな実践の記録が過小に見積もられ、ひどい場合には注意も払われず無視されるのではないかという危惧の念が、「はっぴいえんど史観」という言葉の用法自体に込められているのである。

実際、シティポップ評論において、はっぴいえんどを始祖／中心として過度にクローズアップするあまり、ついついリスナーからも見落とされてしまう／批評的に軽んじられてしまう他の豊かな系譜や優れたアーティスト／作品は少なくないと思われる。いくつか例示してみよう。

はっぴいえんど史観が見落とすシティポップの系譜

【メインストリーム系の「シティポップス」】

前章で主に論じてきた黄金期「シティポップス」を彩ったアーティスト／作品で、「非はっぴいえんど人脈」のもの。山本達彦、稲垣潤一、角松敏生、黒住憲五《くろずみけんご》、濱田金吾、鈴木雄大、岸正之、西松一博、新井現詞《あらいげんじ》、斎藤誠、広谷順子、桑名晴子、中原めいこ、二名《にな》敦子《あつこ》、当山ひとみ、泰葉など……挙げていったらキリがないほどであるが、様々な才能がひしめき、豊かな成果を残してきた。商業的成功を収めた者も多いし、たとえそうでなかったとしても、サウンド面での「シティポップス」の充実を語る際に、これらのアーティストの功績を外すことはできない。

【ヤマハ、ビーイングなどの「非はっぴいえんど人脈」】

シティポップの系譜を追っていくと、はっぴいえんど一派以外にも様々な相関図が見えてくる。たとえば、ヤマハ（財団法人ヤマハ音楽振興会）に関連するアーティストたちもその一例だろう。1970年にヤマハによって設立された、ポピュラー音楽に特化した専門学校「ネム音楽院」（83年に「ヤマハ音楽院」と改称）からは、大村雅朗、松原正樹、松下誠、倉田信雄といった才能が輩出されているし、林哲司、大橋純子、佐藤健らは、同じくヤマハ音楽振興会の音楽スクールを出自とする面々だ。

また、1969年から86年まで全国規模で開催されていた「ヤマハポピュラーソングコンテスト」（通称「ポプコン」）からプロ活動への道を摑んだ者たちにも、のちにシティポップ系アーティストとして活動している例が多い。代表的なところでは、庄野真代《しょうのまよ》、八神純子、ピーマン（サーカスの前身）、門あさ美、きゅうてぃぱんちょす（のちの杉山清貴＆オメガトライブ）、安部恭弘、ジプシーとアレレのレ（のちのスターダストレビュー）、小森田実《こもりたみのる》、吉野千代乃らがいる。76年から86年まで行われていたバンドコンテスト「East West」でも、小林泉美、野呂《のろ》一生《いっせい》（カシオペア）、久保田利伸といったアーティストが発掘された。

1978年設立の音楽制作会社ビーイングの存在も重要だ。「ビーイング系」というと、一般的には90年代以降のJ－POP路線での大ヒット曲を連想するだろうが、その初期から中期にわたり、シティポップス隆盛にも大きな役割を担ってきた。亜蘭知子、秋本奈緒美、高村亜留《たかむらある》、古川真一、栗林誠一郎、マライア（笹路正徳、山木秀夫、土方隆行、清水靖晃）、坪倉唯子、Trade Loveとしても活動したELIKA（島影江里香）などがいる。こうした系譜を踏まえれば、2021年、同社の代表的アーティストであったDEENがカヴァー集『POP IN CITY ～for covers only～』を皮切りに、シティポップをコンセプトに据えた作品を続けてリリースしたことも、それほど不自然には感じられなくなるだろう。

【フュージョンやフォーク、R&B等との相互関係】

本書冒頭でも述べたとおり、フュージョンはシティポップの音楽的ルーツ／隣接ジャンルとして特に大きな存在だ。パラシュートやスペクトラム、カシオペアをはじめとしたバンドや、第1章で挙げたセッションミュージシャンたちも、シティポップとフュージョンを股にかけて活躍した才能たちだ。紀の国屋バンドや、藤丸バンド～SHOGUN～AB's などもフュージョンとシティポップをつないだ一派として重要。阿川泰子や笠井紀美子といったソロシンガーたちの作品にも、シティポップとして高く評価できるものは多い。

片やフォーク系は、はっぴいえんど一派にもフォーク系ミュージシャンが多くいるため、シティミュージックとも関連付けて語られがちである。しかし、それ以外のフォーク出身者、たとえば、元かぐや姫の伊勢正三のソロ作品や、伊勢がかぐや姫解散後に結成した風《かぜ》、元グレープの吉田政美、クラフト、日暮し、茶木みやこ、アリスの矢沢透らによるシティポップ系の作品は、その内容の充実ぶりにもかかわらず、（はっぴいえんど系のそれと比べると）圧倒的に言及される機会が少ない。

また、グループサウンズや、R&B～ソウル色の強いニューロックを出自としたアーティストたちによる作品にも、シティポップに通じる音楽的要素を湛えたものが少なくない。元ザ・ゴールデン・カップスのエディ藩による諸作、同じく末期カップスのキーボード奏者だったジョン山崎（彼は一時期ティン・パン・アレー一派と行動を共にしているが）率いるスクール・バンドのアルバムでは、横浜に受け継がれるいぶし銀のメロウサウンド〈※33〉を味わ

※33 横浜に受け継がれるいぶし銀のメロウサウンド
60年代から横浜ではザ・ゴールデン・カップスなどを中心としたロック～R&B／ソウル系のシーンが形成されていた。古くから舶来文化の浸透する同地では、他地域には見られない独特の不良性を孕んだソウル系の音楽が支持される肥沃な土壌がある。本文に挙げたエディ藩やジョン山崎の他にも、個人的には、後のクレイジーケンバンドにも横浜特有のメロウネスの継承を感じる。もしかすると、この視点は、第3章で紹介するSuchmos や Pan Pacific Playa まで射程を伸ばすことができるかもしれない。

うことができる。元スモーキー・メディスンの金子マリと鳴瀬喜博らによる「金子マリ&バックスバニー」や、スモーキー・メディスン出身のCharによるソウル色強い楽曲も、広くシティポップファンに聴かれてしかるべき内容だ。また、本格的なR&Bサウンドで人気を博した「上田正樹とサウストゥサウス」解散後に上田正樹がソロ歌手としてリリースした一連の作品も、優れたジャパニーズAOR〈※34〉、シティポップとして聴けるものが多い。

なお、上田正樹は京都出身だった。シティポップというと東京一辺倒のイメージをもたれがちだが、例は少ないにせよ、北海道で活動した稲村一志や、名古屋のセンチメンタル・シティ・ロマンス（彼らははっぴいえんど一派でもあるが）などもいる。

【ディスコミュージックからの影響】

日本でも一大ブームを巻き起こし大衆的な人気を得ていたディスコミュージックからの影響／系譜も見逃せない。

1970年代半ばから、ディスコの要素はまず歌謡曲の世界で積極的に取り入れられていった。代表的な作曲家は筒美京平で、岩崎宏美歌唱の初期「ディスコ歌謡」や、匿名（Dr.ドラゴン&オリエンタル・エクスプレス名義）での「セクシー・バス・ストップ」（1976年）などを早くから手掛けた。70年代末になると、過去の歌謡曲や果ては民謡などを4つ打ち〈※35〉のディスコアレンジでカヴァーしたレコードが発売されたり、林哲司や前述のビー

※34 ジャパニーズAOR
日本産のAOR。シティポップとも大いに重なり合う概念だが、微妙な差異をもった言葉として使用している。現在広く世界中でリバイバルしているエレクトロニックでダンサブルなものではなく、よりアダルトな落ち着きとメロウさをもった（ときに歌謡曲っぽさも入り込んだ）音楽をこう呼びたい。寺尾聰の諸作を代表例として、ここに挙げた上田正樹の代表曲「悲しい色やね」（作詞：康珍化、作曲：林哲司、編曲：星勝）も、典型的なジャパニーズAOR。同曲のように、現在のシティポップリバイバル視点ではこぼれ落ちてしまいがちなゆったりとしたバラードも、この概念によってサルベージ可能。

※35 4つ打ち
一般的に、1小節内で4分音符をバスドラムで4回連打するリズムのこと。「ドッドッドッ」というシンプルでノリやすいリズムは、ディスコミュージックで特によく聴かれる。

イング代表・長戸《ながと》大幸《だいこう》らもディスコ曲を送り出すなど、「企画ものディスコ」のブームが巻き起こる。79年には西城秀樹「YOUNG MAN（Y.M.C.A.）」が大ヒットを記録し、後期ピンク・レディーも積極的にディスコを取り入れ、お茶の間にも広くディスコビートが浸透していった。この流れは、ダンスフロアとしてのディスコが日本へ広く浸透していった過程とも重なっている。

　並行して、細野晴臣と松本隆も米本国の人気グループ、スリー・ディグリーズに「ミッドナイト・トレイン」（1975年）を提供し、ティン・パン・アレーが演奏を担当するという例もあった。また、大橋純子はディスコ調の「シンプル・ラブ」（1977年）をヒットさせ、山下達郎の強烈なファンク曲「BOMBER」（1978年）は実際に大阪のディスコ現場で支持された。同時期から吉田美奈子も積極的にディスコサウンドを取り入れていった。更に、角松敏生を筆頭に、ディスコ現場向けの12インチシングル〈※36〉をリリースするアーティストも増えていく。その他にも、前章で触れたとおり、80年代を通じてのデジタル化の波とも連動しながら、スウェイビート〈※37〉やブギーなど、多くのアーティストがディスコ要素を取り入れた作品を残している。加えて、ビッグバンドスタイルのディスコグループ、エルボウ・ボーンズ&ザ・ラケッティアーズのヒット曲「ナイト・イン・ニューヨーク」（1983年）のリズムやアレンジを参考に、数々の曲が作られたりもした。

　歌謡曲界とシティポップ系にまたがってブームを巻き起こしたディスコサウンドは、その伝播力／浸透力という意味においても、極めて重要な系譜のひとつであり、シティポッ

※36 ディスコ現場向けの12インチシングル
12インチシングルは、回転数等の理由で同サイズのLPにくらべて高音質なため、大音量での再生を前提とするディスコの現場では特に重宝された。ここに挙げた角松敏生のように、ダンスミュージック路線を打ち出したアーティストたちは、多くの12インチシングルをリリースしていた。また、ディスコでのプレイを想定した非売品プロモーション盤として12インチシングルを制作する例もあった。

※37 スウェイビート
エモーションズ「Best Of My Love」（77年）やシェリル・リン「Got To Be Real」（78年）で聴かれるリズムやコード進行を指す和製英語。独特の軽やかさや高揚感が生み出されるため、80年代において同様の構造を持った曲が多く制作された。日本でも、EPO「日曜はベルが鳴る前に」（80年）、石黒ケイ「雨」（82年）、高村亜留「恋は最高」（85年）をはじめとして、スウェイビートを聴かせる曲は多い。

プとほとんど不可分の存在として見做すべきともいえる。

ここに挙げた各例はあくまで全体の一部であり、その他にもはっぴいえんど史観が見落としてしまうシティポップの系譜は多々あるだろう。しかし、現在のインターネットを中心としたシティポップリバイバルでは、「はっぴいえんど系譜」であるかどうかを問わない（知りえない）海外リスナーたちによって、フラットな視点での再発見が進行中だ。その意味では、これまで日本国内で強固な磁場として存在していたシティポップにおけるはっぴいえんど史観も、逆輸入的な形でかなり相対化されつつあるともいえる。

その一方で、あえて自覚的にはっぴいえんど一派をシティポップ発展の中心に据えてみることで浮かび上がってくる様々な潮流／思想状況がある、ということも忘れてはならないだろう。次節では、そうした視点を設定することで見えてくる、シティポップの「政治性」の物語を紐解いてみよう。

2-3

シティポップ(ス)と「脱政治」のポリティクス

連帯から風景へ

時計の針を巻き戻し、シティポップス誕生の10年ほど前から振り返ってみよう。時は1960年代末から70年代初頭。ここでキーワードとなるのは、「連帯〈※38〉」、「カウンターカルチャー」だ。

1968年、フランス五月革命と並行して世界同時的に巻き起こった、左派学生を中心とした既存権威／体制への抵抗運動は、ここ日本でも、それまで出来していた諸闘争を発展的に引き継ぐ形で、各大学における自治権にまつわる闘争や学費値上げ反対闘争として、大きな盛り上がりを見せた。この運動の象徴的存在が、各大学内の各派やノンセクトラジカルが合流し武装闘争路線を掲げた全学共闘会議（全共闘）だった。学生たちによる闘争は、70年の日米安全保障条約延長やベトナム戦争（への加担）に反対する市民運動とも連動し、

※38 **連帯**
全共闘においては、各派の連帯が重要な戦術と目され、詩人の谷川雁の言葉「連帯を求めて孤立を恐れず」がスローガンとなった。連帯を重視しつつも、一方で個人の自立性／主体性を同時に求めるという論理は、この時代における左派思想の、ひいては関連する対抗文化のアンビバレントな性質を鮮やかに指し示している。

学内の占拠や街頭デモを展開、メディアでも連日大きなニュースとして取り上げられるなど、人々の関心を集めながら大きく伸長していった。

そんな中で、こうした運動ともっとも密接に寄り添った音楽が、岡林信康や高石ともやらによる、いわゆる「反戦フォーク（※39）」である。60年代後半において、日本のフォークシーンは、米国のブラザース・フォアやピーター・ポール・アンド・マリーなどから影響を受けた、「カレッジフォーク（※40）」と呼ばれる穏健なものが主流だった。しかし、66年から68年にかけて、米国における折からの公民権運動やボブ・ディランの活躍に触発されつつ、高石ともやらを中心とする社会派フォークも勃興してくる。69年には新宿駅西口広場を「フォークゲリラ（※41）」がたびたび占拠し、大規模な集会が開かれるなど、フォークは、既存社会への反抗とそのための連帯を目指す、何よりもまず「政治的」な音楽となっていった。

しかし、「連帯」を礎とした反戦フォークの時代には、他方で翳りも存在した。各セクト同士の「内ゲバ」という言葉に象徴的なように、左派内における理論／実践上の軋みが顕在化してくるに従い、69年8月に大阪城公園にて開催された「反戦万国博覧会」で行われた論争（フォークゲリラ派がステージで歌う高石や岡林の演奏を中断させ、イデオロギー論争や「商業性」への疑問を投げかけ、それに二人が応戦するといった騒動）をはじめとして、フォーク界も喧々たる状況へと向かっていった。

こうした傾向は、学生運動それ自体の混迷にともない、日を追うごとに目立つようにな

※39 反戦フォーク
ボブ・ディラン等によるアメリカの反戦的フォーク（プロテストソング）の影響を受けて興隆した日本のフォークのこと。ベトナム戦争反対を歌い、主に左派学生たちから支持された。直接的な反戦のメッセージを織り込んだ歌詞とアコースティックギターの弾き語りを主としたシンプルなサウンドを特徴とする。

※40 カレッジフォーク
60年代後半に穏健な学生を中心に歌われた、政治的なメッセージ性の希薄なフォーク。ブラザース・フォアやキングストン・トリオなどを範とした流麗で端正なものが多かった。代表的な存在に、ザ・ブロードサイド・フォー、モダン・フォーク・カルテットなどがいる。

※41 フォークゲリラ
1960年代末に東京や大阪で自然発生的に生じた、フォークソングを

る。そのモニュメンタルな出来事として知られているのが、全日本フォークジャンボリー〈※42〉（通称「中津川フォークジャンボリー」）での動乱である。同大会では、69年に開催された第1回から混乱が生じていたが、その極点として、71年の第3回では各派入り乱れての論争や暴徒化、ステージ占拠といった事態が発生した。

　フォーク集会やコンサートを舞台に、より実践的な闘争を推し進めようとする勢力と、あくまで音楽による連帯を第一とする歌い手／観衆たちの間での分裂がたびたび起こったのだ。こうした時期に、岡林のバックバンドを務めていたのがはっぴいえんどだった。しかし彼らは、岡林の政治的スタンスに対してもかなり「冷めて」おり、そこに思想的な紐帯は存在していなかった。

大滝詠一「録音やったんだけど、LPつくる間、ついに岡林とひとことも口をきかなかったね」（『ニューミュージック・マガジン』1971年5月号、12頁）

松本隆「（引用者註：岡林の言葉には）風景もなんにもない。「見る前に跳べ」というかね（笑）。半年ぐらいバックをやって日常的に一緒にいたから、横で見ていて「俺なら跳ぶ前に見るな」とか思ってた（笑）」（『ユリイカ』2004年9月号、56頁）

大滝詠一「ロックアウトがあって、教室の中でヘルメットかぶったやつが出てきてア

歌う反戦集会、およびその参加者のこと。新宿駅西口広場での集会は全盛期には1万人もの参加者が集った。この運動を主に構成していたのは、反戦組織「ベ平連」（ベトナムに平和を！市民連合）の若者たちだったとされる。

※42 全日本フォークジャンボリー
69年から71年にかけて、岐阜県恵那郡坂下町（当時）にて開催された野外コンサートイベント。69年8月9日に開催された同イベントの第1回は、日本初の野外音楽フェスティバルとされる。全3回にわたり、反戦フォーク派から、次世代を担ったフォークシンガー、ロック系のアーティストも出演した。

ジったりとかってのは目の前でみたけれども、まるっきり無縁。関係なかったんだよ。世の中で何をやっているかみたいな、もちろん、多少の認識はあったけれど、それが自分が音楽をやりたいんだってことと何の関係もないと思ってたね」（『定本はっぴいえんど』115―116頁）

彼らはむしろ、そうした政治的対立のダイナミズムの外部に立とうとした。音楽を政治的な手段とするのではなく、音楽「そのもの」を追求し、言葉を政治に従属させるのではなく、言葉と音楽によって「風景」を描こうとした。

細野晴臣「本当にね、純粋の芸術なんですよ。純粋芸術。なにしろいい作品を作る事が究極の目的で、他の事は何にも目に入らないんです」（同前276頁）

こうした「ノンポリ〈※43〉」的姿勢は、徐々に「脱政治」へと向かう時代の空気感とも共振していた。彼らは、1971年11月にリリースしたセカンドアルバム『風街ろまん』で、失われた都市の風景を音楽と言葉で描き出すという、政治性をより希薄化させた表現へ向かった。いうまでもなく、従来の反戦フォークのような政治的なアジテーションを含んだ直接的メッセージとは隔絶し、かつ、己の内面や苦悩を描写するような自然主義的／私小説的世界でもない。風景を描き、捉え、そこにある色彩や記憶の匂いを、当時最新の

※43 **ノンポリ**
学生運動へと積極的に参加することを忌避した、政治的関心の薄い者たちを指す。

アメリカンロックサウンドに乗せながら、映像的詩情に富んだ音楽に結晶させた。

この一種ボヘミアニズム〈※44〉的な純粋音楽志向は、先のメンバーの発言にも明らかなように、少なからず、彼らの眼前にあった政治性の党派的形式化への批判に裏打ちされていたものだった。その意味で、彼らにとって政治性とは、「意識的に」相対化すべき背景的な論理であり、決して「忘却されたもの」ではなかったのだ。反転してみれば、「風景」を描くことで、そこに包摂された政治性が（その不在も含めて）逆照射されるように浮かび上がる。はっぴいえんどが描き出したのは、そういったアイロニカルな空間の姿だったといえる。アンチロマン主義〈※45〉的な態度で描写された、都市とそこにうごめく新しい個人の像。実存的な身体を取り囲む「地」としての「都市」という表象が、洗練された音楽とともに立ち上がったのだ。

諧謔という戦略

時を同じくして、1971年から翌72年にかけ、連合赤軍による凄惨なリンチ事件（山岳ベース事件）と、あさま山荘事件が起こった。この「急進的左派の極限的暴力化」は、年長世代はもちろん、彼らと同世代の若者に対しても強烈なインパクトを与え、運動の急速な弱体化を招いたとされる。連合赤軍の内部において「総括」の名で行われたリンチは、

※44 ボヘミアニズム
なにがしかの党派的な規律を忌避し、個人の自由を重んじる思想のこと。強固な連帯を拒否し、自身の信条や創作の追求を第一義とする芸術家に象徴される思想／スタイル。

※45 アンチロマン主義
「アンチロマン」とは元々、戦後フランスの新しい文学潮流を表す言葉で、「ヌーヴォーロマン」ともいわれる。それまでの小説作品に度々見られた、心理描写の詳述や物語的な整合性を重視する手法に反旗を翻し、より抽象的で客観的な描写を重視した作風を特徴とする。はっぴいえんどの歌詞の革新性は、メッセージや物語性を重視するそれまでのフォーク等へのアンチロマン的な反逆にあったとみることもできる。

同志それぞれに反省＝「自己否定」を求めた。それは、急進的左派の論理のデッドエンドを示していた。理念が到達不可能な地点へと先送りにされた状態での自己目的的な自己否定が、ついには肉体的な死を招くまで繰り返されたのだ。

　こうした左派運動の行き詰まりは、当然音楽を含むサブカルチャー全般にも暗い影を落とした。反戦フォークはすでに過去のものとなり、連帯は綻び、「個」を歌う内省的なシンガーソングライターや、「四畳半フォーク」などと呼ばれた裏寂しげなフォークグループが浮上してきた。政治の時代に踊った「僕たち」は、湿ったノスタルジアや反省と共に言及される存在となったのだ。しだいに若者向けの音楽はこうした「フォーク系ニューミュージック」が主流を占めるようになり、70年代を通じて支持を集めた。

　一方、はっぴいえんどを解散した大滝詠一と細野晴臣は、こうした状況に対し、新たな戦略を用いてアイロニーを投げかけようとしていた。それが、「諧謔」という方法論である。

　1975年、自身のレーベル「ナイアガラレコード」を設立した大滝詠一は、同年5月にソロアルバム『NIAGARA MOON』を発表した。当時の流行から大きく外れたノヴェルティ〈※46〉路線が全編を貫き、ニューオリンズR&Bや往年のロックンロール、ドゥーワップ〈※47〉、ルンバ〈※48〉やメレンゲ〈※49〉といった「忘れられた」ラテンリズムを、アーシー〈※50〉なアメリカンロック的演奏で再解釈する本作は、フォーク系ニューミュージックのブームにおける自作自演偏重を嘲笑うかのような諧謔性に満ち満ちていた。自らによ

※46 ノヴェルティ
滑稽で珍妙な要素を強調した音楽の総称。和製英語でいう「コミックソング」とも近い概念。シリアスさが掛け金となりがちなロック的フィールドにあって、このような要素を大胆に導入したことに、当時の大滝詠一の先進的な批評性がある。

※47 ドゥーワップ
50年代初頭から60年代初頭にかけて流行したコーラスグループによる音楽のこと。独特の掛け合いやスキャットが特徴で、ジャンル名自体もそのフレーズからきている。代表的なグループに、ムーングロウズ、ペンギンズ、ファイヴ・サテンズなど。大滝は『NIAGARA MOON』収録の「いつも夢中」で日本を代表するドゥーワップグループであるザ・キングトーンズと共演しているほか、後に彼らのプロデュースも務めた。

※48 ルンバ
1930年代にキューバから発したソンが、伝播した西欧社会でルンバという名で広まり、以後それが定着した。大滝は「ハンド・クラッピング・ルンバ」において、ニューオリ

る歌詞も、ノヴェルティソング的なナンセンスを感じさせる「遊び」の要素が強いもので、主情主義的な言葉は一切排され、ドライなユーモアに彩られている。発売当時のLPには、大滝自身による「元ネタ明かし」的なセルフライナーノーツも付属し、音楽創作をロマン主義的な秘技として奉じる自作自演観を融解させる。

　大滝はその後も、アメリカンポップス色を強めた『GO! GO! NIAGARA』（1976年）、すでに10年以上前の流行だったエレキインストを再構築した『多羅尾伴内楽團　Vol.1』（1977年）、『同　Vol.2』（1978年）、往年のアメリカンポップスと音頭などの日本的要素を接合した諧謔路線の究極形というべき怪作『LET'S ONDO AGAIN』（1978年）を発表し、ラジオDJとしての活動も行いながら、「わかる人にはわかるポップス」というマニアックでアイロニカルな世界を作り上げた。

　細野晴臣は、同時代のシンガーソングライターミュージックやアメリカンルーツロックを見事に昇華した初のソロ作『HOSONO HOUSE』（1973年）を発表したのち、キャラメル・ママ／ティン・パン・アレーを組織し、セッション活動を通じて最新の洋楽ポップスのエッセンスを国内の音楽シーンに注ぎ込んでいった。75年にリリースされたセカンドソロアルバム『トロピカル・ダンディー』は彼の特異性がいよいよ発揮された作品で、この後に続く『泰安洋行』（1976年）、『はらいそ』（1978年）と併せて「トロピカル三部作」と呼ばれている。大滝詠一の諸作とも共振する過去の音楽遺産への眼差しや、ユーモア溢れる歌詞に加え、エキゾチックで非西洋的な要素を大幅に取り入れ、西洋からみた非

ンズR&Bの中に聴かれるルンバのリズムに注目し、ノベルティ色強い同曲を作り出した。

※49 メレンゲ
ドミニカ共和国に発生したダンスミュージックで、黒人文化とスペイン文化の融合が特徴とされる。卵をかき混ぜるリズムに由来するという。『NIAGARA MOON』では、「恋はメレンゲ」において、メレンゲに欠かせない楽器ギロのサウンドをフィーチャーしたハイブリッドなポップスを聴くことができる。

※50 アーシー
泥臭く、土の香りがする様。主にアメリカ南部のルーツミュージックに根ざしたサウンドを指す用語。様々な音楽要素が混じり合った『NIAGARA MOON』だが、その演奏はアーシーなテイストが強い。これは、かねてから大滝がスワンプロック等にも大きな関心を寄せていたこととも無関係でないだろう。

西洋の音楽を、東洋人自身がハイブリッドなポップスとして演じるという転倒的かつ諧謔的なセルフオリエンタリズム世界を作り上げた。

社会学者の北田暁大は、70年代以降の若者によるアイロニー感覚の変遷を描き出した著書『嗤う日本の「ナショナリズム」』(2005年)の中で、同時代における新しい広告言説と消費社会の気配を絡めながら、次のように論じている。

アイロニストはベタな価値意識が持つ暴力性を回避し、蛸壺的な共同体の乱立を肯定する。それは、「内ゲバ」の対極をいく、「六〇年代的なるもの」——自己の位置と「思想」との距離を最小化し、世界の構造の「変革」を目指す——に対するリアクションでもあった。消費社会的アイロニズムは、——少なくとも七〇年代においては——、「六〇年代的なるもの」と対峙しつつ、「左翼的」感覚を延命させるための方法論だったのである。(『嗤う日本の「ナショナリズム」』115頁)

諧謔やアイロニーという戦略は、一見したところナンセンスであり、アクチュアルな政治性とはもっともかけ離れた方法に思われる。しかしながら、大滝や細野のように「政治の時代」の只中に音楽活動を開始しオルタナティブな表現のあり方を探ってきた者たちにとって、諧謔やアイロニーは、「60年代的なるもの」への反省的対峙という性格を脱色しきれない、いや、むしろ「60年代的なるもの」が忘却しえないものだからこそ立ち現れた、党派的理念が固定化した60年代末期の政治状況に対峙する転倒したアジェンダ（＝政治性）であったともいえるのである。

山下達郎は、1975年当時のシュガー・ベイブのサウンド（録音）を振り返って、「要するにガレージ・パンクな、パンクな音だった」（2015年8月9日放送『Tatsuro Yamashita 40th Anniversary サンデー・ソングブック増刊号　シュガー・ベイブ　スペシャル』）と語っているが、こうした発言も、先に述べた文脈を補助線にしてみるとわかりやすい。社会にアゲインストしていたはずの若者文化が、結果的にはベタな保守化（＝フォーク系ニューミュージックなどの自己憐憫的世界〈※51〉）に帰着していくなかで、それまでの二項対立（新世代vs旧世代、ロックvsフォーク等）の外側から、往年のアメリカンポップスやソウルミュージックをぶつけていくという戦略。これもたしかに、一種の「パンク」なアティテュード〈※52〉の一類型だと言えるかもしれない。

音楽は、それ自体で自律的な価値を持ち、世界は音楽に先行しない。音楽を擁護しながら音楽に社会的文脈が付与されていくことを嫌う、こうしたボヘミアニズム的アイロニーは、非常に繊細なバランス感によって担保される極めてフラジャイルなものでもあった。少し時代を下って1977年6月、ソロ活動を開始した後の山下達郎へのインタビューを、担当記者・藤原邦洋のコメントも交えながら参照してみよう。

〝第一次戦無派（引用者註：戦後に生まれた戦争体験のない世代）〟は、よくいわれるようにシ

※51 自己憐憫的世界
第1章で述べた通り、フォーク系ニューミュージックにおいては、聴き手とアーティストの間に共感性をベースにした濃密な関係性を築こうとする傾向があった。そうした空間にあっては、個人の抱く悲哀や内的な懊悩が主たるコミュニケーション通貨であり、次第にそれがインフレーションを起こすように憐憫的な表現が氾濫した。こうした状況に対して、大滝など一部のアーティストたちは、その逆を行くように晴れ晴れしくポップな音楽を諧謔的に対置していたと見ることもできる。

※52「パンク」なアティテュード
シュガー・ベイブのステージやリハーサルにおけるストイックで不機嫌そうな様子など、当時の山下達郎のパンク的ともいえる反抗性を物語るエピソードは多い。2021年4月にアップされた、古くからの盟友といえるドラマー、村上〝ポンタ〟秀一との思い出を語るインタビュー（文春オンライン「「シュガー・ベイブの後、なぜポンタにドラムを頼んだか」山下達郎が初めて語った戦友・村上〝ポンタ〟秀一」におい

ラケの世代では決してない。みんな、ちょっぴりクールなだけなのだ。

「ジャーナリズムなんか根本的に信用してないからね、新聞もほとんど読まない」という彼は、音楽にもひややかな見方をしている。

「ロック・カルチャーだのなんだのって、音楽はそんなに大きい領域でもないですよ。音楽は音楽でしかない」（『週刊文春』1977年6月30日号、49頁）

まもなく、こうしたアイロニー意識は、「新人類」の登場によって密やかに変質していくことになる。それは、諧謔とアイロニーが非明示的な前提としていた、「アンチ〇〇」の〇〇が一層後退していく時代の趨勢とともに、急速に進行していく。

シャレから「オシャレ」へ

諧謔やアイロニズムを「シャレ」と呼ぶなら、その後に展開していったのは「シャレのオシャレ化」というべき事態だった。前章でも参照した宮台真司らによる『サブカルチャー神話解体』では、こうした状況を次のように説明している。

諧謔とは、（中略）既存の対立コード——たとえば「商業的／非商業的」とか「手作

ても、当時比較的近しい関係性と思われていたティン・パン・アレー一派に対してすら排他性や階級的な差異を覚えていた旨を語っている。「お坊ちゃま」を出自とするティン・パン・アレーに対し、シュガー・ベイブについては「同じ東京でも僕らは城北地区出身。池袋とか巣鴨、赤羽がホームグラウンドの人間なので」と述べ、ある種の下流からのカウンターとして自らを認識していたことをうかがわせる。

り的／大量生産的」とか――を前にして意識的にズレてみせる、いわば「どうでもいいじゃん」的身振りである。したがってそれ自身が、既存の対立コードと対立する新たなコードを提示するようなものでは、そもそもありえないはずだ。しかし諧謔が成立するためには、梯子外しの対象となる強力なコードが存在しなければならない。いわば「敵」あっての諧謔なのである。

「敵」の梯子外しがもはや問題にならなくなったとき、諧謔は、諧謔でないものから自らを区別するために、しばしばある種のシンボル的な短絡を示したり、それを用いた「内輪ノリ」へと閉じたりする。（『増補　サブカルチャー神話解体』160頁）

しかし他方で、77年以降の「新人類的なもの」の上昇（中略）と並行するかたちで、ポップスは、諧謔とは別に「オシャレである／オシャレでない」という差異に結び付けられ始める。（中略）やがて「オシャレ」のコードが「シャレ」から分出し、遅くとも83年以降は、TUBEに代表されるような〈※53〉〝リゾートで流れる英語と日本語の混じったオシャレな曲〟（中略）がポップスだと考えられるようになった。（同161頁）

つまり、これまで論じてきた観点を交えると、「政治の季節」の主役であった団塊の世代〈※54〉が社会に吸収包摂されて、それと入れ替わるように現れた後続世代＝「新人類」が若者文化の中枢を担うようになるにつれ、諧謔やアイロニーの宛先としての「政治の記

※53 TUBEに代表されるような
ここで読者から提出されるであろう「TUBEはシティポップなのか?」という疑問に答えてみたい。まず指摘すべきなのは、TUBEのデビューは85年であり、宮台らがいう「83年以降は」という年代認識が正しいのかという疑問が湧く。また、その音楽性においても、いわゆる「ビーイング系」の一般的イメージと重なるロック色の強いものがまず想起される。しかし、代表曲「シーズン・イン・ザ・サン」（1986年）をはじめとして、夏のワンシーンを積極的に演出するような歌詞世界はいかにも「シーンメイキング」的であり、そのサウンド自体も相当程度シティポップス的であることが指摘できる。現在のシティポップリバイバルの視野からはほぼ無視されていると言ってもいい彼らの音楽も、その強い記名性や知名度からくる先入観をいったん脇に置いて聴いてみるならば、突如再評価の俎上に載せられる可能性もないとはいえないと考えるが、どうだろうか。いずれにせよ、ここで宮台らがTUBEの名前を挙げていることは「シーンメイキング」という主題に即してみても論理

憶」が希薄化し、後退していったということだ。アンチテーゼに下支えされていた諧謔のポーズは、いつしかその土台が風化し、他者との差異を自己目的的に提示するための「ツール」や「嗜好」となり、消費社会の論理の内部へとすんなり取り込まれていく。それどころか、脱産業化社会＝情報化社会の進行、都市空間の広告化、安定的経済成長などと手を携えることで、消費社会を新たなフェイズへと引き上げる論理をも駆動していったのだ。いわずもがな、そこでは当初意識されていた、政治性といかに対峙するかという転倒した政治性は霧散し、一部のポップスは単に都市的表象（オシャレ）が記号化された存在としてその役割を担うようになった。

そう、黄金期のシティポップスとはまさに、ポップスにおける「脱政治」的なプロセスの完成という形で世に現れてきたのだ。

シティポップ（ス）の保守性

ここからもわかるとおり、シティポップスは政治的にはノンポリ／浮動的で、それゆえ、進歩的／先鋭的な政治イシューに対しては往々にして無邪気な保守性を示すことがある。

第一に、同時代の格差問題への意識についてはどうだろう。シティポップスに描かれた豊かさの表象は、何よりもまず消費という行為を通じて現れる。素敵な服を着て、盛り場

破綻的とは言えないし、むしろその音楽の本質的機能を教えてくれる批評的な事例だともいえる。

※54 団塊の世代
概ね1947年から1949年の間に生まれた世代を指す。各年の年間出生数は260万人を超え、戦後の第一次ベビーブームを構成した。1960年代末の学生運動の盛り上がりを担ったもこの世代だった。

やリゾートへ車で向かい、ホテルに泊まり、一夜を過ごす。仮にこう類型化したとき、そこにはあからさまなほどの中流志向が見て取れる。階級下降に伴う不安は拭い去られ、というか、困窮や生活不安が起こりうるという想像力があらかじめ排除された世界こそが「シティポップス」だった。そのことを理解した上で、あえて遡及裁判的に述べれば、(のちの時代に幻想であることが露呈する)一億総中流を自明化した大衆的プチブル芸術〈※55〉として、現実の貧困問題、地域格差問題、教育格差問題といった社会的イシューから(無意識/無邪気に)目をそらしていたのがシティポップスだったといえるだろう。

ジェンダー観についてはどうだろうか。これには両義性がありそうだ。多くの自作自演女性作家の活躍をみるまでもなく、それまでの歌謡曲で頻繁に歌われた伝統的「女らしさ」から抜け出し、自立的/自律的女性像を自ら描き出したことの重要性は大変に大きい。他方、エッセイストの酒井順子は著書『ユーミンの罪』(2013年)において、荒井(松任谷)由実の「中央フリーウェイ」(1976年)や「ロッヂで待つクリスマス」(1978年)、「ノーサイド」(1984年)の歌詞を分析しながら、男性へのゆるやかな所属意識(酒井はそれを「助手席性」と表現している)の存在を指摘している。このように、一見自立的に見えるけれども、その実保守的な内面を併せ持った女性像を(多くのリスナーからの共感と重ね合わせながら)浸透させたという意味においては、一概に進歩的であったとはいえなくなる。

男性から女性への視線はより直接的だ。文芸評論家の斎藤美奈子は、雑誌『SIGHT』2011年夏号へ寄せたコラムで、ドライブソングとしてのシティポップスを取り上げて

※55 大衆的プチブル芸術
プチブル(小ブルジョワ)とは、伝統的なマルクス主義の観点からいえば、資本主義体制下において労働者と資本家の中間に位置する、限られた生産手段を手にしているに過ぎない小市民的存在を指す。加えて、政治的にも中道的かつ浮動的で、ときに資本主義体制にも迎合的な主体を指すこともある(その浮動性ゆえに市民的自由への脅威に対してはドラスティックな反抗を示す場合もある、とされる)。中流意識に自己規定された「市民」がシティポップスの主な享受者(あるいはまた提供者)であったこと、また、この時代の日本大衆の「総中流」的な階級意識に照らすと、シティポップスを代表的な「大衆的プチブル芸術」と認定するのにも説得性がありそうだ。こうしたプチブル的性向の積極的な可能性については、続くパート「「柔らかい個人主義」としてのシティポップス」を参照。

いる。頻出するカーコンシャスな歌詞にしても、陽気な女性礼賛調の歌詞にしても、要するにドライブデートの車内で、「「（女子）に聞かせる曲」に相応しい特徴を備えていた」（226頁）と断じ、以下のように述べる。

思えば日本のポップス史上、これほど「実用的」なジャンルがあっただろうか。80年代の青少年がドライブ用の自作テープをせっせと編集したのも道理。ホイチョイ・プロダクションズ式にいえば、シティポップスは「いい曲、やれる曲」の宝庫だった。

（『SIGHT』2011年夏号、227頁）

いわば、徹頭徹尾「健全な」男女による、「健全な」な男女関係のためのBGM。もちろん、それはそれで見逃しがたいポジティブな機能のあるものだったと思うが、当然ながら、性的マイノリティへの／からの視点は欠落しており、ヘテロセクシュアルな「健全性」のみが自認的な形で反復されていく。格差問題への意識と同じく、抑圧の存在に関心を向けない（あるいは視界に入ることがない）こうした性格は、その後時代を下って本格化していく、マジョリティによる社会的イシューへの無関心を準備したともいえそうだ。

他にも外国（主にアメリカ）文化への素朴な憧憬と没入による「第三世界」的なものへの無関心（多くの場合、たとえばラテンリズムなどが取り入れられるとしても、あくまで西洋の視点を経由したエスニックな「スパイス」として副次的に扱われる）や、過当な卓越化競争が招くコミュニケーションの蛸壺化なども指摘できるだろう。数ある同時代のポップカルチャーからシティポップスのみをその俎上に載せ、現在の視点から批判的に分析するのはいかにも遡及裁判めく。だが、こうしてシティポップスの政治性（＝脱政治性）を取り出してみると、それがいかにのちの時代の趨勢を先取りしていたかということも見えてくるのだ。

「柔らかい個人主義」としてのシティポップス

一方でシティポップスは、その社会的機能の面から肯定的に論じる余地もある。ヒントを与えてくれるのは、劇作家／評論家の山崎正和が１９８４年に発表し、その後の消費社会論ブームを準備した著書『柔らかい個人主義の誕生』〈図2―7〉だ。山崎は、知識集約型産業が中心となる80年代の「脱産業化社会」においては、自己を生産関係の主体として能動的に規定するかつての「硬い個人主義」を超えた、「柔らかい個人主義」こそが、新しい個人主義の形になると指摘する。産業化が完成し、余暇が発生し、様々な社会制度が流動化し価値観が多様化することで、80年代の個人は、そのアイデンティティを自己完結的に規定することが困難となり、帰属すべき自己イメージを見失い、分裂の危機と直面するに至った。そのような状況で招来される「柔らかい個人主義」とは何なのか。山崎は次のように述べる。

〈図2―7〉

現代の個人主義は、むしろ、個人を際限ない自己分裂から救ひ、変化のなかに一定の同一性を回復し、安定した生活の常識と、行動の落着いたスタイルを作る努力のなかになりたつことにならう。また、それは、さうした常識やスタイルのかたちで、個人相互のあひだに共通の生活の地平を作りだし、個性をそのうへに位置づけることによって明確化する、といふ新しい方向をめざすことであらう。(『柔らかい個人主義の誕生』文庫版191頁)

別の箇所では、生産する自我＝硬い個人主義、消費する自我＝柔らかい個人主義という図式に基づきながら、以下のように論じる。

生産する自我が、ひとつの技術を身につけることで自分を統一するやうに、消費する自我は、行動にスタイルを持つことで自分を統一し、それを持ちつづけることで自我の同一性を守るのである。

だが、その反面、生産の技術は変らないことがその本質であって、したがってそれは機械に置きかへられるのであるが、およそスタイルといふものは、むしろ一定の同一性の幅のなかで柔軟に変ることが本質だ、といへる。(中略)だとすれば、さうしたスタイルによって統一された自我は、生産技術によって支へられた自我とは違って、

> 当然、他人にたいして柔軟にふるまひ、よりひかへめな自己主張を持つ自我になるほかはあるまい。すなはち、生産する自我にとっては、剛直に信条を守ることが美徳であるのにたいして、消費する自我にとっては、つねに一定のしなやかさを保ち、しかし、そのなかに有機的な一貫性を守ることが美徳とされるのである。（同前210―211頁）

抽象的な議論に感じられるかもしれないが、要するにこういうことだ。80年代においては、消費する自我が新しい個人主義の担い手となる。変わらないことを是とするかつての自我（硬い個人）では、急速に移りゆく社会と自我の間に不協和をきたしてしまう。それゆえ、消費社会に対応した新しい自我（柔らかい個人）は、そういった流動性に対応する柔軟な「スタイル」の元に築かれる。そこには、剛直な信条は見当たらないかもしれないが、しなやかで有機的な一貫性が称揚されることだろう……。

よくある現代社会のアイデンティティ危機論に通じるところもありつつ、この理路が興味深いのは、消費という行為をあくまで肯定的に捉えていることである。経済学者のソースティン・ヴェブレンのいう「顕示的消費」にしても、山崎と同時代に哲学者ジャン・ボードリヤールが論じた「記号としての消費〈※56〉」の一般的な読解にしても、消費という行為は、どこかしらで放埒《ほうらつ》な快楽追求や無際限な欲望と結び付けられ、批判的な論調で扱われるのが常だった。

※56 記号としての消費
実用的需要による物品の生産と消費が飽和した現代において、文化的記号としてモノが消費される様を指す。初期の消費社会における「顕示的消費」を論じたヴェブレンの議論を土台にしながら、他者との記号的差異を表示する現代に特徴的な消費の形として、フランスの哲学者ジャン・ボードリヤールによって概念化された。詳しくはボードリヤール『消費社会の神話と構造』（原著1970年、邦訳1979年）を参照。

しかし、顕示的消費における誇示の宛先として他者を想定するヴェブレン的な理解とは対照的に、ここで山崎が提示するのは、消費の満足の中では、最初から他者の存在が前提とされているということなのだ。

言い換えれば、顕示的消費や記号的消費の〝不健全〟なインフレーションとは、本来そうあるべき、〝他者の視点を含んだ満足としての消費〟が達成されていないという不安の兆候として出来する従属的な出来事である。だから、山崎が右の引用で言及する「消費」にも、そうした〝本来の消費〟という意味合いが含まれており、充足的な消費を行う自我は、おのずと「他人にたいして柔軟にふるまひ、よりひかへめな自己主張を持つ自我になるほかは」なく、「つねに一定のしなやかさを保ち、しかし、そのなかに有機的な一貫性を守る」存在であると考えられているのである。

やや深入りしすぎたかもしれない。筆者がこれまで本書で提示してきた消費にまつわる問題意識は、どちらかといえばヴェブレン〜ボードリヤール的な理解に基づいている。しかしそれだけでは、消費と親和的だからこそ浮かび上がってくるシティポップスの社会的機能を汲み損ねてしまう。そのとき、山崎の「柔らかい個人主義」という考え方は実に有効な思考ツールとなる。

政治の季節は遠くに過ぎ、メタにメタを重ねる反省とアイロニーの運動のなかで、いつしか定立すべき自己像も霧散してしまった。若者たちが社会的なアイデンティティを自ら紡ぐことが困難になった時代に、消費という行為を通じて自我を形作っていく道筋／スタイルが示されたこと。そのスタイルをカルチャーの側からきらびやかに提示し、しなやかな自己像、柔らかい個人主義の成立を促すという機能を、シティポップスが担っていたとはいえないだろうか。

アノミー〈※57〉を回避し、消費によってゆるやかに安定する個人を供給し、新たに他者の姿を発見させ、コミュニケーションを作り上げていく。柔らかい個人主義としての、シティポップス。シティポップスが紡ぐ「手の届きそうな憧れ」は、壊れやすい個人が社会に参加し、成熟していくことを誘う、積極的な機能もあったはずなのである。

1983年当時の「シティポップスの貴公子」山本達彦の発言を引用して、この章の締めくくりとしよう。

「ぼくは曲でメッセージするわけじゃないし、こういうふうに生きろというつもりは毛頭ないけれど、個人個人が曲の中でいろいろなことを感じて成長できるというのかな、そういった意味で「透明度の高い音楽」をやっていきたいなと思っているんです」

「都会人の心というのはもろいですからね。弱いしね。ほら「タフでなくては生きてゆけない。優しくなければ、生きている価値がない」〈※58〉ですから……」（『週刊明星』1983年4月14日号、153頁）

※57 アノミー
フランスの社会学者エミール・デュルケームによって提唱された概念で、社会的規範が旧来の価値観の瓦解等様々な要因によって無規律化する状態。それにより、社会を構成する成員においても欲望と価値の無規制化が引き起こされ、自己疎外や様々な病理が招来される。元々は19世紀末にかけての急速な産業化にともなう状態として論じられたが、のちに、高度資本主義社会あるいは脱産業化社会における社会的不安を分析する概念として拡大的に解釈された。

※58 「タフでなくては生きてゆけない。優しくなければ、生きている価値がない」
レイモンド・チャンドラーの小説『プレイバック』（1958年）の中で、主人公である探偵のフィリップ・マーロウが述べるセリフ。

（補論1）はっぴいえんどのシティポップへの影響を風景論を通して考える

岸野雄一

シティポップを語る際に「風景」というキーワードが重要なタームとして頻出する。シティポップが歌詞として扱ってきたのは、主に都市生活の風景・情景だったといっても過言ではないだろう。もちろん古今の昭和の歌謡曲にも、「銀座カンカン娘」から「有楽町で逢いましょう」まで情景描写が歌詞の要となっており、今に始まったことではない。

ちなみに私のシティポップの定義は「都市生活への憧憬」である。都市生活そのものではなく、その憧憬というところがポイントで、高速道路の車中ではなく、四畳半の畳の和室で聞いていたとしても、そこに都市生活への憧憬が込められていればシティポップである、という考え方だ。この憧憬という部分は、いうなれば音楽のファンタジー性が担っているといっても良いだろう。たとえばクラフトワークのフューチャリズムにおいては、正しく未来像を描き出しているか否かではなく、未来への憧憬というものが込められていれば良いわけである。細野晴臣でいえばセルフ・オリエンタリズムみたいなもので、正しく東洋の姿が描き出されているかではなく、逆照射という形であっても東洋のイメージがそこに込められていれば良いわけである。

大滝詠一の『A LONG VACATION』(1981年)は当初、永井博の描いたイラストに6枚のシングルを付けるというものだった。それが紆余曲折あってアルバムになったわけだが、元々は永井の描いたリゾート感溢れるイラストを音像化したという逸話も、このジャンルが風景への拘りを持っていることを裏付けている。ただし、シティポップと呼ばれる音楽の歌詞世界が描こうとしているのは、地方都市から見た都市生活への憧憬であるのに対して、『A LONG VACATION』は、都会から見たリゾート世界のような、さらに一歩捻ったような憧憬となっているところが興味深い。これはおそらく、かつてはっぴいえんどというバンドで同胞だった細野のエキゾチシズムを、自分なりに手掛けるとしたら、それは存在しないリゾートだろうというようなライバル意識が働いたのかもしれない。そこには地勢的なアプローチだけではなく、60年代ポップスの再考という時勢的なアプローチも含まれている。大滝詠一のこのようなアプローチは、はっぴいえんどとは何だったのか？　という内省的な思考として、メンバーへのライバル意識や目配せを理詰めで解析し、検証しようとする試みであり、リスナーの側にとっても興味が尽きない振る舞いである。

大滝が晩年、古い邦画に描かれたロケ現場を実際に探訪し、どの角度から撮られたのか？　当時の建築物は残されているのか？　地形の変遷はあるのか？　などの検証に熱中していた話はよく知られている。これは雑誌『東京人』２００９年11月号（都市出版）に川本三郎を聞き手としてその研究の成果が語られている。題して「大瀧詠一の「映画カラオケ」のすすめ」という論考である。映画カラオケとは、実際の映画の撮影現場＝風景を伴奏＝カラオケとして解釈し、その風景の中に実際に入っていって、登場人物と同じ行動を取る、というものだ。過去の風景と現在の風景の差異を検証するという行為は、本来であれば松本隆が積極的にやっていそうな試みである。これはおそらく、はっぴいえんど時代の松本の歌詞に対するアプローチを、大滝なりに擬《なぞら》えて検証していったということではあるまいか。

ちなみに『東京人』の同じ号では、松本と映画監督の是枝裕和の対談「街角から物語が立ち上がる」が掲載されている。その中で松本は「当時、幻視で書いた〝露面電車が海を渡る〟というのは、のちの「ゆりかもめ」だと考えると、予知能力があるかもしれない。」と発言している。ここでの「幻視」というタームは、私にとってとても引っかかった言葉だった。『風街ろまん』（１９７１年）収録の「風をあつめて」における修辞の高みは、日本語を扱った歌詞としては他の追随を許さないほどのものだと思う。ここで描かれている歌詞の風景というものに着目してみたい。「緋色の帆を掲げた都市が碇泊《ていはく》してるのが見えたんです」——都市が碇泊しているとは、どのような状態なのか。また

「摩天楼の衣擦れが歩道をひたすのを見たんです」という歌詞も、都市自体の実体の無さを表しているようだ。松本隆にとって都市とは、実体を持たない幻か仮初《かりそめ》の状態であるということを描写しようとしたのではないか。そのことによって、架空の都市「風街」を幻視したということが、このアルバムのテーマになっていると思う。そうであるならば、都市生活への憧憬であるシティポップの歌詞は、充分にはっぴいえんどの歌詞からの影響を受けているという話になる。

　ちょっと待ってくれ、それはあまりにも雑すぎる捉え方だ。もう少し精密に松本隆の、はっぴいえんどの言葉へのアプローチを再考せねば、正しい俯瞰図＝歴史的な経緯による位置づけはできないであろう。はっぴいえんどが描こうとしたのは、単なる幻の都市「風街」の情景だけではない。「夏なんです」の歌い出しなど、「田舎の白い畦道で」である。単に都会の情景だけを描いているわけではない。ただし、そこに描かれているのは、田舎の生活感ではなく、来訪者が迷い込んでしまったような感覚だ。またサウンド的にも、バッファロー・スプリングフィールド由来のノスタルジックな意匠を纏ったカントリーロックのテイストを持ちながら、ジェームス・テイラーの都会性も併せ持っているという特異性がある。都会と田舎の対比という意味でいえば「木綿のハンカチーフ」まで一貫したブレない姿勢を持っていたといえよう。

　当初松本は『風都市』というタイトルに決めていたが、マネージャーの石浦信三が新しく設立した事務所の名前にしてしまい、仕方なく考えたのが『風街ろまん』というタイトルだといわれる。ここではジャケットに雑誌『ＣＯＭ』（虫プロ商事）などで執筆していた新進劇画家、宮谷一彦が起用されている。前作の通称『ゆでめん』（1970年）では『ガロ』系の林静一を起用していたことから、製作陣はサブカルチャーと言っても良い当時の劇画、インディペンデントな漫画表現と密接な関係、共通する嗜好を持っていたと考えるべきだろう。そこには松本の小学校5年生以来の友人で、のちにはっぴいえんどのマネージャー兼ブレーンを務める石浦の影響も大きかったと思われる。宮谷一彦は1967年「ねむりにつくとき」(『COM』月例新人賞受賞作)でデビューし、永島慎二に次ぐ「青春劇画のホープ」と期待された漫画家である。デビュー作以後は、当時流行していた学生運動に影響を受け、作品が政治的色彩を帯びるようになる。『ヤングコミック』(少年画報社)で革命集団によるクーデターを描いた「太陽への狙撃」がヒットし、1970年執筆の「性蝕記」では、学生運動の日和見主義を描き劇画マニアから絶大な支持を得たが、だんだんと寡作になり第一線からは遠ざかっていった。当初は宮谷一彦が描いた路面電車の情景が表ジャケットになり、メンバーの顔写真が裏ジャケットに載る予定だったが、宮谷のアイデアにより、メンバーの顔をイラストで描き、路面電車の絵は内ジャケットに収まるという形になった。

さてここで、はっぴいえんどは政治性を払拭したバンドであったのか、ということを考えてみたい。デビュー当時は学生運動が華やかなりし頃であり、政治の季節とも呼ばれた時代である。「敵タナトスを想起せよ!」といったタイトルにその片鱗をうかがうことはできるが、彼らが直接的に政治的なメッセージを歌詞に織り込むことはなかった。のちに政治的なメッセージ性の強いプロテスト・フォークの加川良のアルバムに演奏メンバーとして参加したり、岡林信康のバックを務めた時にも、当の岡林は「これでディランとザ・バンドの関係ができた」と息巻いていたが、はっぴいえんどのメンバーとしては仕事で請け負っているムードがあったという。ただし、松本は岡林の歌唱法を評価しており、自身の演奏プレイに少なからず影響を与えていると発言しているので、必ずしも仕事としてのみ付き合ったわけではないことは触れておかなければなるまい。いずれにせよ、でははっぴいえんどは、政治性とは無縁の「クリーンなバンド」であったのか?これを読み解くことで、はっぴいえんどがシティポップに影響を与えた部分と、それだけには終わらない部分があらわになってくるのではないか？　というのが本稿の主旨である。そしてそのことを読み解くのに重要なキーワードとなるのが「風景論」である。

　私は2015年1月17日に以下の一文をツイートした。

> ゆでめんの謝辞にロブ・グリエとマンディアルグの名が挙がっており、当時アンチロマンの先に風景論があった事から、風街の由来と関連を松本隆氏に聞いておく事は誰かがしなくてはいけない仕事だと思う。ところで日本におけるアンチロマンの達成は「東京戦争～」予告編と「おそ松くん」にある。

　最後の一文は、赤塚不二夫が新宿の文壇バーでアンチロマンの議論に触れた際に、人称の不在なら登場人物を全て同じ顔にしてやれ、と六つ子のキャラを造形した、という蛇足であるが、このツイートに対して、松本本人が「いいね」を押してくれた。松本は自分の名前が記述された書き込みには比較的簡単に「いいね」を押してくれるらしいが、それでも見当違いの書き込みに「いいね」を押すことはしないであろう。このことが私がこの論考を記述している後押しになっているのは間違いない。それでは当時、なぜ私がこのような書き込みを行なったのか？　振り返って考えてみたい。

　たとえば「露面電車が海を渡るのが見えたんです」という歌詞には、シュルレアリスムの影響を感じなくもない。実際に『ゆでめん』のライナーに記された様々なアーティストへの謝辞（デディケーション）のひとつにシュルレアリスムの詩人・作家であるアンドレ・ブルトンの名前もある。ただし、前述したように、『風街ろまん』で描かれているのは、単なるシュールな風景の記述ではなく、風景を幻視することによって浮かび上がる都市論であり、内省的な個の在り方の提示ともいえるものだ。このような方法論は、当時、映画界に勃興していた「風景論」と呼応するものだったに違いないというのが私の見立てである。『風街』のジャケット画を描いた宮谷は、風景の細密な描写を通して、観念的な革命思想を語るという特異な作風を持った劇画家だった。この宮谷を起用したということからも、当時、松本が作品を通して何を描きたかったかがうかがい知れる。宮谷は1972年1月22日発売号の『プレイコミック』（秋田書店）に、そのものズバリの「はっぴいえんど」という劇画も寄稿している。宮谷の劇画は、おそらく氏の頭の中では膨大な観念論が渦巻き、それを整理しきれないまま、作品に落とし込むことが叶わず頓挫してしまった作品が多いと感じる。実は本稿を執筆中の私も、膨大な見取り図、設計図の裏付けと整理に翻弄され、何度も頓挫している渦中にある。

ここで当時の日本映画における風景論についての補足説明をしていこう。佐々木友輔は「風景論映画」について、次のように解説している。

> 1960年代末から70年代にかけての風景論争に関連した映画の呼称。風景映画とも言われる。狭義には『略称・連続射殺魔』（1969／1975）と『東京战争戦後秘話』（1970）の2作品を指すが、論争から派生したフィルムや、類似した形式を備えたフィルムを指しても用いられる。永山則夫による連続ピストル射殺事件の翌年、1969年に松田政男、足立正生、岩淵進、野々村政行、山崎裕、佐々木守の6名は、永山が見たはずの景色を辿りながらカメラを回して『略称・連続射殺魔』を制作した（正式名称は『去年の秋　四つの都市で同じ拳銃を使った四つの殺人事件があった　今年の春　十九歳の少年が逮捕された　彼は連続射殺魔とよばれた』）。松田はその旅の経験を踏まえ、永山は地

方の固有性が失われて均質化した風景を切り裂くためにこそ弾丸を発射したに違いないと指摘。どこにでもある風景の背後にある国家権力と資本主義を見透かし、情況論から風景論への転換を訴えた。（佐々木友輔「風景論映画」、『artscape』、https://artscape.jp/artword/index.php/風景論映画）

より詳細な経緯は同記事を参照してほしいが、現前する風景＝国家による権力装置と捉え、当時、新左翼勢力の間で盛んに用いられた用語「情況」に対するアンチテーゼとして「風景」を新たな革命的概念として提起する、というものだった。ちなみに連続ピストル射殺事件の犯人である永山則夫は松本隆とひと月違いの同い年である。新宿のジャズ喫茶、ヴィレッジ・ヴァンガードで昼の部のバイトをしていた永山は、68年当時、同店で夜の部のバイトだったビートたけしとすれ違っていたかもしれない、という逸話があるくらいだから、バーンズ（はっぴいえんどの前身バンド）の演奏で、赤坂のディスコで永山則夫が踊っていたとしても不思議はない。『略称・連続射殺魔』はいわゆる劇映画ではなく、永山が見たはずの風景をひたすら反芻するというもので、観客が永山則夫になってしまう、という不思議な体験をする、いや、強いられることになる作品である。こういったスタイルの映画がなぜ成立したかというと、先行して海外で興ったアヴァンギャルドな傾向を持った作品群、ジョナス・メカスの『リトアニアへの旅の追憶』（１９７２年）などと呼応していると考えられる。

ともあれ「風景論」の主要な論客となった松田政男の提唱は大きな議論を呼び、『季刊写真映像』６号（写真評論社、１９７０年）では「風景をめぐって」という座談会が企画された。出席者は、赤瀬川原平、足立正生、佐藤信、刀根康尚、中平卓馬という興味深いラインナップで、この時点で既に「また逆に風景そのものに見返されることの恐怖」という視線の主体客体の転倒という問題に言及している点は興味深い。

さて、この『略称・連続射殺魔』に参加していた足立正生と佐々木守は大島渚組の常連スタッフとして知られている。ATG時代の大島渚は、日本の田舎の封建的な風土と現代の民主主義との葛藤をダイレクトに描いていた映画作家である。佐々木守は『ウルトラマン』から『おくさまは18歳』などテレビ畑で活躍する脚本家で、テレビで稼いだお金を批評誌の出版やインディペンデントな映画の製作費に充てていた。この大島組＝創造社は68年の10月21日、16年ぶりに騒乱罪が適用され、750人が逮捕された国際反戦デーを撮影していた。その時に同じように新宿の街頭闘争でカメラを回していたのが、高校生の時に撮った『おかしさに彩られた悲しみのバラード』（1968年）で第1回フィルムアート・フェスティバル東京のグランプリとATG賞を同時受賞し、天才映画少年と謳われた原將人（当時は原正孝）である。この時に撮影された映像は、ジャックスの早川義夫を追った半ドキュメンタリー作品『自己表出史　早川義夫編』（1969年）に使われている。

この新宿の路上での逢瀬をきっかけとして、原は大島渚が構想していた「映画で遺書を残して死んだ男の物語」＝『東京战争戦後秘話』（1970年）の脚本執筆の要請を受けることになる。原の風景論に対する考えは「私はメルロ・ポンティが主体性に間主体性を対置させたのに応じて、情況に風景を対置させ、風景論を展開し、そこに〔引用者註：ポール・〕ニザンを追跡することによって得た論旨、新しいオリジンは、いわば風景のなかに、その仮構の内実を引き受けることによって見出せるのみであることを重ね合わせようとしたのだ」（『見たい映画のことだけを』有文社、1977年）とあるが、共同脚本に商業作品に落とし込む手腕に長けた佐々木守が、プロフェッショナルな視点を持つ監査役のような立場で参加し、そのことにより幾分かテーマが散漫になってしまった感はある。原の思惑は「アンチロマンを越えようと意気込んでいた。守さんが受け入れない時には、フッサールやメルロ・ポンティまで持ち出して哲学的な理屈をこねた」とのことだが、佐々木日く、執筆中は「くそ生意気なガキに哲学講義されて発狂寸前だった」と回想している。原自身は佐々木のことを「気遣いに溢れたベビーシッター」と称し、当時の共同でのシナリオ執筆作業について「余り哲学的、文学的にならぬように咀嚼し直し、アイデアを具体的に進化させてくれた」と回想している(『東京战争戦後秘話』DVDライナーノーツ)。結果的に本編は、松田政男の提唱した風景論を実践的に推し進めた作品になっている。「東京風景戦争」という映画が映画内に取り込まれていたり、円環構造、メタ・フィクション的アンチ・ロマンというアプローチを目指した原將人の目指した世界はある程度達成されていたように思う。なにより大島渚作品としては珍しく、映画を撮るということへの内省的な眼差しがある作品に仕上がっている。

私が重要だと考えるのは、原將人が全てを任され、単独の独立した作品と言ってもよい『東京战争戦後秘話』の予告編の方である。この映画について考察している男女の会話「現実か虚構かじゃなくて、現実であり虚構である現実」「だからこの映画はアンチロマンを決定的に超えているわけよね」といったやりとりに、宣伝文句のナレーションが続く。

「状況を鋭くえぐる! と思うだろ? ところがそうじゃないんだ。現代を鋭く告発する! ところがそれが甘いんだな。えぐらない、告発しない。風景の中で、風景に目眩を覚え、風景を愛撫し、風景に射精する。大島渚の問題作!『東京战争戦後秘話』。原題・東京風景戦争」

この感覚は70年という同時代にいたはっぴいえんどの歌詞のアプローチととても呼応しているように感じられる。前述の数多くの逮捕者を出した68年の国際反戦デー以降、デモ隊支持の民衆の心は離れていき、70年になると若者たちの間でもシラケ・ムードが蔓延していった。直接的なプロテストが変容を強いられていく中で、総括の言葉が叫ばれ、次の戦い方、方法論が模索されていた。そんな中で「風景論」はある種の活路として見出された概念ともいえる。

「はっぴいえんどはノンポリシーの人間の集まりで、学生運動は嫌いだったんです。石を投げたりとか、火炎びんとか怖いことが嫌いだったんです。僕らのような人間は、当時、落ちこぼれですよ、どっちかというと。少数派。ですから、そういう人間たちが何かを表現しようとするときに、彼らに対して、おおげさにいえば理論武装をしないとやっつけられちゃうという恐怖感があったわけです(笑)。そこで、当時の文化と共通の言語を持とうとか、一見、打ち込まれそうにないような謎を持つべきだとか、隙をつくってはいけないとか、そういうことに非常に神経を尖らしていたと思う(細野晴臣)」(北中正和編『細野晴臣 THE ENDLESS TALKING』筑摩書房、1992年)

この予告編を果たしてはっぴいえんどのメンバーは観ているのか? 観ていないか? ではなく、同時代の呼応という部分が私にとっては意味のあることなのである。また原將人と松本隆、もしくははっぴいえんどのメンバーの関係も未知数であるが、松本隆が風景論を語った言葉として「〈視る〉と言う行為には修練が必要なのだ。少なくとも都市を楽しむためには〈視的快楽〉を疎かに出来ぬはずだ。都市音楽を楽しむためにはナイフの切っ先のように鋭い眼差しが必要だ」(「なぜ「風街」なのか」『ワンダーランド』1973年9月号、晶文社)とあり、また「ぼくは風景をまるで餓えたように見つめるのが好きだ。メルロ・ポンティが言うように自分の身体と言うのは自分のものであるのと同時に客観的に見ることが出来るものだ、そして見えた手足などの自分の身体は、あらゆる風景の中心だということになる。つまり風景とは自分の身体を含んだ風景であり、その意味で、自分は淋しいから風景はこうだと描写することを、風景は淋しいからこうだと置きかえることも可能なわけで、乱暴に言えば「風景の心理描写」と言ったものだ」（「きわめて独善的なおかつ感傷的な詞論」『微熱少年』ブロンズ社、1975年）とある。これは前述した原将人の、同じくメルロ・ポンティを引いた間主観性によって、都市論、風景論を次の段階に押し上げようとする共通した意識が感じられる。

また両者をつなぐ存在として、ジャックスの早川義夫の存在は重要であろう。松本隆は取材で、ジャックスの「からっぽの世界」に大きな影響を受けたことを公言している。ジャックスの「マリアンヌ」のような象徴詩から「からっぽの世界」を経て徐々に内面の吐露といった個人的な領域に深化していった過程は、松本も注視して追いかけていたことと思う。その早川義夫がジャックス解散後に作ったソロ・アルバム『かっこいいことはなんてかっこ悪いんだろう』（1969年）の制作過程を追ったのが、前述した原将人が撮った自主制作映画『自己表出史　早川義夫編』である。松本がこの作品を観ていて原将人の名前を記憶に残した可能性はあると思う。はっぴいえんどと早川義夫の直接的な関係というと、岡林信康のセカンドアルバム『見るまえに跳べ』の演奏メンバーとして、はっぴいえんどが起用されていることだろう。このアルバムのディレクターは早川義夫である。またベルウッドのディレクターだった三浦光紀の証言として

「ヨッちゃん（早川義夫）か岩井（宏：引用者註）さんか忘れたけれど、最初頼まれたんですよ、僕が。はっぴいえんどをやってくれるレコード会社を探してくれって言われたんですよ」（大川俊昭・高護共編『定本はっぴいえんど』SFC音楽出版、1986年）

とあるように、早川ははっぴいえんどをプッシュしていたことがうかがえる。

私ははっぴいえんどを、いわゆるシティポップの祖となるオシャレ系の音楽の系譜上にあるバンドとは考えていない。どちらかというとアンダーグラウンドでカウンターカルチャーと呼応していたバンドだと位置付けている。であるが、それまでの日本のフォークやロックにあるような単純なコード進行ではなく、また音作りにおいても英米の同時代に追随するアプローチを取っていた稀有なバンドであり、純粋にサウンド的なアプローチとしては、後に勃興するシティポップや喫茶ロックといったジャンルに先行していたと考えられる。またどこまで後続する人たちが自覚的であったかは測りかねるが、歌詞における風景を取り扱うアプローチにしても、大きな影響はあったと思われる。

ところでその後、風景論はどうなっていったのか？『別冊シティロード№１　もうひとつの’80年代を読む!』（エコー企画、１９８１年）の蓮實重彦×松田政男による「日本映画の転形期をめぐって」という対談で、その風景論も、完膚なきまで表層批評に粉砕されてしまう。もとより蓮實は立教大学の講師時代（68年）の学園紛争において、学生たちと交わしたやりとりがその後の文体や修辞に大きな影響を与えていると告白しており、政治的な言説に対していかに対峙していくかを習得したということであろうと思う。このことは前述の細野の発言「彼らに対して、おおげさにいえば理論武装をしないとやっつけられちゃうという恐怖感があったわけです（笑）」とも呼応している。実はこの対談に先行する形で『展望』第２３２号（筑摩書房、１９７８年）には、蓮實重彦による「風景は教育する。風景が風景としてあることの意義は、ほぼその点に尽きるといってよい」という衝撃的な一文によって始まる「教育装置としての風景」（現在は「風景を超えて」というパラグラフで『表層批評宣言』に所収）が掲載されている。これは蓮實重彦版「風景論」ともいえるもので、先行する風景論への批判も込めながら、政治的な言説を排し、いわゆるポストモダン的なアプローチによって記号化に抗い、制度・物語といったタームで風景を読み解こうという試みであった。

　2013年に増補新版として再出版された松田政男『風景の死滅』（航思社）の解説で平沢剛は以下のように述べている。

> 徐々に退潮していくとはいえ、いまだ政治的熱狂の中にありながら、六八年以後の新たなる革命的地平をいち早く予見した風景論は、同時代的に日本に紹介されていたわけではないのだが、シチュアシオニズムと文字通り共振しながら（中略）思想的な文脈では、生-政治、平滑空間、管理社会《コントロール・ソサエティ》、装置といったフーコー、ドゥルーズ＝ガタリ、アガンベンの諸概念やフォーディズムからポストフォーディズムへの構造変化を先取りする要素を指摘することもできよう。

私も風景論は未だ有効な概念であり、これを起点としてさらに発展的な議論が深まることを期待している。上記の解説で、シチュアシオニストのギー・ドゥボールとの共振というのは興味深い指摘だが、風景論を現代のドリーン・マッシーやエドワード・ソジャといった空間学・地理学に接続して、さらにストリート感覚で論じることも可能だろう。

　上記を踏まえて最後にあり得た可能性としての系を考えてみたい。歴史軸で捉え直すと、シティポップ再評価に繋がる予兆としてヴェイパーウェイヴ、フューチャーファンク、モール・ソフトがあったが、それらが消費社会への憧憬であったにしろ批判であったにしろ、二重三重の屈折した意匠を纏った表現であることには間違いない。シチュアシオニズム＝「スペクタクルの社会においては、商品は労働者や消費者に支配されるのではなく、逆に彼等を支配してしまう。そこで消費者は具体化されたスペクタクルを凝視する受動的な主体となる」といった概念から、それへの反発として「Détournement（剽窃主義）」といった対抗手法が用いられたわけだが、それを援用したパンク・ムーヴメントやカルチャー・ジャミングは、いとも簡単に消費社会の中で記号化=制度化されてしまった。剽窃主義はその後のサンプリング文化やシミュレーショニズムなどに援用され、幾重にも屈折してヴェイパーウェイヴとしてムーヴメント化したと考えられる。その際に最も重要なキーワードを果たしたのは、実は風景=イメージだったのではないか？　たとえば廃墟となったショッピング・モールと、明るい未来を想起させるコマーシャル・フィルムの並置などは、このジャンルにおける特徴的なイメージのひとつだ。

あり得たかもしれない美しき過去といった屈折の極みを支える風景、それらはファンタジーとして創出可能である。こんにちのVRやレンダリング・ポルノといった、いくらでも技術的に創出可能な架空の風景に対して、現前する風景はどのような意味を持ち得るのか。そのことを考えるのに、風景論はいまだ有効な参照点だと考える。音楽は、歌は、聴き手にファンタジーを提供するものである。そしてそれは作り物であるに過ぎない。しかしながら、単なる愉悦や快楽を提供するばかりではなく、現実に目の前にある風景との差異を想起させる力も持っている。はっぴいえんどの試みたことは、単に日本語をロックのリズムに乗せるということだけでなく、このような風景論との共闘によって、その後の歌謡曲=日本のポップスの歌詞世界に大きな変容をもたらせた点が重要なのだと考える。

（文中敬称略）

〔第3章〕シティポップの再興

3-1

国内におけるシティポップス再評価への道程

忌避されていた80年代サウンド

前章の「再評価されるシティミュージック」〜「神話としてのシティミュージック」でみたとおり、70年代のシティミュージックは90年代後半から2000年代半ばにかけて、広くポップスシーンを巻き込んでリバイバルを起こした。

メロウな生音サウンドを志向するアーティスト／リスナーたちによって再発見されたシティミュージックは、70年代ソウルミュージック、ブラジル音楽、シンガーソングライターミュージック、初期AORなどへの再注目とも連動しながら、最新のメロウミュージックのルーツとして奉じられるようになった。たとえばかせきさいだぁ、キリンジ（およびそのサウンドプロデューサーであった冨田恵一）、空気公団、堂島孝平、元Cymbalsの土岐麻子《ときあさこ》、キンモクセイ、ヨシンバ、Mamalaid Ragなど様々なアーティストたちの音楽を通じて、そのルーツの一つとしてのシティミュージックが新たなリスナーに浸透していったのだ。

その一方で、シティミュージックのさらに先、80年代以降のサウンドは、未だ本格的な再評価を獲得するには至っていなかった。それどころか、この時代にあって、装飾的かつきらびやかで、澄み渡るようにハイファイ〈※1〉な「80年代の音」は、一般的に敬遠される傾向にあった。若年の読者にとっては信じがたいことだろうが、今ではシティポップのマスターピースとして不動の地位にある山下達郎の『FOR YOU』は、2000年前後、街の中古レコード店の「エサ箱」〈※2〉を覗けば数百円程度でいくらでも見つかるような存在だったのだ。中古レコード価格の相場変動が、その音楽の需要や「同時代的なヒップさ」と正比例することを考えれば、これこそは、「不遇の80年代」を象徴する事実だろう。では、80年代のシティポップス的なるものが現在のように再評価されるまでには、どういった経緯があったのだろうか。シティポップス以外の音楽ジャンルも視野に入れながら、主に国内における受容の変化をたどり直してみよう。

80年代シティポップス再発見前史

いきなり先述の内容と矛盾するようだが、80年代音楽の見直しは、実はかなり早い時期からごく一部で提唱されていたことがわかっている。

※1 ハイファイ
ハイフィデリティの略。原音を忠実に録音／再生すること。レコーディング機器／技術の発展により、80年代のサウンドは、それまでの時代に比べて格段とハイファイになった。

※2 中古レコード店の「エサ箱」
中古レコードを扱うショップに置かれた、商品を収めた箱のこと。陳列用の箱全般をエサ箱というが、特に安価な在庫過剰品やバーゲン品を収め無造作に置かれたダンボール箱に特化してそう呼ぶ場合もある。2000年前後には、現在高騰するシティポップス系レコードの多くをこのバーゲン用エサ箱から見つけることができた。

タワーレコードが発行するフリー情報誌『bounce』で、1995年6月号から3号にわたって掲載された「エア・グルーヴ」なるシリーズ記事は、そうした80年代音楽再提示のもっとも早い例のひとつだろう。ロック編、ソウル編、ジャズ・フュージョン編に分けられた同企画は、そのタイトルが「レアグルーヴ」のもじりであることからもわかるとおり、明確にリバイバルを企図していた。しかし、取り上げられるアイテムは洋楽の著名タイトルが中心で、また、レコードチェーン発行のフリーマガジンという性格上あくまで販売促進を目的としており、自発的ムーヴメントと呼ぶのははばかられる。内容も、ラジオのエアチェックなどリアルタイム世代のノスタルジアをくすぐるようなテーマによって構成されており、新世代のリスナーをメインターゲットにした企画ではなかった（とはいえ、翌年に掲載された続編記事と併せて、数は多くないが、カシオペアや松原正樹、高中正義といったフュージョン系から、山下達郎、角松敏生、松原みきらによるシティポップス系作品がすでに取り上げられているのは注目に値する）。同じ時期、テレビCMソングとして80年代のメジャーヒット曲が盛んに使用されたこともあり、そうしたサウンドがノスタルジアの対象として一般層へも受け入れられていたことを反映していたといえる。

90年代後半には、よりマニアックなフィールドでも80年代サウンドの見直しが始まっていた。1998年刊行の『80sディスク・ガイド』は、80年代当時に青春期を過ごした世代向けの回顧的／網羅的な内容になっているとはいえ、小山田圭吾や常盤《ときわ》響《ひびき》による対談が収録されていたりと、全体的にサブカルチャー寄りで、当時の「浮ついた」音楽シーンを相対化する形で80年代サウンドを再提示することが企図されていた。より個別的なサウンド面にフォーカスした80年代再評価の例として挙げたいのが、「テクノ歌謡」だ。ＹＭＯのメンバーや周辺のテクノポップ系アーティストが制作に関わったかつてのアイドル曲／歌謡曲を、ニッチな視点から発掘、再評価するリスナー／ＤＪ主導のムーヴメントである。１９９９年には、ブルース・インターアクションズ（現Ｐヴァイン）から矢倉邦晃、安田謙一監修、8-bits（吉田哲人、福田剛士、山本展生）選曲・編集のもと８枚のアンソロジー盤がリリースされ、サブカルチャー界隈を中心に大きな話題を集めた。２０００年にはコイデヒロカズ編『テクノ歌謡マニアクス』が刊行、ブームを後押しした。80年代当時のプリミティブなシンセサイザー／シーケンサーを駆使したエレクトロニックなサウンドが、コアなリスナー層を中心に、徐々に「クール」なものとして再浮上していく。

新世代ＤＪによってサルベージされるシティポップス

現在へと続く、国内におけるリバイバルへの流れの中でも、シティポップス寄りのサウンドが復権することになった有力な源流のひとつと目されているのが、２００４年初頭、アンダーグラウンドなクラブシーンに流通したあるミックスＣＤだ。横浜を中心に２００２年から行われているパーティー「HEY MR. MELODY」のレギュラーＤＪ、MR.

MELODYによる『CITY POP MIX』〈図3—1〉がそれだ。アンオフィシャル盤のためトラックリストは伏せられていたが、HI-FI SET、尾崎亜美、八神純子、EPO、竹内まりや、松原みきらが70年代後半から80年代前半に残した楽曲をチョイスし収録したこのミックスCDは、界隈のクラブシーンに強烈なインパクトをもたらし、「クラブミュージック視点で聴くシティポップス」という新たな価値観を新世代DJ／リスナーたちへ提示した。いわゆるウェッサイ系〈※3〉やチカーノラップ〈※4〉におけるメロウネスを味わうような感覚で、過去のシティポップスにあったそれを浮かび上がらせたミックスセンスは、今聞いても十分に刺激的だ。

Traks Boys等で活動するDJ／プロデューサーのCrystalも、同時期にシティポップス系音源を用いた先駆的なミックスCDを制作した。『Made in Japan Classics Vol.1』〈図3—2〉と名付けられたCD-Rは、やはりアーティスト名と曲名は伏せられていたが、南佳孝、大貫妙子などによるシティミュージック系トラックから、大橋純子、山下達郎、吉田美奈子、濱田金吾、角松敏生らを織り交ぜた極めてダンサブルなミックスとなっており、クラブシーンの内外に新鮮な衝撃を与えた。このシリーズは、一層80年代寄りの選曲となったVol.2、フュージョン系をフィーチャーしたVol.3と続き、現在ではそれぞれが傑作として語り継がれている。彼は、『JAPANESE CLUB GROOVE DISC GUIDE』（2006年）の中で、前章で触れた『CARAMEL PAPA ～ PANAM SOUL IN TOKYO』のコンパイラー／DJの二見裕志と対談し、これらのミックスCDを作った動機について次のように語った。

〈図3—1〉

※3 ウェッサイ系
アメリカの西海岸、ロスアンゼルスを中心としたヒップホップを指す用語。80年代後半に同地域のドラッグディーラーのハードな日常をラップするギャングスタラップが誕生し、人気を博した。その後、メロウできらびやかなサウンドを取り入れたGファンクが流行する。そうしたサウンドやリリックのスタイルは日本にも流入し、2000年代に「ジャパニーズウェッサイ」のブームが起きた。文化的には隔絶したものに思われがちなウェッサイと80年代シティポップスだが（実際、リアルタイムでは直接的な照応関係はなかった）、そのトラックを聴いてみれば、ルー

理由は複数あるんですけど、まず、こういうディスコ／ハウス〈※5〉の文脈で和モノだけのミックスＣＤを作った人はいないだろうっていうのがひとつ。それからＤＪ Harvey が『Sarcastic Disco Volume2』っていうミックスＣＤ（非売品）を出したじゃないですか。あれはアシッド・ロックとか、ハウス／ディスコじゃない音楽をハウス／ディスコの文脈でミックスしたものですけど、和モノでもそれが出来るんじゃないかってインスパイアされたのが、もうひとつの理由ですね。あと、あえて昔の曲中心にしたのは、84、5年くらいにシカゴのクラブ「ミュージック・ボックス」に行って、ロン・ハーディ（中略）のＤＪプレイにヤラレたやつが日本に戻ってきたとしたら、理論上はこういうＤＪが出来たんじゃないかっていう（笑）、そういうフィクショナルなコンセプトもありました。（『JAPANESE CLUB GROOVE DISC GUIDE』10―11頁）

これらは、あくまで仲間内に配布することを目的に制作されたプライベートなミックスＣＤという特性上、オーバーグラウンドなシーンに与えた直接的な影響は小さかったのかもしれない。しかしながら、当時のシーンを代表するＤＪやディープなリスナーたちに与えた衝撃に鑑みるなら、その後のシティポップリバイバルの盛り上がりへの明確な発火点のひとつとして決して外すことはできない。リバイバルも含めたポピュラーミュージックの流行において、「何がクールなものなのか」の道筋をつけるのは、いつの時代でもどこ

スなファンクのノリや、ブギーの要素、エレクトロニックなサウンド、メロウさなどの点において共通点が少なくないことに気付かされる。2021年には西海岸のプロデューサーチーム XL Middleton & Delmar Xavier VII が、日本のシティポップス系音源をサンプリングしたアルバムをリリースしており、Gファンク系サウンドとシティポップの相性の良さを証明している。

※4 チカーノラップ
メキシコ系アメリカ人によるラップ。ギャングスタラップやGファンクから大きな影響を受けており、こちらもメロウなサウンドが特徴。

〈図3―2〉

の地域でも、まずはアンダーグラウンドなフィールドで活動する先駆者たちなのだ。他にも、DJ NOTOYA、BAZZ、Mori Raなど、これまでクラブユーザー向けのシティポップス系ミックスを発表したＤＪは数多いし、先述の「HAY MR. MELODY」やokadaらによる「ナイトメロウ」など、各地で催されていたパーティーでのプレイを含めれば、その例は枚挙にいとまがないだろう。大きなブームとして一般的なレベルへ浸透する以前に、彼らの嗅覚とキュレーション力による優れた実践があったということを忘れてはならない。

ダンスミュージック的受容を経たシティポップの実演

こうしたクラブ現場の動きとも連動するように、実際にメロウな音楽を自作自演するミュージシャンの間からも、徐々にダンスミュージック志向へとシフトした創作を行うアーティストが出現しはじめる。その代表的な存在が、クニモンド瀧口、林有三、押塚岳大からなるユニットとしてデビューした「流線形」だろう。

２００３年のデビューアルバム『シティミュージック』〈図３—３〉では、その名のとおり70年代のティン・パン・アレー〜シュガー・ベイブを彷彿させるサウンドを聴かせているが、同時代のフォーキーな生音志向のサウンドともやや異なる、よりグルーヴ感を強調した内容だった。リーダーのクニモンド瀧口は、山下達郎『FOR YOU』がリリースされた

※5 ハウス
１９７７年にアメリカのシカゴのクラブ「ウェアハウス」に発祥したとされるダンスミュージック。先行するディスコミュージックの要素を取り入れながらも、シンセサイザーやドラムマシンが多用されたよりソリッドなサウンドが特徴。80年代にはヨーロッパに飛び火し、大きな人気を得た。次々と細分化され傍系ジャンルが大量に現れたが、ここでいう「ディスコ／ハウスの文脈」とは、インタビューでも述べられている通り、80年代半ば頃のシカゴハウスを想定したもの。

〈図３—３〉

1982年には中学1年だったというから、世代的には渋谷系の担い手たちとも重なっている。しかし、そのサウンドは明らかに「渋谷系以降の、さらなるそれ以降」を感じさせるものだ。かつてイベント企画会社、アパレル、レコード店に勤務した経験もあり、デビュー時点から、自身の音楽コンセプトを強力に練り上げ、周囲のバンド／アーティストと流線形の差別化を意識していたという。『レコード・コレクターズ増刊　シティ・ポップ1973―2019』掲載のインタビューで、音楽ライター池上尚志の質問に答え、次のように述べている。

――流線形のファーストって2003年ですよね。あの時代にあの手の音をやってる人って、ほぼいなかったと思うんですよ。
「キンモクセイや堂島（孝平）さんが、シティ・ポップという括りでやってましたね。ただ、当時のそれは僕が思うシティ・ポップとは違ったんですよ。彼らはアコースティックな感じ。僕が思うサウンドはもっとソリッドで、ソウルやフュージョンとかに近いものをイメージしてたんです」（『シティ・ポップ　1973―2019』173頁）

菊地成孔が絶賛し、デビューアルバム内の1曲「東京コースター」が須永辰緒のミックスCDに収録されるなど、J-POPシーンの外側で評価を広げていった流線形は、その後も『TOKYO SNIPER』（2006年）、比屋定篤子と組んだ『ナチュラル・ウーマン』（2

009年）等、シティポップリバイバルにおける新たなフェイズを代表するプロジェクトと目されていく。

　2012年、クニモンド瀧口はシンガーソングライターの一十三十一《ひとみとい》の5枚目のオリジナルアルバム『CITY DIVE』〈図3―4〉をプロデュースする。2010年代における国内のシティポップリバイバルの象徴的存在とされるこの作品で、瀧口のポップス×ダンスミュージックのクロスオーバー志向は一層鮮やかに具体化されることとなった。打ち込みをメインに制作された佐藤博の名盤『awakening』（1982年）に大きな影響を受けてプロデュースされたという本作は、有機的なエレクトロニックサウンドや抑制されたメロウネス等、現在に至るシティポップリバイバルにおける聴取感覚のひとつの雛形を作り上げたという意味でも、非常にモニュメンタルな作品だ。

　この『CITY DIVE』を交点とする人脈図は、そのまま2010年前後のシティポップリバイバルの豊かさを物語るものでもある。音源内蔵シーケンサーであるグルーヴマシンを駆使し、ダンサブルなシティポップサウンドを作り上げたトラックメイカーのDORIAN、先述のMR. MELODYも所属する横浜のクルー、Pan Pacific PlayaのギタリストKashif a.k.a STRINGSBURNなど、『CITY DIVE』に参加した才能たちが、同時代の潮流に対応したシティポップス的な作品を次々とリリースしていった。

　他にも、同じくPan Pacific PlayaのクルーであるLUVRAW、BTBをはじめ、シンガー／プロデューサー／DJのG. RINA、ラッパー／トラックメイカー／DJのやけのはら、

〈図3―4〉

彼とのコラボレーション曲「Rollin' Rollin'」がアンセム化した七尾旅人、イルリメこと鴨田潤、XTAL（先述のCrystal）、Kenya Koarataの3人による（(さらうんど)）らも、こうした動きと連動するように充実した活動を繰り広げた。さらに、より若い世代でもAvec Avec ことTakuma Hosokawa とseiho ことSeiho Hayakawa の2人によるユニットSugar's Campaign や、tofubeats らもシティポップス的要素を湛えた楽曲をリリースし、同時期のネットレーベル文化もリバイバルと共振していることを印象づけた。これらのアーティストたちの作品で聴かれるサウンドは、かつての生音系バンドが追求したシティミュージック的なものとは方向性の異なる、エレクトロニック要素の強いものが目立つ。

また、2009年にデビューし、山下達郎のサウンドをヴォーカルスタイルともども換骨奪胎したような音楽性でリスナーへ衝撃を与えたジャンク フジヤマの存在も重要だろう。シンガーソングライター寄りのアーティスト像の裏に、明らかにクラブミュージックを経由した強靭なビート感覚を備えていた。珍しい例では、吉本興業所属のお笑いタレント・藤井隆による一連の作品が挙げられる。明確にシティポップス路線を狙い、タレントの余技とは言い難い、高い完成度を聴かせるそれらは、いわゆる「色物」とは程遠く、ダンスミュージックとしても高く評価すべき存在だ。

加えて、それ以前からシティミュージック志向の作品を作ってきたアーティストが、こうした動きと呼応するように、新たなシティポップ像を探求した例もある。その名も『ミスターシティポップ』というアルバムを2012年に発表したかせきさいだぁが筆頭格だろう。また、シンガーソングライターの土岐麻子が2017年から連続して発表した「シティポップ3部作」(『PINK』(2017年)、『SFARI』(2018年)、『PASSION BLUE』(2019年))は、サウンドプロデューサーにトオミヨウを迎え、エレクトロニックな要素を大幅に取り入れている。クラブミュージックのエッジとも触れ合うその先鋭的な作品群は、現代の都市生活の実相に根ざした詞作とともに高く評価された。

このように、2000年代半ばから2010年代初頭にかけて行われた様々なDJやアーティストの実践によって、アップデートされたシティポップスサウンドが最新のダンスミュージックやポップスの中に積極的に溶かし込まれていった。こういった変化が、リスナー側の聴取意識の変革=80年代シティポップス的なるものの復権を推し進めていったのだ。

ディスコ/ブギー人気の本格化

ややマクロな視点に話を移そう。今までみてきたような日本国内におけるシティポップス復権に直接的/間接的に影響を与えた潮流として、触れておかねばならない世界的な再評価ムーヴメントがある。それは、ダンスミュージックシーンにおけるディスコ/ブギーのリバイバルだ。

かつて「ディスコ」といえば、映画『サタデー・ナイト・フィーバー』（1977年）の受容が典型的なように、バタ臭いイメージで語られがちだった。日本では、80年代のヤンキー文化とも結びついて独自の形でローカライズされ、全盛期以降は長らく「非ヒップ」な印象がつきまとっていた。

しかし、この20年強を振り返ると、米国のガラージュ〈※6〉などの影響を受けて90年代後半にフランスで発生した「フレンチハウス〈※7〉」、それを受けて発展した2000年代のNu-Disco〈※8〉、フレンチエレクトロ、シーンを横断して80's的なサウンドをハイプ化させたエレクトロクラッシュ〈※9〉、より自覚的に80年代のエレクトロニックなサウンドを再構築するシンセウェイヴ〈※10〉、ヒップホップ側からのエレクトロファンク再評価など、様々なジャンルが絡み合いながら、ディスコ（風）サウンドの再クール化現象が推進されてきた。

この間のディスコリバイバルを検分すると、サウンド的には、いわゆる「ポストディスコ」と呼ばれる、ディスコ全盛期後から80年代半ばにかけて模索されたエレクトロニックな曲が参照され、好まれていたことがわかる。また本場米国のもの以外にも、ミュンヘンサウンド〈※11〉やイタロディスコ〈※12〉など、よりマシナリーなビートを伴ったものが重点的に再評価されていった。

そして、こうした「ポストディスコ」時代のエレクトロファンク色の強いディスコミュージックが、「ブギー」と再命名されることで、ＤＪ界を中心に一層大きな潮流を形作っ

※6 ガラージュ
ここでは、ニューヨークのディスコ「パラダイスガラージ」でＤＪのラリー・レヴァンがプレイしていたディスコ系の音楽を指す。

※7 フレンチハウス
フレンチタッチ、フィルターハウスとも。ディスコ系音源をサンプリングし、そこにフィルターやフェイザーをかけた音処理を行う。代表的な存在であるダフト・パンクのブレイクなどを経て、より広範な音楽性を含むフレンチエレクトロへと発展していった。

※8 Nu-Disco
80年前後のディスコ／ブギーやイタロディスコ等を参照し、オリジナル制作された現代的なディスコミュージック。２０００年代前半に人気を博した。

※9 エレクトロクラッシュ
90年代末から２０００年代前半に流行した80'sレトロモードの音楽。ディスコ、エレクトロファンク、ニューウェイヴ、ポストパンク等様々なジャンル要素が渾然一体となったア

ていくことになる。この用語は、既にディスコ全盛期から一部の曲名で使用されていたが、現在ダンスミュージックのファンの間で共有されているニュアンスが付与されたのは、もっと後の話だ。90年前後からDJのノーマン・ジェイらが特有の意味を込めて使用しはじめ、後にeBayでのレコード取引が活性化したことでさらに広まっていったという説がある。厳密に語彙の発祥まで遡れば、たとえば「ブギウギピアノ」などに代表して聴かれるような、黒人音楽におけるシャッフル／スウィング等の反復リズムパターンを指すものであった。

しかし、現在ディスコミュージック再評価の文脈で語られる場合の「ブギー」（長音記号を伴うことが一般的）は、それらの用法とは関係が薄い。音楽的には、スクエアな4つ打ちビートではなく2拍目4拍目を強調したファンク寄りのリズム〈※13〉や、シンセサイザーの多用などが特徴として上げられそうだが、基準は曖昧である（一部では、ポストディスコ期のサウンドではなく、ジャズ系ミュージシャンによって作られたビートの強調されたディスコを「ブギー」と呼称する場合もある）。ここでは、「クラブミュージックの時代に発掘されるクールなディスコ」というイメージを立ち上げ、マイナーなディスコミュージックを同時代的視点から再提示する意味合いが込められた語、と解釈したほうがよいだろう。

当初DJを中心に定着していったこの「ブギー」という概念は、このジャンルの伝道師というべきアメリカのファンク・ミュージシャン、デイム・ファンク（２００８年デビュー）の活躍とともにより広く知られるところとなり、いよいよ２０１３年に大きな山場を迎え

ッパーでけたたましいサウンドが特徴。

※10 シンセウェイヴ
80年代のニューウェイヴやテクノポップ、映画音楽、ゲーム音楽等、様々なシンセサイザー音楽からの影響のもとに制作される電子音楽のこと。ネット上を主な舞台に２０１０年代を通じて世界的に盛り上がり、現在も高い人気を誇る。レトロフューチャー的かつキッチュなヴィジュアル（サムネイルやMV等）を伴うことが多く、ヴェイパーウェイヴ（第4章２０２頁参照）と混同されがちだが、ヴェイパーウェイヴがサンプリングを主体としているのに対して、シンセウェイヴは基本的にアーティスト自らがトラックを制作する。

※11 ミュンヘンサウンド
70年代後半から80年代にかけて西ドイツのミュンヘンを拠点に制作されたディスコサウンドのこと。代表的なプロデューサーにジョルジオ・モロダーがいる。シンセサイザーを多用したサウンドが特徴。

ることとなる。先述のフレンチハウスシーン出身のデュオ、ダフト・パンクがファレル・ウィリアムスとシックのナイル・ロジャースを迎えて放った「Get Lucky」、並びに同曲を収録したアルバム『Random Access Memories』の大ヒットがそれだ。ダフト・パンクはかねてよりディスコ／ブギーと親和的なクオリティーの高いオリジナル曲を手掛けてきたが、同アルバムではかつてないほど自覚的にそうした要素を前面に押し出し、グラミー賞など多くの賞レースを射止める大成功作となった。これと連動するように、メジャー音楽シーンでもディスコ／ブギー熱が高まり、ブルーノ・マーズ「Treasure」（2013年）、Tuxedo「Do It」（2015年）など、多くのディスコ／ブギー系楽曲がチャートを賑わすようになる。

　これらの動きは当然、過去のブギー系楽曲のさらなる発掘を後押しした。世界中のポストディスコサウンドが再評価され、DJたちによって再提示される。こうした潮流により、日本のシティポップス系楽曲にも以前に増してブギー視点からの光が当てられ、発掘が進んでいった。

　ディスコ／ブギーとシンクロしたシティポップス曲として、ここ10年ほどで評価の高まった例をいくつか挙げておこう。当山ひとみ「Sexy Robot」（1983年）は、「和ブギー」ともいわれるジャパニーズポストディスコ再評価において、もっとも注目度を上げた楽曲のひとつだろう。この曲を収録した同名アルバムは、現在のシティポップリバイバル全体を見回してもひときわ人気の高い作品だ。秋元薫の「Dress Down」（1986年）も近年急

※12 イタロディスコ
80年代に興隆したイタリア産のディスコサウンド。シンセサイザーやドラムマシンを多用しつつも洗練されすぎない特有のイナタさが特徴で、コアなファンも多い。

※13 スクエアな4つ打ちビートではなく2拍目4拍目を強調したファンク寄りのリズム
通常のディスコが「ドッドッドッドッ」というキックの4つ打ちを特徴とするのに対して、ブギーの場合はスネア等のアクセントが加わることで「ドッパン、ドッパン」といったリズムニュアンスになる。ただ、これも全ての曲に対して一概に言えるわけではなく、あくまでグラデーション的な特徴に過ぎない。

速に注目を集めている。デジタル色強いエレクトロニックなサウンドは、まさにブギーブーム以降にフィットする感触をもつ。村田有美によるハードなディスコファンク「Krishna」（1980年）も評価が高い。この曲を収録したStudio Mule発のコンピレーションアルバム『Midnight In Tokyo』（2018年）および一連のシリーズは、ブギー以外の視点も含め、クラブ現場における和モノ評価の現在をうかがい知ることのできる好企画だ。また藤原美穂擁するChocolate Lipsの同名アルバム（1984年）は、よりファンク色を強めた和ブギーを味わえる名作として名高い。

そして誰よりも、角松敏生の存在を外すことはできない。前章でも触れた、デジタルテクノロジーを取り入れ始めた時期の彼のサウンドは、まさに「究極の和ブギー」と呼ぶべきものばかりだ。先に紹介した『GOLD DIGGER～with true love～』（1985年）はもちろんのこと、『AFTER 5 CLASH』（1984年）もとりわけ人気の高い一枚だ。他にもカルロス・トシキ&オメガトライブや、彼らと同じくトライアングルプロダクションの藤田浩一がプロデュースを手掛けた菊池桃子や、彼女が在籍したバンドのラ・ムーなど、よりポップなフィールドにもブギー視点から再評価されるアーティストは少なくない。

すでに触れたとおり、クラブミュージックを発端としたブギーの（再）評価軸は、あくまでフロア向けの性質にフォーカスしたものであった。こうした前提が現在におけるシティポップ受容の源流にあるということは留意しておくべきだろう。ここを押さえておかないと、それ以前の生音バンドサウンド中心のシティミュージック再評価の流れと、現在の世界的なシティポップリバイバルの間にあるニュアンスの違いを理解するのが難しくなってしまう。

塗り替えられるAOR：ヨットロック

既存ジャンルが新たなジャンル概念によってクールな存在へ塗り替えられていく様は、「ポストディスコミュージック→ブギー」の例に限った話ではない。次に挙げるべきは、「ヨットロック」だろう。

この語は元々、米国のオンラインヴィデオチャンネル「チャンネル101」の短編スクリーニング企画をきっかけに、2005年にレギュラー化した疑似ドキュメンタリー番組の名に由来する。クリストファー・クロスやケニー・ロギンス、マイケル・マクドナルドなど、日本では主にAORにカテゴライズされてきたアーティストたちをフィーチャーし、彼らの名曲がどのようにして誕生したかを架空のドキュメンタリー形式で描くという、諧謔性（というかジョーク）を強く孕んだシリーズだった（2010年に終了）。「ヨットロック」という名称からもわかるとおり、古臭いリゾート感覚や80年代当時の浮ついた空気感を揶揄するブラックユーモア感覚に貫かれており、非リアルタイム世代のネットユーザーを中心にカルト的な人気を集めていたのだ。

一方で、そうした冷笑的な視線を超え、素直にＡＯＲ＝ヨットロックを音楽的に評価しようとする動きも現れてくる。まずは２００９年10月、ザ・ルーツがハウスバンドを務める番組『レイト・ナイト・ウィズ・ジミー・ファロン』へ、クリストファー・クロスとマイケル・マクドナルドがゲスト出演してパフォーマンスを行い、大きな話題を提供した。２０１０年5月には、ロビー・デュプリーも同番組で代表曲「Steal Away」を披露し、好評を得る。このあたりから次第に、当初ヨットロックという呼称に込められていた揶揄的なニュアンスは薄められていき、むしろ「失われたクール」として、コアなネットユーザー以外からも支持を集めるようになる。２０１７年になると、クリストファー・クロスとマイケル・マクドナルドの両人がサンダーキャットのアルバム『Drunk』へ参加するなど、より広範なレベルでヨットロックのリバイバルが認知されていった。

第1章でも触れたとおり、ＡＯＲ＝ヨットロックはシティポップスの重要な影響源のひとつであり、リアルタイムで人気を得ていたのはもちろん、ＤＪ文化の浸透以降も、日本国内では一部ＡＯＲを「白人によるソウルミュージック」として再評価する流れがあった。しかし、ついに本国のリスナーたちによって「ヨットロック」という鉱脈のもと再発見されるに至って、一躍現行シーンにおける批評的地位を確立したのだ（それでもまだ、やや揶揄的なニュアンスが残存していることは事実だが）。この潮流は日本へもゆるやかに輸入され、２０１０年代半ばごろから、再クール化された文脈のもとでＡＯＲが発掘されはじめた。こうした動きも、80年代的リゾート志向という部分でヨットロックと大きく重なり合う日本産ＡＯ

R&Bシティポップスの評価を間接的に高めていったといえよう。

様々な過去音源のクール化こそが現代のクリエイターたちを刺激し、リスナーとアーティストが両輪となって、時々のシティポップ観を大きく更新してきた。人脈図にフォーカスすることで見えてくる視点と、聴取感覚の変化を追うことで見えてくる視点。そのふたつが交差する地点において、昨今のシティポップ受容のダイナミズムは発生してきたのだ。

アーカイブの整備：ディスクガイドやリイシューの充実

前章でも紹介したとおり、音楽評論家・木村ユタカが2002年に上梓した『ディスク・ガイド・シリーズ　ジャパニーズ・シティ・ポップ』は、現在のシティポップ受容に繋がる重要な結節点となった著作だ。主に口コミで個別に評価されてきた作品が、書籍として改めて体系化されることで、以前に比べ、シティポップに関する情報アーカイブは劇的に進んだ。それ以降の刊行物でもっとも重要なのは、音楽評論家・金澤寿和監修によるディスクガイド『Light Mellow　和モノ669：Including CITY POPS, J-AOR, JAPANESE MELLOW GROOVE and More...』（2004年）だろう。「グルーヴ」や「メロウネス」をキーワードに、70年代以降の日本産ポップスを「Light Mellow〈※14〉」という概念のもと網羅的に取り上げた同書は、あえて時系列をゆるく捉え、人脈的系譜に加えて独自のシーン区

※14 **Light Mellow**
金澤寿和提唱による概念で、1999年に刊行された同氏著のAORのディスクガイド『AOR〜Light Mellow』の刊行後に浸透した。その名の通り、軽やかでメロウな音楽を指して使われる用語で、今ではAORやシティポップにおけるそうした傾向のサウンドを形容する表現として日本国内で広く流布している。

分を採用することで、従来のガイドブックに比べ、よりDJ的かつマニアックな視点が際立っている。2013年に大幅な増補改訂を施して復刊、2018年には近年の「Light Mellow」志向の作品を取り上げた16ページの小冊子を同封した第3刷が発行されるなど、シティポップ系ディスクガイドの基本にして決定版としてロングセールスを続けている。

先述の『JAPANESE CLUB GROOVE DISC GUIDE』も重要だ。タイトルどおり、明確にクラブミュージック視点を打ち出した和モノガイド本で、MURO、クボタタケシ、瀧見憲司、小西康陽、須永辰緒、DEV LARGE等、錚々たるディガー〈※15〉／DJたちがレコメンドする（シティポップ系に限らない）レコードを掲載している。

その後も、DJや新世代リスナー向けのガイドブックとして、『ラグジュアリー歌謡』（2013年）、『和モノA to Z』（2015年）、『和ラダイスガラージ BOOK FOR DJ』（2015年）、『WA B・O・O・G・I・E : 1980s Japanese Boogie / Funk / Modern Soul / Fusion』（2019年）などが刊行され、それぞれの視点からシティポップ系作品を取り上げ、総体として強力な情報アーカイブを築き上げている。

ディスクガイドの充実と並行して、オリジナルシティポップスのCDリイシューが各メーカーによって盛んに進められ、マニア以外のリスナーも広く手に取りやすい環境が整備されたことも重要だ。2003年11月には、『ジャパニーズ・シティ・ポップ』と連動し、木村ユタカ監修／選曲のもと、メジャーレーベル4社（ソニー、コロムビア、BMG、ワーナー）のシティミュージック～シティポップス系音源をコンパイルしたCDシリーズ『CITY

※15 ディガー
第4章※6「「ディグ」の文化」参照。

POP』が同時リリースされた。

2004年には、様々なレーベルに残されたシティポップス系音源が、J‐AORというくくりで2枚組CDにコンパイルされ、『The Best Of J-AOR－Mellow』というタイトルで発売された。このCDの監修／選曲を担当したのは、元ロッテンハッツ～GREAT3の片寄明人だ。自らの作品でもいち早くソウルミュージックやAORの要素を取り入れてきた片寄だけあって、リアルタイム世代のノスタルジア対象としてのシティポップ像から大きく踏み出した選曲／構成が特徴的だ。寺尾聰や安部恭弘、濱田金吾、村田和人、門あさ美、彩恵《さいえ》津子《つこ》らによるシティポップス黄金時代を形作った楽曲はもちろん、古内東子、具島直子、オリジナル・ラブ、キリンジ、EL-MALOなどの90年代以降の楽曲も収録している。他にも、大滝詠一『A LONG VACATION』の20周年記念盤（2001年）がリリースされ大きな話題となるなど、コンピレーションアルバムやオリジナルアルバムの再発が本格化していく。高速ブロードバンド環境や動画配信サイトの普及以前、往年の作品を「実際に聴ける」ものとして再パッケージしたCDのリリースが、シティポップの本格的再評価を準備したのである。

また『Light Mellow 和モノ669』の監修者・金澤寿和が各レーベルのシティポップ音源をまとめた「Light Mellow」シリーズや、アーティスト別のコンピレーション、VIVID SOUNDと仕掛けた「Light Mellow's Choice」シリーズ、タワーレコードとタッグを組んだ「Light Mellow's Picks」シリーズも重要だ。タワーレコード内の再発ライン

「Tower to the People」も、数多くの名盤／レア盤を発掘リリースし、シティポップリバイバルを側面から支えてきた。折からのアナログレコードブームを受け、プレス業者大手・東洋化成が主導してシティポップ系作品のアナログ盤復刻を行うといったケースもみられる。また、竹内まりや、松任谷由実、大滝詠一ら大物アーティストによるカタログや、アルファレコードの原盤等、過去音源のストリーミング配信の解禁（いわゆる「サブスク解禁」）を通して、さらなるアーカイブの構築が推し進められている。

ここまで、日本国内のシティポップリバイバルがどのような経緯で本格化してきたかを追ってきた。DJやアーティストからの発信はもちろんのこと、リスナー側の聴取感覚の変化や、各種メディアを介した情報整備も大きな役割を果たしてきたことが確認できた。しかし、昨今巻き起こっている大々的なシティポップリバイバルの本質を理解するためには、これだけではまだ及ばない。そこで大きなポイントとなるのは、海外における発見である。こうした「変革」については、第4章でじっくりと扱うことにしよう。

3-2

ネオシティポップとは何か

シティポップの名を冠されるインディーミュージック

海外主導のシティポップリバイバルへと話題を移す前に、2010年代を通じて盛り上がったもうひとつのシティポップブーム＝「ネオ」シティポップについて論じておきたい。このネオシティポップこそは、現在のシティポップ概念の拡張をもっとも端的に伝える存在だろう。それは一体、どんな音楽なのか。

まず前提となるのは、ここで指す音楽は、その言葉どおり、「新しい」「現在進行形の」若手アーティストによる音楽であるということだ。となると、前節で触れた、クラブ／ダンスミュージック経由の諸アクトのことを指すのだろうか。たしかにその理解も一面では正しい。実際に、一十三十一を筆頭として、そういったダンスミュージック志向のアーティストたちを「ネオシティポップ」と呼称することもまま見られた。

しかしながら、ここで主に想定されているのは、より若い世代で、かつポップスフィールドをメインとして活動するアーティストたちの音楽である（多くの場合、バンドサウンド志向であることも特徴といえる）。現代のシティポップ系アーティストとしてたびたび言及される代表的な存在としては、cero、スカート、Yogee New Waves、never young beach、Awesome City Club、Shiggy Jr.、LUCKY TAPES、Suchmos、Nulbarich、YONA YONA WEEKENDERS、Tempalay、yonawo、evening cinemaなどが挙げられるだろう。興味深いのは、各アーティストの作品を実際に聴いた経験のある読者ならすぐにわかるとおり、彼らの音楽の間には、かつての全盛期シティポップス系アーティストたちにもまして明確な共通点がなさそうだということだ。フォーキーなバンドサウンドを聴かせる者がいるかと思えば、ＥＤＭ〈※16〉からの影響を感じさせるアッパーな音楽性を持つアーティストもいるし、アシッドジャズやR&B風のサウンドを特徴とする者もいる。さらに、90年代後半からのポスト渋谷系の諸アクトや前節でみたクラブミュージック系アクトたちと比較すると、過去のシティミュージック〜シティポップス系サウンドとの明確な連関を見つけ出しにくいようにも感じる。

では、なぜ彼らの音楽はシティポップの名のもとにカテゴライズされるのだろうか。キャリア初期、現代版シティポップの筆頭的な存在としてたびたび取り上げられてきたceroを例に、その理由と経緯について考えてみよう。

ceroは、２００４年、髙城晶平、荒内佑、橋本翼、柳智之（現在は脱退）によって結成さ

※16 ＥＤＭ
Electronic Dance Musicの略。オーディエンスの盛り上がりを重視した、メインストリーム寄りダンスミュージック。テクノやトランス、ダブステップ、ハウスなど様々な要素が入り交じっており、大規模フェスやメジャーなイベントでプレイされるダンスミュージックや、そうしたカルチャー全般を指すことも多い。

れた、東京西部を拠点とするバンドである。２００７年には、鈴木慶一の目にとまりデモ音源を制作。その後コンピレーション盤への参加を経て、２０１０年、カクバリズム〈※17〉よりシングル『21世紀の日照りの都に雨が降る』でデビューした。細野晴臣や鈴木慶一からの影響を汲みつつ、同時代のチェンバーポップやヒップホップの要素を取り入れたファーストアルバム『WORLD RECORD』（２０１１年）以来、現在までに4枚のアルバムをリリース。多くのサポートメンバーを交え、R&Bやネオソウル、ブラジル音楽、アフロビートなどを貪欲に織り込みながら、ここ10年のインディーシーンの先頭を走ってきた。SIMI LABやPUNPEEといったヒップホップ系アーティストとも繋がりが強く、細野晴臣や鈴木慶一のみならず、オリジナル・ラブの田島貴男やTOKYO No.1 SOUL SETの川辺ヒロシなど、先行する世代との交流も盛んに行ってきた。

２００９年から彼らと近いシーンでレーベル業務に携わっていた筆者自身の記憶を遡ると、彼らが「シティポップ」の名で呼ばれ始めたのは、２０１１年にファーストアルバムをリリースしたあたりからだった。イラストレーター本秀康《もとひでやす》の手によるジャケット画は、今ではシティポップの先駆的名作の一枚と評価される鈴木慶一とムーンライダース『火の玉ボーイ』（１９７６年）のそれをオマージュしたものだったし、音楽面でも、様々な要素をディープなリスナー的編集感覚で並列的に配合しアウトプットするという特性において、70年代のハイブリッドな日本産ポップス〈※18〉を彷彿させた。加えて、彼らのデビューと同時期に隣接する場（＝前節で論じたクラブミュージックシーン）で興っていたシティポップリバ

※17 カクバリズム
メロディックハードコアバンドBOYS NOWのヴォーカリスト、角張渉が２００２年に設立したインディーズレーベル／プロダクション。パンク系からヒップホップ、フォーク、ポップス等幅広い音楽性をカヴァーし、２０００年代以降の日本インディーシーンを牽引した。YOUR SONG IS GOOD、キセル、二階堂和美、イルリメ、在日ファンク、cero、片想いなどの作品をリリース。SAKEROCKと、そのメンバーである星野源も在籍した。

※18 70年代のハイブリッドな日本産ポップス
前章でみたようなシティミュージック一派による音楽や、多要素を投入しハイコンテクストなサウンドを作り上げた細野晴臣によるソロ作品などを指す。本文中に挙げた鈴木慶一とムーンライダース『火の玉ボーイ』や、その後に続く70年代後半にわたってのムーンライダーズ名義の諸作も代表的な存在だろう。ceroは、細野晴臣、鈴木慶一とライブイベントでも共演している。

イバルの盛り上がりを受け、バンド形式でデビューを飾った「東京」らしい彼らの音楽が、新たな「シティポップ系新人」を探し出そうとしていたジャーナリズムの欲望をうまく呼び寄せてしまったとも考えられる。

カテゴライズへの違和感と新たな都市感覚

ceroに限らず、2010年代を通じて、シティポップとカテゴライズされたインディー系のアーティストたちは、そのことに対して大なり小なりの違和感を表明することが多かった。インタビュアーの質問に答えてカテゴライズを否定する者もいれば、SNS上で明確に心外であることを宣言する者もいた。かつてのオリジナルの「シティポップス」にせよ、のちの「渋谷系」にせよ、特定のジャンル名は往々にしてマーケティング的要請から捻出されたワードであることが多く、そうしたレッテルに違和感を覚えるアーティストは少なくない。また、先述のとおりそもそも諸アーティストの音楽性には統一的で一貫した要素があったわけではなく、さらには、彼ら自身が想起するシティポップ像と自らの音楽との明らかな距離が自覚されていたために、ほとんどのアーティストが否定的な見解を抱いたのだと思われる。

では、オリジナルのシティポップスと彼らの音楽とを隔てている(と彼らが認識していた)

差異とはどのようなものなのだろうか。第一に、ＡＯＲ〜フュージョン等の自覚的参照の欠如という点が指摘できる。クラブミュージック界隈におけるシティポップリバイバルに比べると、ポップス〜バンド系のシーンにおいては、「かつてはクールでなかった」要素の相対化＝再クール化は未だ途上段階だった。筆者周辺の状況を思い返してみても、非クラブミュージック界隈では、むしろシティポップス的な要素は忌避される傾向にあった（しかも、打ち込みを主軸としたクラブミュージック寄りのサウンドとは違い、生演奏主体のポップス〜バンド系は、仮にＡＯＲ〜フュージョン的な音楽を志向したとしても、多くの場合若いミュージシャンたちの演奏技術が追いつかなかっただろう）。

それ以上に重要なのが、「都市」「都会」「街」という表象の捉え方に関する意識の差だろう。オリジナルのシティポップスが、往々にしてきらびやかな都市消費文化の礼賛や、発展する都市像に対する楽天的感覚に彩られていたものだったのに対し、２０１０年代前半にシティポップと名指された音楽には、そのように垂直的かつポジティブな志向はほとんどみられなかった。『ＣＤジャーナル』２０１２年11月号に掲載された「あたらしいシティ・ポップ」という対談記事の中で、音楽ライターの松永良平は以下のように分析している。

> 松永「あそこ（引用者註：cero のファーストアルバム『WORLD RECORD』のジャケット）から浮き上がって見えたのは、都市の文化を享受したかつてのシティ・ポップじゃなくて、見せ

かけの輝きをしている都市を覆ったレイヤーの下にあるアンダーグラウンドを生きている自覚を持つ今のシティ・ポップだったんだ」（『CDジャーナル』2012年11月号、19頁）

対談相手の音楽ライター磯部涼も、同記事で次のように述べる。

磯部「今回、定義する〝シティ・ポップ〟というのは、リアルな街に根ざしたものというよりは、ある種の虚像にどう折り合いをつけるか……というか。そういう意味では、cero の新作はまさにそういうことをやろうとしていますよね」（同前21頁）

ここで言及されている「cero の新作」とは、2012年10月にリリースされたセカンドアルバム『My Lost City』のことだ。スコット・フィッツジェラルドの同名小説にインスパイアされタイトルが付けられたというこのアルバムで cero は、揚々たる希望を表象していたかつての都市像を、「失われた」存在として再定義しようとした。今や都市は、「私の失われた都市」あるいは「私が見失った都市」として、様々な負の堆積とともに淀んだ風景となって現前する。バブルの饗宴が崩れ去ったのち、「失われた20年〈※19〉」を経て漂流する都市の姿。ここではすでに、かつてのシティポップスが描き出したような憧れと消費文化の綾を映す場としての都市像は、完全に塗り替えられてしまっている。だからこそ彼らは、「シティポップ」という言葉が自らの音楽へ適用されることに違和感を覚え、

※19 **失われた20年**
90年代初頭のバブル崩壊をきっかけにその後約20年間続いた経済停滞の期間を指す。2010年代に入っても、少子化の進行や一人当たり名目GDPの低下などが続き、現在では

そう名指されることから逃れようと焦燥したのだろう。彼らにとって、都市のリアリズムとは、はじめから「喪失」を孕んだ複層的なものだったのだ。

この「喪失」に思いを馳せるとき、当然ながらもっとも大きな影を落としているのが、2011年3月11日に発生した東日本大震災である。都市とそれを支える様々なシステムの脆弱性があまりにも直截に暴かれたあの日以降においては、喪失の傷を深く見つめることと、そこからどのようにして自らの表現と自らが属すべきコミュニティを刷新／再生させていくのかが、若きアーティストたちが逃れ難く直面する喫緊の問いとなったのだ。

ceroも、この課題に『My Lost City』で果敢に取り組んだ。そして彼らは、その取り組みの中で、自らに付与されたシティポップというラベリングをあえて引き受け、弁証法的に読み替えていくようになる。先の対談と同じ『CDジャーナル』2012年11月号に掲載されたceroへのインタビューで、メンバーの髙城晶平は以下のように発言している。

「ceroの音楽がシティ・ポップと呼ばれることについて僕はよく考えるんです。つらい現実の部分を歌う歌は同じ都市を題材にしていてもシティ・ポップとは言わない。あくまでシティ・ポップというのは、都市の享楽の部分をフィーチャーしていて、現実を離れて気持ちよくてスムースな音楽。だからそれは、本当はもうありもしないキラキラとした都市のことを歌ってる嘘のことなのかもしれない。でも、その嘘は素晴らしいいし、今必要なものだなと思っているんです。『My Lost City』の音楽をシティ・

その後の10年間を加えて「失われた30年」として論じる場合も多い。

ポップと呼んでいいのかはわからないですけど、パラレルワールドというか、現実の世界にギリギリ寄り添いながらそれでも視点を違う方向にシフトしていけるような楽曲に僕たちはしたかった。これが僕たちにとっての新しいシティ・ポップだとみんなに呈示できるものにしたかったんです」(同前23頁)

アルバムの終曲「わたしのすがた」での髙城のラップは、こうした新しいシティポップ観を紡ぎ出し、発展的に担っていくことのマニフェストとして聴くことができる。

マイ・ロスト・シティー
あの日遠くから見ていた東京タワー
登り眺めたこの街に
違和感　何もかわらんとこが
何より不気味で　Feelin' down

シティポップが鳴らすこの空虚、
フィクションの在り方を変えてもいいだろ?
時にHappyend あるいはSurf's up
脆いからこそオモロい Beat Goes on

（作詞・作曲：髙城晶平）

かつてのシティポップスという「フィクション」を、２０１０年代初頭のリアリズムと触れ合わせながら、様々な音楽的意匠（「Happyend」はいうまでもなくはっぴいえんどを、「Surf's up」はビーチボーイズの同名曲／アルバムを想起させる）と戯れることを通じて、ポジティブな方向へと再帰させていく。こうした戦略は、その後のcero作品においても主調音として響き続けている。同時に、彼らの周囲で活動していたアーティストたちにも、この主調音は（意識的か無意識かの差にかかわらず）内在化されていった。ここに至って、シティポップという呼称は、（少なくともそれを自覚的に引き受けようとした一部のアーティストにとっては）「お手軽」なラベリングを超えて、同時代的な批評性をも孕むキーワードへと昇華されていったのだ。

紡ぎ出されるコミュニティ意識

２０１０年代型シティポップの特徴としてもう一つ挙げられるのが、コミュニティ意識の共有と、それに対する自己言及性だろう。彼らをカテゴライズする際に頻出したもうひとつのキーワード、「東京インディー〈※20〉」にも象徴されるように、彼らのコミュニティは、（いつの時代もアンダーグラウンド発の潮流がそうであったように）ＤＩＹ〈※21〉的であり、インディ

※20 東京インディー
東京を中心に活動する（当時）若手インディーズアーティストたちを便宜的にシーンとして包括した用語。２０００年代末頃からジャーナリズム上でも顕在化しはじめ、主にミレ

ー精神＝経済的／組織的に自立した創作の称揚に貫かれていた。その実践の場となったのは、たとえばカクバリズム等のインディーレーベル／プロダクションをハブとした人的ネットワークであり、cero の髙城がバーテンダーを務める東京・阿佐ヶ谷のカフェバー roji や、南池袋ミュージックオルグ等のライブスペース、あるいは下北沢インディーファンクラブ等のサーキットイベントであったり、複層的な形で存在する「場」であった。

都心から離れ、郊外を舞台に交わされるコミュニケーション。かつてのシティポップスにおいても、ドライブやリゾートというモチーフとともに郊外の風景は盛んに描かれたが、それらはあくまで日常から飛翔した「憧れ」の対象としてのサバービア像である。しかし、2010年代のシティポップにおいて、郊外とは実体的なコミュニケーションの場であって、実体的な生活が営まれる場として表象される。場所性と人的交流がつなぐゆるやかな紐帯は、決して大きなものではない。むしろ、参与者のそれぞれが無理なく見渡せるような小さなコミュニティだった。ミュージシャンたちは直接の友人同士であるか、誰かを一人介した「友人の友人」であり、時には観客すらも誰かの友人だった。そこに集えば、たちまち誰かと繋がっていることができたのだ。

cero と並び同シーンの立役者として支持を集めたバンド「片想い」の代表曲、「踊る理由」（2012年）のラップパートを聴いてみよう。シュガー・ベイブ等、かつてのシティミュージックを思わせる軽やかなメロディー／リズムが特徴的なこの曲は、当時の東京インディーシーンのアンセムというべき存在で、広く親しまれた。

ニアル世代を中心としたミュージシャンたちがここにカテゴライズされた。ギターポップ、フォーク、ポップ志向のヒップホップなど様々な要素が入り混じっており、音楽上の特徴を統括する用語ではない。カクバリズムのほか、Pヴァイン、felicity、kiti、MY BEST!、Bayon production 等のインディーズレーベルが盛んに作品をリリースしたほか、自主制作等個人単位での作品発表や小中規模のイベント開催も各ライブハウス等で盛んに行われた。

※21 DIY

「Do It Yourself」の略。他人に任せるのではなく、まずは自分たちで自分のことをやってみる、というスタンス／アティテュードのこと。いわゆる「日曜大工」などを指す場合もあるが、ポピュラー音楽の文脈では、既存のメジャーな音楽産業システムや経済力に頼らず、創作やプロモーション／流通まで、自らのできる範囲でやりたいことをやること、またはその思想を指す。「インディー」（独立系を意味する）を構成する基礎的な思想のひとつ。

左から順番に握手する手と
右から鍵盤にタッチする手
心の羅針盤が示す方角で
ローカルとアーバンは交わって
探してる答えはここにはない
ハグしてる支えはただの期待
読みかけの本のページはない
産みかけのアイデアのゲージは倍
向かう　移動　集う
きっとそれは光る希望なのかもしれないよ
ふとした理由がわからない
ちょっとした理由がわからない
意図した理由がわからない
ここにいる理由がわからない

（作詞・作曲：MC. sirafu、sin）

「ローカルとアーバン」という対立軸は融解し、ただ集い、歌う。何か理由を据え付けるわけでもなく、ただそこにそれぞれがいることの肯定。これこそ、喪失の後に希求された「郊外の」祝祭であり、新たなコミュニティ意識の発現だった。この曲は、そうした空気感をきわめて鮮やかに体現していたように思う。

再来するセンスエリーティズム

２０１１年以降の都市的リアリズムに浸されたゆるやかな紐帯には、他方で、（いつの時代もアンダーグラウンド発の潮流がそうであったように）どこかスノビッシュで排他的な空気が共有されていたことも指摘しておくべきだろう。息苦しい徒弟関係や閉鎖性は忌避される一方、主に音楽的センスや知識、リテラシー、諧謔を含むユーモアなどが掛け金となる規範的意識が瀰漫《びまん》してもいた。いわば、開きつつも閉じられたセンスの共同体＝自足的なコミュニティでもあったように思うのだ。

こうした傾向と関連して、個人的にも印象深く記憶していることがある。シティポップや東京インディーといったカテゴライズが喧伝された時期、同じ界隈のアーティストに対して、プレスリリースや各メディア、ショップ店頭で用いられるテキストに、「グッドミュージック」という言葉が頻繁に現れるようになったのだ。

「グッドミュージック」とはその名のとおり、直訳すれば「良質な音楽」という意味である。2000年代に絞り込んでグーグル検索を行うと、この「グッドミュージック」は漠然と良質な音楽であることを表す語として散発的に使われている他、主に70年代のルーツロック〜シンガーソングライターミュージック等を指す際に使用されていたのが窺える。

しかし、2010年代半ばごろから、同時代のインディー系アーティストの音楽を説明する語としてにわかに頻出するようになる。一体ここには、どんな意図／欲望が託されていたのだろうか。答えは簡単だ。「グッドミュージック」というからには、その背面に「バッド」なものの存在が敵対的に想定されていたのだ。すなわち、「音楽的センスや知識、リテラシー、諧謔を含むユーモアなど」が希薄な（と認識された）メジャーフィールドのJ－POPや、より直接的な仮想敵としての、サブカルチャー音楽市場において商業的覇権を握っていたJロック系（いわゆる「ロキノン系〈※22〉」などとも呼ばれる）への対抗的言説として、「グッドミュージック」という言葉が、ジャーナリズムやファンダムを巻き込んで無意識的に担ぎ上げられていたのではないだろうか（仮にそういった敵対的意識がなければ、そもそも「グッド」と自己マッピングする理由もなかったはずだ）。

要するに、この「グッド」の用法には、単に良質であるにとどまらない、自らが送り出そうとしている音楽の「非商業性」、あるいは「ハイコンテクストさ」を称揚したいという欲求が隠されていたのではないか。仮に、アーティスト自身がグッドミュージックをあからさまに謳った例はなかったとしても、今になって振り返ると、各インディーレーベルやシーンに帯同するジャーナリズムが積極的に「グッド」であることを掲げた不遜さは、

※22 ロキノン系
音楽雑誌『ROCKIN'ON JAPAN』に掲載されるギターロック系のバンド、アーティストを指す言葉。オルタナロックからの影響をローカライズしたダンサブルでポップなサウンドが特徴で、ロッキング・オン社が主催する「ROCK IN JAPAN FESTIVAL」など、若年層向け野外フェスティバルへ盛んに出演したアーティストを指すことも多い。これらの音楽を好むファンを揶揄する「ロキノン厨」といった派生語も生まれた。

自省の念とともに鋭く思い起こさずにはいられない。

様々な面で清濁の入り交じる、こうした2010年代のシティポップの在り方には、どこか既視感を覚えはしないだろうか。そう、これはまさしく、70年代のシティミュージックの登場人物が演じたセンスエリーティズム的空間や、そこにサブカルチャーとしての真正性を自己投入した「渋谷系」のゲームプレイヤーたちの心性と、明らかな相同関係にある（それぞれのムーヴメントで、フォーク系ニューミュージック、バンドブームなどが敵対的に想定されていたことを思い出してほしい）。そう考えるならば、彼らの音楽がシティポップという呼称を引き寄せたことも、どこか納得できる話に思えてくる。

東京インディーの離散と「ネオ」シティポップの浮上

2016年7月、音楽ウェブメディア『ザ・サイン・マガジン・ドット・コム』がとある記事を掲載した。「東京インディが離散した2015年。そして、世代交代が進む2016年、シャムキャッツが夏のラヴ・ソング〝マイガール〟を世に問う」と題されたその記事では、東京インディーシーンの中枢で活動してきたロックバンド、シャムキャッツの新曲リリースを告知するのと同時に、2015年をもって東京インディーというひとつのムーヴメント／シーンが離散の局面を迎えた様子が描かれている。

様々なアーティストが代表作というべき作品をリリースし、旺盛なライブ活動を展開した2012年から2014年ごろを東京インディーのピークとするなら、2015年から翌2016年にかけては、たしかにいくつもの象徴的な出来事が起こった。昆虫キッズ、森は生きているが解散し、吉田ヨウヘイgroupが活動休止する一方、トップランナーとしてムーヴメントを牽引してきたceroは、海外のネオソウル復興や先鋭的なジャズシーンの隆盛とも共振するサードアルバム『Obscure Ride』でメジャーフィールドに切り込む好セールスを記録。さらには地上波テレビ番組でSMAPと共演するなど、シーンの枠組みを超えてブレイクへの道をひた走っていき、先述の片想いのメンバーMC. Sirafu擁するザ・なつやすみバンドもメジャーデビューを果たす。

かつてのゆるやかな集合としてのシーンの在り方は、変容を余儀なくされていった。もちろん、同記事の主役であるシャムキャッツを筆頭に、ミツメやスカートなど、充実した活動を続けていくアーティストも少なくなかったが、いよいよそれぞれがそれぞれの道を歩み始めたという印象を抱いたのは、たしかにこの時期だった。私事ではあるが、筆者がレーベル専属のディレクター職を辞し、フリーのディレクター／ライターとして活動を始めたのも2016年だった。退職の大きな理由のひとつは、シーンの成熟を目の当たりにし、その黎明期を支えたレーベルマンたる自分の役目は全うしただろう、というものだった。

一方、このころを境に、新たに頭角を現してきた新人アーティストが、「ネオシティポップ」という、シティポップの頭に「ネオ」を付け加えた呼称でラベリングされる例を頻繁に見かけるようになる。グーグル検索やツイッターでこの「ネオシティポップ」の初期の使用例を探ってみると、概ね2013年ごろまで遡ることができるが、まだ一般ユーザーによる散発的な投稿にとどまっており、頻度も高くない。明らかに使用例が増えてくるのはやはり2015年からで、一般誌やウェブメディアの記事にも「ネオシティポップ」の語が登場するようになる（『BRUTUS』2015年3月1日号、『Real Sound』2015年7月16日付記事「ここから先は音楽を作る人が客を選ぶべき」Base Ball Bear 小出祐介×玉井健二が語る、シーンと作り手の変化」、『cakes』2015年8月28日付記事「音楽と資本の蜜月の終わり！　ネオシティポップの〝新しさ〟とは」等）。

ceroの音楽がシティポップとカテゴライズされてから数年後、なぜこのタイミングで「ネオシティポップ」という新しい呼称が本格的に用いられるようになったのだろうか。ひとつには、前節でみてきたように、同時期の間に国内におけるオリジナルシティポップスへの再評価が一層本格化し、それと用語運用上区別する必要性が出てきたためと考えられる。だが、おそらく事情はそれだけではない。ここには、より根源的なシティポップ観の変質が潜んでいるのではないだろうか。

ネオシティポップの発展と断絶

2015年6月、シングル「サマータイムラブ」でメジャーデビューしたShiggy Jr.は、同時期のネオシティポップ紹介記事において必ずといっていいほど名前を挙げられる新人アーティストだった。同じ1990年生まれのメンバーによって結成された彼らは、その音楽性において、明らかに先行するシティポップ系アーティスト（ややこしいが、ここではオリジナルのシティポップスではなく、cero等の「シティポップ」を指す）とは隔たりがあった。もっとも大きな特徴が、同時代のEDMやJロック的要素を取り入れた、極度にアッパーで陽性のサウンドだろう。ヴォーカルスタイルをとっても、それまでの東京インディー風のナイーブな感触はなく、むしろJ-POP的なプロフェッショナリズム〈※23〉を感じさせる堂々たるものだった。加えて、レコーディング／ミックス／マスタリングもごくハイファイで、広くメジャーフィールドに通用するであろうポピュラリティを備えていた。彼らを発掘し、2013年に自身のインディーズレーベルからデビューさせたmona recordsの行達也は、『ミュージック・マガジン』2015年6月号に掲載されたインタビューで、以下のように答えている。

※23 J-POP的なプロフェッショナリズム
東京インディーにおいては、あくまで創作を下支えする「センス」が重要視され、ある種のアマチュアリズムによって、細部の詰めの甘さや逸脱が「あえて」希求される場合もあった。しかし、Shiggy Jr.の作品は、オケ、ヴォーカルともに細部の磨き込み（＝製品化）が貫徹されており、全方位的に隙のないプロダクションとなっている。こうした要素を感嘆すべき美点ととるか売れ線狙いの堕落と取るかは、聴き手の嗜好次第だが、少なくとも強靭なプロフェッショナリズムを感じさせることは確かだ。

「彼らは最初から〝いきものがかりになりたい〟って言ってて、サブカル的なものは目指してないんだなって思ってました。ただ、今彼らを取り巻くシーンっていうのは確実にサブカル的なものだから、そこは上手く使ってというか、計算高くやってる部分もあるのかなって」（『ミュージック・マガジン』２０１５年６月号、39頁）

同じく２０１５年６月、ヴォーカルの池田智子は、メジャーデビューに際して音楽情報サイト「ナタリー」に掲載されたインタビューで、次のように語った。

今はバンドで音楽を作るだけじゃなくて誰に届けたいとか、これからどうしたいとかもちゃんと考えないとやっていけないと思っているので、広告のキャンペーンのことを調べたり、雑誌を読んだり。面白いキャンペーンがあったら、別に音楽関係じゃなくても、誰がやったどういうものなんだろうって見るようにしてます。（「ナタリー」２０１５年６月26日付記事「「みんなの共通項になりたい」〝国民的ポップス志向〟バンドがメジャー進出」）

クリエイティブ面はもちろん、プロモーションについても自覚的にコントロールしていくという意識は、伝統的にインディーシーンで培われてきたものでもあったし、東京インディーとカテゴライズされたアーティストたちもその点は努めて意識的だった。しかし、Shiggy Jr. の「新しさ」は、そうした指針や目標を、メディアのインタビューという「公」

の場で宣言してしまえることにあった。スノビズムや韜晦《とうかい》とは無縁で、まっすぐにヒットを目指す姿勢。自足的なシーン内での卓越化が掛け金とされていたセンスエリーティズム的なコミュニケーション空間を突破し、シーンの「外部」を志向する。シティポップ↓ネオシティポップという呼び替えが本格化した2015年を分水嶺として起こったのは、そういったコミュニケーション形態／意識の変容だったのではないか。

ちなみに、先行するアーティストたちと同じように、Shiggy Jr.もまた、自分たちに貼られる「(ネオ)シティポップ」というラベリングに違和感を表明している。ナタリーの同記事では、次のようなやりとりも見られた。

——少し気になったんですけど、自分たちはシティポップ村にいるバンドではないという感覚？

諸石　違うよねえー。違うと思う。

原田　インディーの1枚目はまだシティポップって言われてもわかるけど、2枚目になるともうシティポップじゃないし……。

森　「LISTEN〜」はEDMだよね(笑)。

諸石　だよねー(笑)。

池田　別に言われるのが嫌なわけじゃない。

原田　そうそう、嫌じゃないんだけど、うちらってシティポップなんだ？みたいな

(笑)。

諸石　てかね今のシティポップって、たぶん音楽ジャンルの話じゃなくて、シーンの話で。

原田　あー東京音楽みたいなやつ？

(同前)

カテゴライズへの違和感を自覚しつつも、ドライな自己分析によって自らの音楽のマッピングを試みる。ラベリングがもたらす実際の音楽面との齟齬を引き受けた上で、より大きなフィールドを目指そうとする彼女たちの「素直」な姿には、かつてceroがシティポップという呼称を引き受けようとした際に経たメタフィジカルな逡巡や弁証法的な再構築の模索を突き放してしまう「強靭さ」があった。

その後Shiggy Jr.は、レーベルの移籍を経ながら極めてポピュラリティの高い作品をコンスタントに送り出し、目論見どおり人気バンドへと成長する。結果として、(彼らがどのように自覚していたかとは別の問題として) シティポップ概念の拡張が推し進められ、Shiggy Jr.はネオシティポップシーンの代表的存在となっていった。2018年リリースのセカンドアルバム『DANCE TO THE MUSIC』は、時にあからさまなほどのシティポップ的意匠を取り入れながら作り上げた、ある種の原点回帰感も漂う集大成的アルバムである (ヴォーカル池田の声帯結節などもあり、惜しまれながら2019年に解散した)。

２０１５年４月にメジャーデビューしたAwesome City Clubも、シティポップからネオシティポップへの変遷を象徴する存在だろう。セルフディレクションの徹底したヴィジュアルイメージで、たびたび「戦略的」と評されることもあった彼らだが、まずもって、そのサウンドのクオリティ／ポピュラリティは、明らかにそれまでのインディーポップの水準を上回るものだった。ファーストアルバム『Awesome City Tracks』でmabanuaをプロデューサーに起用するなど、当初から様々な音楽要素を融合した楽曲を志向した彼らもまた、ネオシティポップというカテゴライズの下、新世代アーティストとして扱われることとなった。

彼らとしては、（Shiggy Jr.と同じく）やはりそうしたラベリングには懐疑的だった。しかし、メジャーデビューにあわせて行われたインタビュー（『CINRA』２０１５年４月８日付記事「大注目株Awesome City Clubが語る、新しい時代のバンド論」）において、当時のメンバー、マツザカタクミは、バンド名にも冠された「Awesome City」には「架空の都市」という意味も込められており、自らを「架空の都市のサウンドトラックをやるバンド」であると語っている。その意味では、数年前にceroが『My Lost City』で描き出した問題意識を、よりポピュラリティの高い形で引き継いでいるようでもあり、彼らもやはり２０１０年代型のシティポップにくくられるべきバンドだといえるだろう。

他方、同インタビューで「エスケーピズム〈※24〉」へのシンパシーを述べているように、それまでのインディー系アーティストに内在していたコミュニタリアン的志向〈※25〉は希

※24 エスケーピズム
現実逃避的志向。詳しくは第5章314頁〜を参照。同インタビューで、マツザカタクミは「このバンドを始めた年に一番聴いていたアルバムがWashed Out（アメリカのチルウェイヴ系アーティスト）の『Paracosm』で、あれなんてエスケーピズムの象徴のようなアルバムですよね。メンバーが『この音楽、気持ちいいね』って共通して思うのは、エスケーピズムとリンクしている部分はあるかもしれない」と語っている。

※25 それまでのインディー系アーティストに内在していたコミュニタリアン的志向
ここでは、先の東京インディーの特徴として挙げた。私見では、かつての東京のインディーシーンには一種のコミュニタリアニズムが少なからず共有されていたと考える。コミュニタリアニズムは、現代における社会成員たる主体の形成において、個人の役割よりも共同体（コミュニティ）の役割が重要であるとする考え方であり、アメリカの政治哲学者マイケル・サンデルが展開した議論に

薄に感じられる。近年の作品には、「エスケーピズム」の超克と相対化も見出すことができる。だが、その変遷と成熟も含め、彼らがたびたび掲げてきた「ネオシティポップからの離脱」というアプローチと、それを伝えるメディア言説自体が、「洗練された都会的音楽の実践」の新たな姿を表象し、ネオシティポップというジャンル概念をさらに拡張させていく結果をももたらしたのだ。彼ら自身も、その拡張のうちに否応なく捉えられざるをえなかったようにも思える。

先ごろ彼らは、映画『花束みたいな恋をした』（2021年公開／監督：土井裕泰、脚本：坂元裕二）に楽曲を提供し、ヴォーカルのPORINが本編に出演したことでも話題となった。偶然にも「東京インディーの終焉」である2015年以降の東京を描いたこの映画において、彼らが寄せたきわめてポップな楽曲「勿忘」は、否応なく同時代の東京という都市の姿に寄り添い、そこでのライフスタイルを表象する構造を引き受けているようだ。同曲収録のアルバム『Grower』は、ヒップホップや先端的なソウルミュージックへとより一層接近し、「脱ネオシティポップ」が明確に企図されているようだが、果たして、こうした試みも（本人たちがそう望まなくとも）ネオシティポップのイメージの更新と拡張に貢献することになっているようにも見える。

よって日本でも広く知られているだろう。「都市在住の文化的な若者が形成するインディーズ音楽シーン」という印象から、東京インディーは、どちらかといえば、個人の自由こそが社会を成立させるという考え＝素朴なリベラリズムと親和的に思えるかもしれないし、もちろんそういった傾向もあったろう。一方で、当時を思い返してみれば、コミュニティ参加者同士の相互扶助的な雰囲気や、「ゆるさ」を積極的に許容しようとする価値観を「正」の遺産としつつも、暗黙に共有されている倫理やルールの遵守（とそこからの逸脱者への冷ややかな視線）、あるいは「商業主義」を向こうに回したセンスエリーティズム的志向などが、コミュニティ内部の紐帯的価値観として個人を規定していた局面もあったように思う。東京インディー後のアーティストたちがそういった志向を「前提としていない」ことに驚きと違和感を表明する者も少なくなかったが、今になって考えてみると、そうした「脱コミュニティ」的な志向こそが結果的に前世代へのアンチテーゼになっていたようにも思える。

ネオシティポップと80年代シティポップスの相同性

ネオシティポップ系アーティストが浮上してきた傍らで、アイドル業界においてもシティポップ風の楽曲が盛んに制作されている。次章で触れるヴェイパーウェイヴの意匠を取り込んだEspecia、山下達郎「踊ろよ、フィッシュ」をカヴァーしたつりビット、キャラメル☆リボン、WHY@DOLL等を先駆的な例として、星野みちる、東京女子流、私立恵比寿中学、Negicco、フィロソフィーのダンス、Juice=Juice、鞘師里保《さやしりほ》などアンダーグラウンド/オーバーグラウンド問わず様々なアイドルたちが質の高いシティポップ風楽曲をリリースしている。もちろん、こうした傾向は女性アイドルに限られる現象ではなく、Sexy Zone、SixTONESといった男性アイドルグループによる楽曲にもシティポップ風のものが目立つようになってきた。現在では、もはやシティポップ風楽曲はアイドル業界における定番路線のひとつとして定着した感もあり、明確な意図をもって「それ風」を狙った楽曲、カヴァーが目立ってきている。こうしたブームは声優業界においても同様だ。松原みき「真夜中のドア~stay with me」をカヴァーした中島愛《なかじまめぐみ》を筆頭に、花澤香菜、降幡《ふりはた》愛《あい》、早見沙織、上田麗奈、上坂すみれら、多くの声優たちがこぞってシティポップ風のレパートリーを歌っている。アイドル、声優ともに、ダンスミュージック色の強い打ち込み路線が主流であり、旧来のファンダムを超えたコアなリスナー層から支持を集めている楽曲も数多い。

片や、バンド系や自作自演のソロアクトに目を転じても、2010年代後半に登場／活躍するアーティストたちが次々にネオシティポップのラベルを貼られていった。その音楽的定義は相変わらず曖昧で、たとえばNulbarichやWONK、SIRUP、Vaundyなどのように、従来的なインディーロック～ポップス系のバンドサウンドではなく、オルタナティブなジャズ〈※26〉、ヒップホップ、R&B、先鋭的なビートミュージック等にはじめから軸足を置いたものが含まれることもあり、「最新の都会的音楽」というイメージを次々と飲み込んできたネオシティポップというジャンル概念のさらなる拡散を告げている。その一方で、インディー／メジャーの別を問わず、明確に「ネオシティポップ以後」の流行を（マーケティング戦略的に）内在化したような「オシャレ」なバンドやソロシンガーが続々と登場する流れも止んでおらず、SpotifyやApple Music等のサブスクリプションサービス上では、そうしたニューカマーを「シティポップ」とくくってプレイリスト化する動きも盛んである。

こうしたネオシティポップの大衆化、飽和とでもいうべき状況に比例して、それを揶揄的に取り上げる言説も2010年代後半を通して増大していった。主にロック系リスナーからのネオシティポップ系音楽への「ディス」は、ネット上でもリアルでも日常的に見聞きされるようになったし、先のAwesome City Clubの歩みにみられるとおり、当の作り

※26 オルタナティブなジャズ
ここでは、ロバート・グラスパーの活躍を象徴として様々な広がりを見せる、最新のR&Bやヒップホップ、クラブミュージック等と共振する現代的なジャズを指す。詳しくは、現代ジャズの様々な実践を紹介／評論する、音楽ライター柳樂光隆によるムック『Jazz The New Chapter』シリーズ等を参照。

手側においても「脱ネオシティポップ」というスローガンはもはや前提的な出発点にすらなっている。

ネオシティポップは、良きにつけ悪しきにつけ、ひとつのラベリングとして広く認知されるに至り、多くのリスナーにとって、徐々に膨満感のこびりついた陳腐なイメージへと転化していったのだ。

ところで、我々はすでにこうした流れを知っているのではなかったか。そう、本節で見てきた2010年代におけるシティポップからネオシティポップへの変遷と、続くネオシティポップ的イメージの氾濫と頽落《たいらく》は、70年代半ばのシティミュージック興隆から80年代におけるオリジナルシティポップスの完成〜飽和という流れと明らかに相同しているのである。「スモールサークルオブフレンズ」のコミュニティから発生し、高度のアイロニーと批評性を掛け金とした初期形態から、「意匠」へと飛翔することで商業的な成功を収め、さらに大きなシーンへと拡散を続けることによって、果ては軽んじるべき対象とされる。「都会的」「洗練」というイメージが刷新を重ね、その刷新の連続と飽和によって、ついにはネオシティポップという枠組み自体が（当初あった思想性を希薄化しながら）内部から溶解していく。

念のために述べておくと、初期形態こそが「真正」で優れた音楽であり、後期のものが堕落した低劣な音楽だといいたいのではない。むしろ、80年代のオリジナルシティポップスがそうだったように、「大衆化」を経た段階のもののみが湛える輝きはあるはずだし、音楽的練度はもちろん、ヴィジュアルイメージなどにおいても、ジャンル構成要素が純化した豊かな表現を味わえるのは、ネオシティポップという概念が浸透、拡散したのちの「メジャー化」した形態の方かもしれない。

　敷衍していえば、この数十年来繰り広げられてきたシティポップ的なるものの変遷とは、発生→伸長→定着→飽和→霧散という直線的な経過軸が、時代をスライドした先で都度再生／堆積していった様に他ならないのだ。多くのポピュラー文化がそうであるように、シティポップとは、こうした螺旋的進化を遂げる「ミーム〈※27〉」の、もっとも観察しがいのあるダイナミックな一例だといえるだろう。

　しかし近年、このような構造を揺さぶる状況が出来してきた。これまでシティポップの「外部」であったはずの海外、とくに欧米と東アジア・東南アジア地域から、旧来とはまったく別の角度でシティポップリバイバルを強力に推進する大波がやってきたのだ。

※27 ミーム
元は生物学者リチャード・ドーキンスが提唱した概念で、遺伝子のように複製され、伝達、変異していく文化的情報のこと。特定の人間や様々なメディアを介し伝達されていくが、生物学的な遺伝子と同様、その過程で変異をきたし、結果的に「進化」した姿を見せることもある。近年では、ネット上で伝播し変質していく特有の定型文やヴィジュアルイメージ＝ネットミームを、単に「ミーム」ということも多い。

〔第4章〕グローバル化するシティポップ

4-1

海外からの発見

DJによるシティポップ発見の系譜

「はじめに」で触れたとおり、現在シティポップは、日本国内でのリバイバルにとどまらず、世界各地から熱い注目を浴びている様子がたびたび報じられ、論じられている。竹内まりやの「プラスティック・ラブ」がYouTubeにおいて驚異的な再生回数を叩き出し、多くの外国語によるコメントが投稿されている状況。あるいは、松原みきの「真夜中のドア〜stay with me」が、2020年12月にSpotifyのグローバルバイラルチャートで18日連続で1位を獲得した事実などが、様々な国内メディアで語られ、多くの場合、「日本の優れたシティポップが海外市場を席巻している」という論調で言祝がれている。新型コロナウイルス禍で一時的に出入国が制限されているとはいえ、外国人旅行者が日本国内のレコードショップでシティポップ系作品のオリジナル盤をプレミア価格で購入していく姿は数年前から常態化していたし、FacebookやRedditといったSNSやソーシャルブックマークサイトでは「City Pop」をテーマとした多くの外国語コミュニティが存在し、日々活発な情報共有や議論が行われている。

こういった状況は、なぜ、どのようにして生じたのだろうか。まずは、現在のようなネット中心のリバイバルが訪れる前、かつての日本産ポピュラー音楽が海外でどのように「発見」されていったかをみていこう。

よく知られるように、海外（主に欧米圏）において日本産ポピュラー音楽が一般的な興味の対象になることは、あまり頻繁には起こらない。言語上の障壁はもちろんだが、そもそも日本のレコード業界は国内マーケットのみで経済的にも十分に自足できたがゆえに、国外へのライセンス販売に極めて消極的だった。それゆえ、リアルタイムでヒットを記録した坂本九「SUKIYAKI」〈※1〉やYMOの世界戦略〈※2〉等の特例を除けば、日本国外へ様々なカタログが流通することは稀だった。ここでは、シティポップ系音楽にフォーカスしながら、アンダーグラウンドでの愛好が時代を経てどのように拡散していったかを見てみよう。

日本産音楽「発掘」の先駆的な例としては、1970年代末から80年代前半にかけてイギリスで隆盛したいわゆる「ブリットファンク〈※3〉」の流行期に、一部のクラブDJたちが日本のフュージョン系レコードをプレイしていた事実が挙げられる。このブリットファンクシーンは、パブやクラブシーンとも密接に結びつきつつ、ジャズ色の強いアーティストが多いのも特徴だった。そのため、クラブ現場でも、日本からリアルタイムで少量流入するレアなジャズ〜フュージョン系の輸入レコードをプレイするスタイルが定着してい

※1 リアルタイムでヒットを記録した坂本九「SUKIYAKI」
原題は「上を向いて歩こう」。作詞：永六輔、作曲：中村八大。61年10月に日本国内で発売され、『ミュージック・ライフ』誌国内盤レコード売上ランキングにおいて3ヶ月連続1位を獲得した。翌年のヨーロッパでのヒットを経て、63年に米ワシントンのラジオ曲でオンエアされるとリスナーからの問い合わせが殺到、5月、キャピトルレコードより「SUKIYAKI」のタイトルでリリースされた。すると、Billboard Hot 100チャートにおいて6月15日付から3週にわたって1位を、加えて、キャッシュボックスのTop 100チャートでも6月15日付から4週連続の1位を獲得する大ヒットとなった。日本出身者としては、現在に至るまで唯一となるHot 100週間1位獲得曲。海外展開を元々から狙っていたわけでなく、英米の音楽関係者の耳に偶然止まったことなどが重なり、結果的に米国市場での大成功に繋がったとされている。

※2 YMOの世界戦略
YMO作品の国内リリースを手掛け

た。イギリスの著名DJジャイルス・ピーターソンは、音楽ライター柳樂光隆によるインタビュー（「Rolling Stone Japan」2021年4月12日付記事「ジャイルス・ピーターソンが語る、ブリット・ファンクとUK音楽史のミッシングリンク」）に答え、沢井《さわい》原兒《げんじ》&ベーコン・エッグ、土岐英史とサンバ・フレンズ、パシフィック・ジャム、A.B'S、阿川泰子らのレコードがクラブ現場で人気を博していたことを証言している。日本国内でも高い人気を誇っていたフュージョングループのカシオペアは、当時のロンドンでライブを敢行し大好評を得たほか、ブリットファンクシーンとも共振するジャズファンク色の強いアルバム『JIVE JIVE』（1983年）を現地滞在中に録音するなど、日本国内にとどまらない活動を展開した。

　このブリットファンクは、人脈的にも音楽的にも、その後に続くジャズダンスやアシッドジャズ〈※4〉のムーヴメントを準備した側面も持つ。シティポップと隣接する存在である日本産のフュージョンがリアルタイムで支持されていたという現象は非常に興味深い。時代を遡れば、ノーザンソウルのムーヴメント〈※5〉にもみられるように、イギリスのDJシーンは、常に様々な音楽を従来の文脈とは違う仕方で再生させ評価するということを推進してきた。おそらく、そのもっとも洗練された形態が第2章で触れたレアグルーヴのムーヴメントであり、その中から、マニアックな動きながら、徐々にシティポップ系音源も発見されていく。

『和モノ　A to Z : Japanese Groove Disc Guide』（2015年）の監修者の一人であり、長年レコードバイヤー／DJとして活動してきたCHINTAMは、「和モノ」の国内需要に関

たアルファレコードは、当初から米国の大手メジャーA&Mレコードを通じた現地リリースを画策していた。ファーストアルバムの『イエロー・マジック・オーケストラ』（78年）は、メンバーの細野晴臣立ち会いのもと米国市場向けにミックスし直され、エキゾチックなイメージを強調したアートワークとともに79年5月に同レーベル傘下のホライゾンレコードからリリースされた。同年8月には初となる海外公演（ロスアンゼルスのグリークシアター）を行い、徐々に人気を高めていったが、転機となったのが10月からスタートしたワールドツアー（イギリス、フランス、アメリカ）で、ここでの好評ぶりが世界的人気を確証づけることになった。翌年には、規模を拡大した2度めのワールドツアー（イギリス、西ドイツ、オランダ、スウェーデン、フランス、イタリア、アメリカ）を敢行し、好評を博した。レコード作品も高い評価を得、81年の時点で、アメリカだけでシングルを通算100万枚売り上げたとされ、華々しい成功を収めた。

連して、海外からの発見を意識するようになった流れについて、次のように語る。

「1990年代半ばまで、和モノという意識はほぼなかったですね。DJですので若干の和モノは持ってはいましたが、当時はむしろ、日本人アーティストのレコードをプレイする＝御法度っていう暗黙のルールがあったくらいで、そのなかでも受け入れられていたのは1980年代後期から90年初頭にレアグルーヴが盛り上がってきた頃からです。アメリカン・ソウルのテイストのある音楽として、笠井紀美子とか吉田美奈子の音源が、英国などからコンピレーションに収録され、逆輸入というカタチで入ってきました。

例えば海外に（レコードの）買い付けで行くときは、例えば格好良いドラムブレイクが入っている日本のレコードをプレゼントやトレード用として持っていき、その代わりに向こうのバイヤーに情報を教えてもらったりしていました」（『Resident Advisor』2019年5月10日付記事「日本の関係者から見た、和モノ再評価の波」）

また、音楽ライターの松永良平も、同じ時期を以下のように振り返る。

僕の記憶では、90年代に欧米のDJたちが海賊版として作ったDJプレイ用のレコードに山下達郎の「Dancer」を発見したことが一番古い。しかもそのレコードでは、

※3 ブリットファンク
70年代末から80年代前半にかけてイギリスで流行した、ファンクやディスコを取り入れたバンドによる音楽を指す。それまでのUKファンクの流れを受け継ぎながら、のちに登場するファンカラティーナやアシッドジャズ等の重要なルーツの一つになった。ヒートウェーブ、ライト・オブ・ザ・ワールド、フリーズ等が代表的なグループ。

※4 アシッドジャズ
80年代後半にロンドンのクラブシーンで誕生した音楽で、ジャズを基調に、よりダンサブルな要素を加味した曲調を特徴とする。第2章で述べた通り、レアグルーヴムーヴメントとも近接した存在。同シーン関連バンドでは、インコグニートやブラン・ニュー・ヘヴィーズなどが著名。

※5 ノーザンソウルのムーヴメント
イングランド北部の労働者階級の若者たちが中心となった音楽とダンスのムーヴメント。モッズ族を母体に、60年代後半に発生した。米国産のレアなソウルの7インチレコードを買

アーティスト名が〝Dancer〟曲名が「Spacy」と表記されていた（違法性を指摘されないよう、わざとそうしていたのかもしれない）。また、海外のレコード店では、サンプリング・ソースとしてかっこいいブレイクが入っているレコードをまとめているコーナーがあり、そこで『ひこうき雲』（引用者註：１９７３年リリースの荒井由実のファーストアルバム）を見かけたこともあった。（『シティ・ポップ　１９７３－２０１９』85－86頁）

その後２０００年代を通じて、海外ＤＪが和モノレコードをプレイする例も徐々に増えていった。イギリスのＤＪデュオ、イジャットボーイズは、第1章で歌詞を引用した吉田美奈子による「TOWN」をプレイし、一部シーンで同曲がコアな人気を獲得する大きなきっかけを作った。ニューディスコのオリジネーターの一人であり、ニューヨークやベルリンのクラブシーンで活動するＤＪダニエル・ワンも、『JAPANESE CLUB GROOVE DISC GUIDE』掲載のインタビューで、ジュディ・オングの「魅せられて」などとともに、吉田美奈子の「TOWN」や、竹内まりやの「プラスティック・ラブ」をプレイしていると語っている。

こうした状況がさらに加速したのは、インターネットでのトレードが普及していったこととも連動しているという。ふたたびCHINTAMの発言を引用しよう。

「海外でも和モノのレコードが注目されはじめたと感じたのは２００８年くらいです。

い集め、プレイし、激しいダンスを繰り広げる。イギリスにおける後のクラブカルチャー発展の大きな起源の一つ。

当時、僕はネットショップでレコードを販売していましたが、海外からわざわざ律儀に漢字でレコードのタイトルリストを送ってくる人もいたりして、著名人だとDimitri From Parisがブギー系の和モノを探していたり、DJ Spinnaはサンプリング・ソースとして〝日本のフュージョンのレコードが欲しい〟ってリクエストをしてきたこともあります。アーティストやDJが先だって注目し始めて、海外の一般層に知れ渡っていったのは、Discogsに日本人がレコードを流すようになったのと、あと著名なDJのミックスに和モノが使われるようになったのが大きいと思います」（「日本の関係者から見た、和モノ再評価の波」）

このように、シティポップ系を含む和モノのレコードは、時間をかけて海外のアンダーグラウンドなレベルへと浸透していった。つまり、ある時期までの海外におけるシティポップ受容は、あくまでクラブシーン〜レアグルーヴ的な視点に基づき、レコードというフィジカルメディアを介した、一部マニアによるニッチなものにとどまっていたのである。

とはいえ、こうした流れからは、コンピレーションアルバムのような具体的で豊かな成果も生み出されている。たとえば、ロンドンのＤＪで、かなり早い段階から日本の各種音楽を現地シーンに紹介してきた一人である「Japan Blues」ことハワード・ウィリアムズは、現地ラジオＮＴＳにおいてジャパニーズ・ブギー／ソウル系音楽（≒シティポップ）を紹介するプログラムを長年担当し、２０１７年2月に英ＡＣＥ傘下のレアグルーヴ系レーベルBGPよりリリースされた『Lovin' Mighty Fire: Nippon Funk/Soul/Disco 1973-1983』のコンパイラーを務めた。また2017年12月には、米ボストンのソウル／ディスコ系レーベルCultures Of Soul Recordsから、タイトルどおり日本の女性シンガーたちによる人気の高いブギー曲を集めた『Tokyo Nights: Female J-Pop Boogie Funk - 1981 to 1988』がリリースされている。日本国内でのシティポップ再評価と同じく、海外のDJやバイヤー、リスナーたちによって地道に続けられてきた「ディグ」の文化〈※6〉やこれらのコンパイル仕事が、現在のブームを下支えし具体的な輪郭を与えてきたということも、ひとつの前提として押さえておきたい。

ヴェイパーウェイヴからフューチャーファンクへ

2010年代前半、こうしたブギー視点のシティポップ再評価とも共振しつつも、あくまでインターネット上を舞台とするカウンター的ムーヴメントとして出現したのが、フューチャーファンク（Future Funk）というジャンルである。この、ゲリラ的、盗用的で、ある意味では退廃的でもある異形のダンスミュージックの出自を理解するためには、まずその母ジャンルとされるヴェイパーウェイヴ（Vaporwave）について知る必要がある。

ヴェイパーウェイヴとは、先行するチルウェイヴ〈※7〉等のインディー音楽から派生し

※6「ディグ」の文化
「掘る」の意味の「Dig」が転じ、主にヒップホップ文化においてDJなどがレアで良質な中古レコードを発掘する行為を指す語として定着した。DJカルチャーにおいては、いかに他のDJがプレイしていない良いレコードを発掘するかが、基本的な「ディグ」の指針とされる。転じて、そのような行為をする者を「ディガー」という。

※7 チルウェイヴ
チルウェイヴは、2000年代後半に発生した音楽。グローファイ（Glo-fi）ともいう。靄のようなエフェクトのかかったヴォーカル、その名（chill）の通りレイドバックしたトラック、甘くノスタルジックなメロディーが特徴。

たとされるジャンルで、2010年ごろ、ワンオートリックス・ポイント・ネヴァーとしても知られるダニエル・ロパティンが変名でリリースしていた作品などがその原型とされている。その後、2012年に謎のアーティストMacintosh Plusがアップした『Floral Shoppe（フローラルの専門店）』〈図4―1〉によって、このジャンルの方向性が決定づけられた。Macintosh Plusの正体である女性電子音楽家Vektroid（本名：ラモーナ・アンドラ・ザビエル）による数々の変名でのリリースや、後に続いた多数のアーティストによる連続的／ゲリラ的な作品発表によって、様々な傍流も発生していく。

音楽的傾向としては、80年代~90年代前半の商業主義的な音楽（ポップス、フュージョン、ニューエイジミュージック〈※8〉、ミューザック〈※9〉等）を無断サンプリング〈※10〉し、再生速度を極端に落とす、切り刻む等の粗野な編集法を特徴としている。それまでの盗用あるいはサンプリング音楽との決定的な差異は、その高度に諧謔的かつ批評的な思想性と、クラブやレイブパーティー〈※11〉といったリアルの現場を持たないことによる脱フィジカル性にあるとされる。消費主義／高度資本主義時代のサウンドトラックともいえる過去の音楽を蹂躙するような方法論は、アンダーグラウンドなインターネット文化圏から投げかけられた、ナンセンスゆえに鋭利な消費主義イデオロギー批判であり、ポストモダン以降のディストピア的世界観の音楽的再現とみることもできそうだ。一方で、蒸気（ヴェイパー）のようにくぐもった音像と、甘美な旋律／和音を伴った音楽ゆえに、どこか失われたユートピア幻想への倦怠的な憧憬を匂わせてもいる。その音楽と同等に、ヴィジュアル面もヴェイパー

〈図4―1〉

※8 ニューエイジミュージック
同名の思想運動と連動し、1970年代半ばから現れた、精神世界を志向する音楽。1985年ごろから商業的にも認知され、ジャンル用語として定着した。シンセサイザーを中心としたゆったりした電子音楽や、アコースティック楽器を用いた静謐なインストゥルメンタルが中心。2010年代に、ネットを中心とした再評価が巻き起こった。

※9 ミューザック
1934年に設立されたアメリカのミューザック社の名によるもの。商業施設等商用向けのイージーリスニング風BGMをこう呼ぶようになっ

ウェイヴを構成する重要な要素〈※12〉とされている。黎明期のコンピューターグラフィックスや初期インターネット的意匠、日本のアニメやテレビＣＭ等を含む商業映像的意匠、あるいは自動翻訳調の意味不明な日本語配列といったヴィジュアルは、音楽自体から遊離する形でアートやファッションカルチャーをも巻き込みながら発展してきた。

フューチャーファンクは、このヴェイパーウェイヴを母胎とし、よりダンス向けのビート（主にディスコ／ブギーのビート）を強調した傍流ジャンルだ。２０１２年に「Vaporboogie」という名で発祥し、米国のプロデューサー、SAINT PEPSIが２０１３年に発表したアルバム『Hit Vibes』〈図４―２〉によって方向性が決定づけられた。山下達郎の「LOVE TALKIN'」を大胆に（違法に）サンプリング／カットアップ〈※13〉した、同作収録の「Skylar Spence」は、従来のフィルターハウス／フレンチハウス等からの大きな影響を感じさせつつも、どこかダンスフロアでのフィジカルな熱狂を拒絶するような密室性と内省性を湛えており、やはりインターネット上でのカルト的な人気を獲得していった。

並行して、多くのプロデューサーたちも、こうした日本産シティポップを盗用する試みへと次々に参入する。代表的なところでは、T-SQUAREやカシオペア、阿川泰子などによる日本のフュージョン系音楽をサンプリングしたメキシコのマクロスMACROSS 82-99、角松敏生や八神純子等をサンプリングした米国のYung Bae、竹内まりや「プラスティック・ラブ」のエディットで名を上げた韓国人ＤＪ／プロデューサーのNight Tempoなどが挙げられる（中でもNight Tempoは近年、杏里やWinkなどのオフィシャルリミックスを手掛け、多くのメデ

た。エレベーターミュージックとも。

※10 サンプリング
ここでは、既存の音楽作品などから一部を抜き取ってトラック（オケ）に使用することをいう。

※11 レイブパーティー
屋外など特定の場所に多くの人々が集って催されるダンスミュージックのパーティーのこと。

※12 ヴィジュアル面もヴェイパーウェイヴを構成する重要な要素
80年代〜90年代におけるレトロフューチャー（※33）的なイメージを彷彿させるヴェイパーウェイヴの各種ヴィジュアルイメージは、「美的」「美学の」を意味するaestheticという語で形容され、ジャンル特有の視覚的特徴として認識される。一般的形容としての「美的」と区別するために「ａｅｓｔｈｅｔｉｃ」と全角表記されることも多い。

ィアに露出し、ネット発のシティポップブームのスポークスマンとして広く名を知られている）。

　ある時期から、加速されたBPMやサイドチェインを用いた極端なコンプサウンド〈※14〉などが定型化してくるにつれ、初期に存在した（ヴェイパーウェイヴ由来の）諧謔性は徐々に薄まり、かなりストレートにフロアユースフルな作品も増えてきた。数々のシティポップ曲がサンプリングされ、矢継ぎ早にネット上に放たれることで、フューチャーファンクは今やその全貌を摑むのが困難なほどの広がりを見せている。

　ヴェイパーウェイヴ同様、フューチャーファンクにおいてもヴィジュアル面は重要視される。とりわけ印象的なのは、日本のアニメーション画像／映像の積極使用（もちろんほとんどが無許可）だろう。『美少女戦士セーラームーン』や『うる星やつら』などの80〜90年代アニメーション作品から抜き取った1シーンをループさせたミュージックヴィデオが投稿され、そのサウンドとともに、どこかで見聞きしたようで、それでいてそうでもないような、一種の歪なノスタルジア感覚を惹起している。これは、初期フューチャーファンクの作り手が主にミレニアル世代〈※15〉を中心としていたこととも無関係ではないだろう。

　たしかに、『キャッツ・アイ』（第1期オープニング（OP）テーマ：杏里「CAT'S EYE」、エンディング（ED）テーマ：杏里「DANCING WITH THE SUNSHINE」、第2期OPテーマ：刀根麻理子「デリンジャー」他）をはじめ、『シティーハンター』（第1期OPテーマ：小比類巻かほる「CITY HUNTER〜愛よ消えないで〜」他）、『きまぐれオレンジロード』（第1期EDテーマ：和田加奈子「夏のミラージュ」、第3期EDテーマ：中原めいこ「ダンス・イン・ザ・メモリーズ」他）、『美味しんぼ』（後期OPテーマ：中村由真「Dang

〈図4―2〉

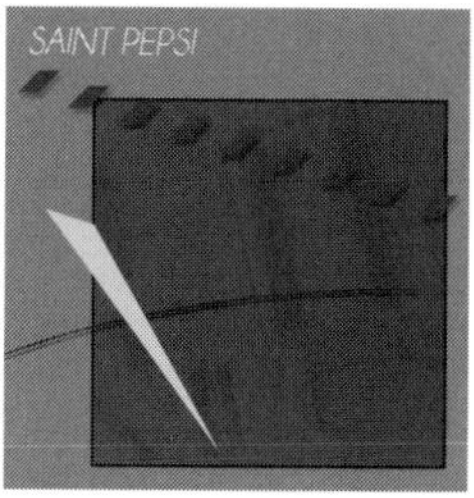

※13 カットアップ
美術や文学の文脈でも使用される語だが、ここでは、サンプリング等で抜き出したあるフレーズ（音）を本来の時間の流れとは無関係に反復したり並べ直したりする編集操作を指す。

※14 サイドチェインを用いた極端なコンプサウンド
特定のトラックの音量に連動して他のトラック全体のヴォリュームを増減する技法を用いて、全体が太くうねって聴こえるように加工したサウンド。主にドラムのキックの音を信号とすることで、「ドンッドン」というアクセントに合わせて全体が連

Dang気になる」他）など、80年代に放映が開始された人気アニメ作品を見回すと、当時からアニメとシティポップス系楽曲が強く結びついていたこともわかる（マイナーなオリジナルヴィデオアニメーション作品などを含めれば膨大な例を挙げることができるだろう）。

しかしフューチャーファンクのミュージックヴィデオにおいては、そういう実体的なつながりが強調されるというより、ヴェイパーウェイヴを経由した消費主義的な当時の日本の意匠として、海外在住の彼らが幼少期に後追いも含めて日常的に触れていたであろう（あるいは実際には当時触れていなかったとしても）メジャーな日本産アニメーションの象徴的な風景が任意のシティポップ系楽曲と恣意的に接合されることで、国境をまたいだ架空的なノスタルジアの培養基となっているのだ（頻繁に引用される『美少女戦士セーラームーン』の実際のオリジナル放映は、彼らが引用するシティポップ系楽曲のリリースからは微妙に後の、90年代前半の出来事だったというのも、多少の時間的ズレを孕んだ架空的に接合されるノスタルジアという視点からは重要なポイントだろう）。

フューチャーファンクにおけるシティポップ楽曲のゲリラ的かつ自覚的な「盗用」と、それによる従来のサンプリングミュージック倫理の内破欲求こそは、旧来の和モノ／ディスコ／ブギーを牽引してきた垂直的な価値観に基づくシティポップ再評価との大きな差異を告げている。近年では、シティポップへの素朴な敬愛や憧憬に駆動されたフューチャーファンクの作り手も少なくないし、パーティーの「現場」でダンスミュージックとしてプレイされることも増えている。とはいえ、少なくとも初期フューチャーファンクにおいては、黄金期のシティポップによって表象されていた「かつての、空虚な」消費社会的風景

動するため、「プワップワッ」というフューチャーファンクに特徴的なサウンドが得られる。

※15 ミレニアル世代
80年代初頭から90年代半ばに出生した世代。幼少期から青年期までの間インターネットに触れてきた、いわゆるデジタルネイティブ第一世代を指す。

が相対化して捉えられ、当時夢想されていた楽観的未来はすでに剝奪されてしまっているという事実が、逆説的に暗示されていた。

これは、本書でもたびたび論じてきた「アイロニー」や「諧謔」の一種とも捉えられるだろうし、歴史の遠近法によって発生する虚無的な（過去からみた）未来観を提示するという意味では、ひとつの自虐的態度であるといえるかもしれない（「我々には結局、あのようなきらびやかな時代のきらびやかな音楽を、牧歌的に再生産することはできない」という捻れた「リスペクト」を感じさせる）。現在観察される海外からのシティポップ再評価には、これまで述べてきたフューチャーファンク由来の諧謔性が太い支流となって合流していることも理解しておく必要がある。

アルゴリズムが導くシティポップの発見

こうしたインターネット発の新しいムーヴメントは、当然ながらその元ネタであるシティポップへの高い関心をさらに焚きつけていった。もっとも大きな舞台となったのは、世界最大の動画投稿サイトYouTubeだ。その中の象徴的な1曲こそ、竹内まりやが1984年にリリースした「プラスティック・ラブ」である。この曲が収録されているアルバム『VARIETY』（1984年）は、2年半の沈黙を破り、パートナーとなった山下達郎のプロデユースを得て、竹内まりやがいよいよ「大人のアーティスト」へと変貌を遂げた〈※16〉名作として、リアルタイム世代はもちろん、後追いの和モノDJたちも含めた国内ファンから高く評価されてきた。「プラスティック・ラブ」は、その中でもとりわけ人気の高い曲だった（85年には「Extended Club Mix」として12インチがカットされている）。こうした基盤が存在したとはいえ、以下の出来事は予想だにしないものだっただろう。

２０１７年、ある海外ユーザーによって、「プラスティック・ラブ」がYouTubeに無断でアップされた〈※17〉（なぜか80年のシングル「Sweetest Music」のジャケットが静止画として使用されている）。当該動画は、著作権侵害の申し立てにより２０１８年12月に一度削除されたものの、２０２１年7月までに、７０００万回に迫る驚異的な再生回数を記録した。この「非公式動画」により、「プラスティック・ラブ」は今や世界的な知名度を有する曲となったのだ（当該動画は２０２１年8月に再び削除されてしまったが、他にも同様の動画は多数存在し、中には２０２２年2月時点で４８００万回以上再生されているものもある）。

この現象には、YouTubeのＡＩアルゴリズム〈※18〉によるオートレコメンド機能が寄与していたとされている。実際にある一時期、多くの音楽ファン／ユーザーはYouTubeにアクセスするたび、半強制的にこの動画のサムネイルを目にしていた。それほど多く再生されているからサジェストされるのか、それほどアルゴリズムがサジェストしてくるから再生数が膨らんだのかを厳密に判別するのは困難だが、実態としてはその両方が絡みあうことでインフレーション的状況を招いたと理解するのが適当だろう。当該動画に先んじて

※16 竹内まりやがいよいよ「大人のアーティスト」へと変貌を遂げた
78年のデビュー以来アイドル的な存在として人気を博していた竹内まりやは、徐々に自身の目標とする自律的なアーティスト像とのギャップに苦悩するようになり、81年に一旦活動を停止してしまう。その後82年に予てより交際を続けていた山下達郎と結婚。彼が設立した新レーベルのアルファ・ムーン所属となると、シングル「もう一度」を84年4月にリリース。続いて、竹内自身が全ての作詞作曲を手がけたアルバム『VARIETY』（プロデュースは全曲山下による）を発表した。それまでの音楽性から脱皮し、「洗練された大人の女性像」を色濃く反映した充実の作品と評価されている。

※17 ある海外ユーザーによって、「プラスティック・ラブ」がYouTubeに無断でアップされた
グラフィックデザインを専攻する海外在住の匿名学生「Plastic Lover」がアップ主。それ以前にも「プラスティック・ラブ」の動画はYouTube上にアップされていたが、それらがアーティスト名の綴りを間

２０１６年３月にアップされていた、先述のNight Tempoによるリミックス版動画「Plastic Love（Night Tempo 100% Pure Remastered）」もまた、相乗的に再生数を伸ばしていった。

シティポップリバイバルの一般化

この段に至り、かつては一部ＤＪやマニアックなリスナー、そしてフューチャーファンクを取り巻くインターネットユーザーを中心としたムーヴメントであったシティポップ再評価は、一気に一般的なレベルへと浸透していった。山下達郎や角松敏生、八神純子、秋元薫など、フューチャーファンクにサンプリングされた楽曲の原曲を皮切りに、数々のシティポップ系楽曲動画が急速な再生数上昇をみせ、日本語以外の言語がコメント欄に多数飛び交う状況が現出した。それと呼応するように、以前からシティポップ系音源を収集していたマニアによる動画投稿も相次ぎ、YouTubeは、幅広い地域の（主に「デジタルネイティブ世代」以降の）ユーザーに対する、日本産シティポップの巨大なアーカイブの場として機能しはじめたのである（それまで、同じくマニアにしか受容されていなかった日本産アンビエント〈※19〉やニューエイジミュージックなど、一部の他ジャンルでも同様の現象がみられた）。

さらには、ラッパーのタイラー・ザ・クリエイターが山下達郎の「FRAGILE」を、Ｒ&Ｂアーティストのザ・ウィークエンドが亜蘭知子「Midnight Pretenders」をサンプリン

違っていたりしたため、結果的に後発の当動画が多く再生されることになったとされる。こうした状況をはじめ、同動画のサムネイルに使用されている竹内のポートレイトを撮影した写真家Alan Levenson側の申立による動画削除や復活の経緯は、２０２１年５月18日にアップされたPitchforkの記事、'Talking to the Anonymous YouTuber and the Photographer Who Helped Mariya Takeuchi's "Plastic Love" Go Viral' に詳しい。

※18 アルゴリズム
コンピューターにプログラムの形で与えられた定式的な手順や計算方式のこと。ここでは、「この動画を視聴した場合、次にこの動画がレコメンド欄に現れる」といった定式的なパターンとして観察される。

※19 アンビエント
「環境音楽」とも。楽音を外部から区画し独立的／能動的に聴取するのでなく、環境（音）との融和的関係性の中において鑑賞することが企図された音楽のこと。ゆったりとしたリズム、穏やかな旋律が特徴。イギ

グするなど、必ずしもフューチャーファンクの系譜には位置づけられない、よりメジャーなフィールドで活動するアーティストがシティポップを取り入れる例も珍しくなくなってきた。国内メディアはもちろん、アメリカを中心とした海外メディアによるシティポップリバイバルの解説記事が盛んに掲載されるようになったのも、これらの状況と軌を一にしている（とはいえ、Billboard等の既存チャートにおいて大物アーティストを蹴散らして過去のシティポップ曲が大ヒットを飛ばしているとか、全世代的／全地域的な知名度を獲得しているとか、目に見えるオーバーグラウンドなレベルでシティポップがブレイクしているわけではないことも言い添えておく）。

こうした「シティポップリバイバルの一般化」における最も顕著な例が、同じく「はじめに」で触れた、松原みき「真夜中のドア～stay with me」の突発的な大ヒットだろう。この現象については、音楽ビジネス的な視点によるものも含め、各メディアですでに多くの解説がなされてはいるが、あらためて説明しておこう。主なフィールドとなったのは、モバイル媒体向け動画プラットフォームTikTokと、サブスクリプション型音楽ストリーミングサービスSpotifyである。

「真夜中のドア～stay with me」は、１９７９年11月にリリースされた松原みきのデビューシングルだ。近年のバズによって、ここ最近になって「発掘」された楽曲かのように語られることもあるが、発売当時にも（大ヒットとはいえないまでも）オリコンランキングで最高28位を記録し、10万枚以上のレコードを売り上げた、リアルタイム世代にもある程度認知された楽曲だった。和モノＤＪシーンでもかねてより人気の高い曲で、２００３年にはプ

リス出身の音楽家ブライアン・イーノによって提唱された。一部ニューエイジミュージックとも近接、重複した特徴を持つ。近年、吉村弘や小久保隆ら日本人作曲家によるアンビエント作品が、YouTube上の動画をきっかけにリバイバルした。

ロモ12インチがカットされている他、同曲収録のファーストアルバム『POCKET PARK』の復刻盤CD（2009年）に、リミックス版の「真夜中のドア／Stay With Me Original club mix Mixed by D.O.I.」が収録されるなど、少なくないファンに支持されてきた（他にも、英国のアシッドジャズ／ソウル系バンド、インコグニートのリーダー、ブルーイによるリミックス版もコンピレーションアルバム『One Nation』（2003年）の中の一曲として発売されている）。

しかしながら、より多くの海外ユーザーが知るところになったのには、やはりYouTubeの存在が大きいだろう。ここでもやはりオートレコメンド機能によって多くの再生数を稼ぎ、カルト的な人気曲となっていた。そうした状況の中、大きな転機となったのが、インドネシアのシンガー、Rainychが2020年10月にYouTubeにアップしたカヴァーヴァージョン〈図4―3〉だ。彼女は、2016年からJ-POPやアニソンのカヴァーをYouTube上にアップしてきたミュージシャン兼YouTuberで、2020年3月にアメリカの人気ラッパー、ドージャ・キャットの「Say So」を日本語でカヴァーした楽曲を投稿すると、本人から絶賛を受け、一躍人気YouTuberとして注目されることとなった。そんな彼女による「真夜中のドア～stay with me」のカヴァーが、なぜオリジナルバージョンの大ヒットをも引き起こしたのだろうか。オリジナルバージョンの原盤を保有する日本のレーベル「ポニーキャニオン」でデジタルマーケティングを担当する川崎義博は、音楽ジャーナリスト柴那典によるインタビューで、次のように語っている。

〈図4―3〉

――〈引用者註：同曲の再生回数の急上昇は〉何が理由だったんでしょうか？

川崎：我々でもいろいろと調べたんですが、おそらく、10月31日にRainychさんのカバーがYouTubeに公開されて、これは我々が関与したことではないんですが、東南アジアのとあるTikTokユーザーがこの曲を使った動画を公開して、そこからTikTok内で自然発生的にブームが起こっていき、海外有名YouTuberが絡んでバズが生まれていき、それが大きな起爆剤になりました。（『現代ビジネス』２０２１年３月27日付記事「日本の「シティ・ポップ」世界的人気のナゾ…現象の全貌が見えてきた」）

TikTokは、ここ日本でも若年層を中心に隆盛を極める動画投稿プラットフォームだが、精密なアルゴリズムによって、各ユーザーが興味を抱くであろう動画を自動でレコメンドする機能を備えている。現行の国内アーティストでも、瑛人「香水」やAdo「うっせぇわ」など、TikTokのこうした仕組みによって大きなヒットに結びついた例が続出しているのはご存じのとおりだ。柴は、別の記事で次のように分析している。

TikTokはアルゴリズムによるリコメンドが強力に作用する仕組みを持っている。どのアカウントをフォローしたかだけでなく、どの動画を見たか、それを最後まで見たか、途中で飛ばしたか、お気に入りをタップしたかどうかなど、ユーザーの行動履歴を秒単位で分析することで、そのユーザーへのリコメンデーションが変わってくる。

一方、好リアクションを獲得した動画は投稿者のフォロワー数が少なくとも「おすすめ」として多くのユーザーにリコメンドされる。

つまり、インフルエンサーとしての個人の影響力が重視されるInstagramなどのSNSと対称《ママ》的に、投稿されたショートムービーの興味喚起力や中毒性自体がバズの原動力となるのがTikTokのアルゴリズムの特性だ。（『KOMPASS』2021年3月25日付記事「「バイラルチャート」に見る、リスナー主体のヒットの生まれ方」）

「真夜中のドア～stay with me」のオリジナルバージョンも、まさにこうしたアルゴリズムによって大量に拡散していった。Spotifyにおける世界的バイラルヒットも、こうしたTikTok上でのバズが波及した結果だといえるだろう。川崎は次のように言う。

川崎：僕らの分析では、Spotifyのグローバルバイラルチャートで1位になった要因はTikTokだったと思っています。それまではユーザーが勝手に上げた音源しかなかったので、11月19日にTikTok内で使える公式の音源をリリースしました。そこから11月末から12月上旬にかけて「THE PERFECT TIK TOK」というトレンド動画のBGMに使われたり、日本にルーツがある家族の女の子がお母さんに「この曲、知ってる?」って聴かせたリアクション動画がめちゃめちゃ流行った。このあたりが原動力になっていると思っています。（同前）

Spotifyの公式発表によると、バイラルチャートとは、「Spotifyからの SNSやメッセージアプリでシェア・再生された回数などをベースに、Spotifyが独自に指標化したランキングで、今SNSで最も話題になっている曲を表しているとも言え」るものだ。前掲の柴記事に引かれたSpotify Japanコンテンツ統括責任者・芦澤紀子の言葉によると、その基準となる要素は、「Spotifyサービス内で直近の再生回数がどれだけ上昇したか」「Twitterや Instagramなどの SNSに楽曲がどれだけシェアされたか」「どれだけその曲が新しく発見されたか」の各点だという。注目すべきなのは、TikTok等の他サービスでの再生回数はカウント対象に入っていないということだ。翻って見れば、TikTok内でのバズを契機としているとはいえ、「真夜中のドア〜stay with me」が、ただBGMとして消費されるだけでなく、いかに多くのユーザーに対してSpotifyでの再生やSNSでのリンク共有を喚起したのかがわかる。特定のサービス内に閉じた中で同曲がカルトヒットしたわけでなく、様々なサービスや国境を横断しながら、まさに「バイラル〈※20〉」なヒットが出現したという事実を物語っている。

※20 バイラル
viral。ウイルス性、の意。主に、ウェブマーケティングにおいて、ある情報がウイルスの拡散するように次から次へと伝播していくさまを指す。

海外で「ウケる」／「ウケない」シティポップとは？

こうした近年のバズ現象に顕著なように、海外においてシティポップを受容する主なリスナー層というのは、様々なプラットフォームを日常的に使いこなす、いわゆるデジタルネイティブ〜ソーシャルネイティブ世代といわれる若年層だ。YouTubeを中心とした「プラスティック・ラブ」現象を主にミレニアル世代が引き起こしたもの、TikTokを中心とした「真夜中のドア〜Stay with me」現象を主にZ世代〈※21〉が引き起こしたものであると、世代論的に区切ってみることも可能だろう。日本におけるシティポップのファン層がリアルタイム世代を主なボリュームゾーンとしている状況に鑑みると、この対照性は非常に興味深い。

モーリッツ・ソメと加藤賢は、研究レポート「Japanese City Pop abroad: findings from an online music community survey」（2021年）において、ネット上のファンコミュニティに対して大規模なアンケートを実施し、2020年末調査時の詳細な年齢分布や国ごとの分布、性別などの統計データをまとめ、そうした傾向を明示している。補論2「〈再発見〉はどこから来たか?」でも示されているので詳述は避けるが、このような国内外でのファン層の差異を押さえることが、現在のシティポップリバイバルのダイナミズムを理解する

※21 **Z世代**
ミレニアル世代に続く世代のこと。90年代半ばから2000年代までに生まれた世代を指す。生まれた時点から既にデジタルデバイスに囲まれ、それらを日常的に使用するのが生来的に常識となっている世代。幼少期からソーシャルメディアに親しんでいるため、「ソーシャルネイティブ」とも形容される。

助けになるのは間違いないだろう。

たびたび国内ファンの間で巻き起こる「なぜ○○○○（アーティスト名）は海外でウケないのだろうか」という議論に関しても、これまでに述べてきたとおり、海外におけるシティポップ人気はネット中心に若年層が主導してきたという視点を据えれば、理解しやすくなるだろう。ディスコ／ブギーのビートこそが金看板であるフューチャーファンクしかり、海外ファンダムにおいては、あくまで「ノレる」曲かどうか、各プラットフォームやSNSで瞬発的なシェアを惹起するわかりやすいキャッチーさ（サビが英語で歌われているかどうかなど）が大きな指針となっている様子が見えてくる。もちろん、マニアックなユーザーの間ではより「渋い」シティポップ系楽曲〈※22〉が称賛を受けたり、ニッチなアナログレコードが高騰したりしているが、現在ネット上で観察される広範な現象としてのシティポップリバイバルにおいては、やはり右のような要素が人気曲の要件になっている事実が浮かび上がってくる。

例として、「海外でウケないシティポップ」の代表的な存在として語られがちな大滝詠一の『A LONG VACATION』について考えてみるとわかりやすい。日本国内では、いうまでもなく「シティポップの傑作」として認知され、第1章でみたとおり発売当時から大ヒットを記録し、再発ごとに大きな話題を呼ぶ作品だ。2020年、収録曲の「君は天然色」がTVアニメ『かくしごと』のエンディングテーマとして使用され、海外の一部アニメファンにも認知されたことはあったが、ソメ／加藤補論における「好きなアーティスト

※22 より「渋い」シティポップ系楽曲
日本国内における「ライトメロウ」的価値観とも符合するミディアムテンポで生楽器志向のシティポップ系楽曲をイメージせよ。こうした楽曲はYouTubeにアップされても爆発的な再生回数に達しない傾向があり、今の所、よりコアなファンの間での愛好にとどまっている印象がある。

ランキング」でも、その人気は順位表の圏外（0・2％得票）となっている。

本作の音楽性は、ブギー系ではないのはもちろん、ソウルやフュージョン系のシティポップによく聴かれる16ビートのリズムやメジャーセブンス等の和音が概ね排された、オールディーズ的要素の強いものであり、現在の海外シティポップファンが想定する「シティポップ的なもの」と埋めがたい距離があるのだと推測できる。

より本源的なレベルで考えるなら、大滝詠一の音楽の場合、日本の内側から眼差すほかない外部的対象としての海外音楽を日本の環境／文脈の中でメタ的に奪胎するという高度な戦略が（『A LONG VACATION』ではそういったメタ性がかなり薄められている〈※23〉にせよ）、「日本国内の洋楽ファン」という文化圏の参加者以外＝海外の若年リスナーには伝わりにくいという事情もあるかもしれない。そこを取り逃すなら、『A LONG VACATION』は、たしかに単なるオールディーズ風ポップスとしてしか聴こえなくなってしまうだろう（もちろん、海外における大滝詠一作品への評論や言説の積み重ね〈※24〉を経て、「正しく」評価される日が来ないとは限らない）。

こうした極めて日本的な転倒的「メタ性」への理解が浸透することの難しさは、現在のシティポップリバイバルを主導する海外リスナー一般が、大滝詠一に限らず、（近年大々的に再評価された細野晴臣〈※25〉を除いて）はっぴいえんどや、ティン・パン・アレー等彼らに連なる系譜であるシティミュージック一派にはさほど大きな関心を向けないということとも符合しているように思われる（ソメ／加藤補論における「好きなアーティストランキング」では、南佳孝、小坂忠、伊藤銀次などはゼロ得票だ）。

※23『A LONG VACATION』ではそういったメタ性がかなり薄められている
第1章37頁で述べたように、本作は、それまでのアイロニックな路線から方向転換し、明確にヒットを狙って制作された。

※24 海外における大滝詠一作品への評論や言説の積み重ね
たとえば、本書にも論考を寄せているスタディストの岸野雄一は、後述する台湾の若手アーティスト林以樂（リン・イーラー）による大滝詠一作の「夢で逢えたら」のカヴァー7インチをゲイリー芦屋とともにプロデュースするなど、積極的な取り組みを行っている。

※25 近年大々的に再評価された細野晴臣
2010年代半ば頃から、マック・デマルコやデヴェンドラ・バンハートといったインディーロック／フォーク界の著名人が細野への称賛を積極的に発信し始め、2018年には、米シアトルのレーベルLight in the Atticから、キャリアを横断する計5タイトルが再発されるなど、大規

もちろん、そうした音楽面の要素とともに、十分な聴取環境が海外からアクセス可能なプラットフォーム上に構築されているかどうかも、特定のアーティスト／作品の人気ぶりと密接に関連していると考えられる。原則から言えば「違法アップロード〈※26〉」であるYouTubeへの第三者ユーザーからの投稿に対し、プロモーション効果の上から「お目こぼし」して黙認するか、あるいは毅然とした削除要請を行うかは、権利元たるレコードレーベルやアーティスト本人のスタンスによって分かれるところだし、適法のストリーミングリリースにおいても、そもそも配信自体が行われていない作品はまだまだ多い。また、国内では聴取可能だが海外では聴くことができないといった例もある（これまでのドメスティック音楽産業が海外へのライセンス事業に極めて消極的だったのは先に述べたとおりだ）。産業側からすればなんともアンビバレントな感情を抱かざるをえない状況ではあるが、アンオフィシャルあるいはノンフィジカルな情報流通経路が発展していったからこそ現在の海外におけるシティポップブームが出来してきたというのは、紛れもない事実なのだ。

他方で、大回転する違法ポストは広告出稿の誘導効果ももたらすだろう。あるいはまた、アーティストへのその分配率の低さがたびたび議論の的になるワールドワイドなストリーミングサービスで、シティポップ曲が突発的にヒットする。裏を返せば、ここには、覇権的グローバル企業（たとえばグーグルや、各種ストリーミングサービスを運営する大企業など）による文化の搾取やデジタル資本主義〈※27〉下の独占といった問題も見え隠れしているようにも思えるのだ。

模な再評価が巻き起こった。2019年に敢行されたソロ名義でのアメリカツアーも大盛況を呈した。

※26 違法アップロード
著作隣接権としてのいわゆる「原盤権」は、一般に発売元のレコードレーベルやプロダクションが所有しており、第三者がそれらからの許諾なしにYouTubeへ音声をアップロードすることは、原則的に著作権の侵害行為となる。動画削除など、こうした「違法アップロード」に厳しく対応する原盤権者もいる一方、海外ユーザーや若年層を視野に収めた「プロモーション」の観点から、動画の存在を知りながら黙認している例も多い。また、「コンテンツID」という仕組みにより、当該動画に広告を表示することで、本来得られるはずの原盤二次使用料の代わりに、そこからの広告収入が原盤権者へ分配される、というケースもある。

※27 デジタル資本主義
商業資本主義、産業資本主義を経て現在現れている経済システムを表す用語。森健・日戸浩之著、此本臣吾監修『デジタル資本主義』（201

シティポップ受容とオリエンタリズム

古くから欧米社会は、自らのアイデンティティの成立／保持のために非欧米社会を眼差し、その文化に自らとは別種の「異国情緒」を発見するという「オリエンタリズム〈※28〉」を抱えながら発展してきたとされる。特に近代以降、国民国家という概念の外殻が立ち現れる局面において「オリエンタリズム」は大きな役割を担ってきたろう。「オリエント」に措定された非欧米地域やその文化は、しばしば「未成熟」であったり「非理性的」といった対抗概念とともに受容され、エキゾチシズムの対象として消費されてきた。

このオリエンタリズムが日本を対象とした場合、古くは欧州におけるジャポニズムの流行なども例として挙げられるだろうが、もっともお馴染みなのは、「フジヤマ」「ゲイシャ」「ハラキリ」といった言葉に象徴されるステロタイプ的日本像だろう。欧米諸国の文化／経済的覇権の相対的な低下や急速なグローバル化によって、こういった日本像はすでに時代遅れのレガシーとなりつつあるが、以後もなお、形を変えて大小のオリエンタリズム的視線が日本文化に対して浴びせられることは少なくない。

もしかすると、一見、コスモポリタン〈※29〉な音楽ミームとしてネット上を流通する＝一見オリエンタリズムとは無縁なようにも思える現在のシティポップブームにおいても、

8年）によれば、「デジタル技術を活用して差異を発見・活用・創出し、利潤を獲得することで資本の永続的な蓄積を追求するシステム」（42頁）と定義される。広告型モデルによる各種サービスの無償化や、シェアリングエコノミーの推進などがメリットとして挙げられる一方、高度のデジタル技術やビッグデータを持つ巨大グローバル企業による新たな形の独占も懸念される。

※28 オリエンタリズム
詳しくは、批評家のエドワード・サイードによる『オリエンタリズム』（原著1978年、邦訳1986年）を参照。

※29 コスモポリタン
世界的な視野を持ち、国籍や国家による排外的な区分にとらわれないさま。またはそういった人々のこと。

どこかにこうしたオリエンタリズムの残滓が漂っているのかもしれない。欧米メディアがシティポップを取り上げた記事の中から、いくつか参考になりそうな発言／著述を見ながら、彼らがなぜ日本のシティポップに執心しているのか、そこにはどんな視点が含まれているのかを考えてみよう。

米国のインディーロックバンド、ヴェティヴァーのフロントマンで、早い段階から日本産音楽に注目してきた先駆者であるアンディ・キャビックは、日本を訪れた際、ＣＤショップの店頭試聴機でシティポップ系音楽と出会ったときのことを振り返り、次のように語る。

「〈引用者註：米国本国の〉ＡＯＲやウエストコースト・ポップ、そういうのは耳が腐るほど聴き飽きていて、もはや自動的に脳が拒否反応を示すんだ」
「でも全く違った環境で耳にすると、目から鱗のような体験をすることもある。異国文化というフィルターを通したその音楽〈引用者註：シティポップ〉に、僕は懐かしさと新鮮さを同時に覚えたんだ」（『Rolling Stone Japan』２０１９年8月12日付記事「日本のシティ・ポップは、なぜ世界中のリスナーを虜にしているのか？」）

海外発のシティポップコンピレーションの決定版ともいえる作品『Pacific Breeze: Japanese City Pop, AOR & Boogie 1976-1986』〈※30〉のコンパイラーをキャビックとともに務めたDJ／プロデューサーのマーク・マクニールも、同記事内で以下のように話す。

「アメリカの70年代のファンク、ソウル、ブギー、あるいは80年代のソフトポップやAORに慣れ親しんだリスナーなら、これらの楽曲に共通点を見出すはず。様々な要素を共有してはいますが、これらの曲には日本的な何かがはっきりと宿っています」（同前）

ここで語られているのは、自らの国における類似的な音楽（AORやソウル等）との共通性と、それでもなお観察できる文化的な要素由来のサウンド上の差異だ。その相互浸透と相克ぶりこそが彼らの聴取感覚を刺激している。限りなく日本的でない＝土着的でない「欧米への憧れ」を伴った音楽であるからこそ、歌詞や歌唱法、メロディーに微残する「日本的要素」がそれ特有の美点としてかえってクローズアップされ、好ましいものとして認識されている構造が見て取れる。

こうした「本場との差異性」とともに、シティポップの魅力としてたびたび語られているのが、「（主に）1980年代へのノスタルジア」の感覚である。しかし、ここにおけるノスタルジアとは、単にかつての欧米社会の姿を懐かしむ心性というより、架空の、達成されなかった、並行的存在としてのノスタルジアだ。お気づきのように、これは、先にヴェイパーウェイヴ／フューチャーファンクの項で触れた、過去に夢想され、実現されなか

※30『Pacific Breeze: Japanese City Pop, AOR & Boogie 1976-1986』
先の註で触れた細野晴臣作品の海外リイシューを手掛けた米シアトルのレーベル、Light in the Atiic発のコンピ。2019年5月発売。ジャケットイラストは永井博が手掛けた。日本国内の一部レコード会社が海外のシティポップブームに無関心でライセンスにも消極的だった中、粘り強く交渉を進め、リリースにこぎ着けた。2020年5月には第2弾『Pacific Breeze 2: Japanese City Pop, AOR & Boogie 1972-1986』も出た。同レーベルは、「Japan Archival Series」という名の下、本作の他に、環境音楽や70年代フォークロック等のアンソロジーもリリースしており、海外市場における日本産音楽リイシューの中心的存在となっている。

った未来像への諦念混じりの郷愁という心性にも近しい。シティポップに保存された「過去」がリスナーによって実際に体験されたものでなくてもよい。いや、それどころか、体験されたものでないからこそ、夢想的なノスタルジアが想像（適応）可能になっていると言ったほうが正しいかもしれない。ヴェイパーウェイヴ系の米レーベルBusiness Casualを主宰するジョン・ゾベレは、ウェブメディア『VICE』の取材に答え、次のように語る。

「見慣れているようでありながら、同時に外国のもののように感じられる存在というのは、興味をそそられるし、魅力的です」
「私が初めてシティポップを知ったとき、それはまるでタイムスリップしたような体験でした。テレビをつけると、別の世界の古いコマーシャルが流れていて、同じブランドや消費財が、私の記憶とは違う形で売られている。そんな様子を見ているかのようでした」（『VICE』２０１９年1月25日付記事「The Guide to Getting Into City Pop, Tokyo's Lush 80s Nightlife Soundtrack」、拙訳）

また、米音楽ウェブメディア『Pitchfork』においてシティポップについて論じた評論家キャット・ヂャンは、YouTube上で人気を博すミックス「warm nights in tokyo［city pop／シティポップ］」に投稿されたコメントを引用しながら、以下のように述べる。

日本語の歌詞はエキゾチックでミステリアスな雰囲気を醸し出しており、西洋のリスナーが自分の欲望を自由に投影できる余地を与えている。YouTubeでは、リスナーは日本についての人工的な思い出を懐かしんでいる。曰く、「窓を開けて夜の東京の街をドライブしていたあのころ、ビルのネオン……。みんなでワイワイやっていた80年代は最高だった」と、あるユーザーが人気のミックス動画「warm nights in tokyo [city pop／シティポップ]」にコメントを寄せている。しかし、その幻想は解けていく。「でもちょっと待て、自分は今18歳でアメリカに住んでいるんだった」。シティポップ楽曲の動画はどれも同じようなコメントで埋め尽くされている。(『Pitchfork』2021年2月24日付記事「The Endless Life Cycle of Japanese City Pop」、拙訳)

かつて存在した楽観的な過去を懐かしんでいるようにみえながらも、あくまで現在から仮託された視点を、非当事者的位置から投影する。なぜ彼らは、シティポップに対して、こうした「横にずらされた」非実在的なノスタルジアを抱くのだろうか?

ここで取り上げてみたいのが、「テクノオリエンタリズム」という概念である。80年代以降というのは、よく知られるように、主に日本の急速な経済発展によって相対的に西洋の経済的な地位が取り崩されていく期間でもあった。不埒《ふらち》なほどに伸長する日本の経済力と、テクノロジーの侵攻。こうした状況に対して当時の西洋社会が抱いた一種のメランコリーを捉えたキーワードが、イギリスのメディア研究者デヴィッド・モーリーと社会学者のケヴィン・ロビンズの論じた「テクノオリエンタリズム」だった。彼らは、1995年に出版した著書『Spaces of Identity』の中で、以下のように述べる。

もし未来がテクノロジー的であり、そのテクノロジーが「日本化」されているのだとすれば、この三段論法が導くのは、未来もまた日本的だということだ。ポストモダンの時代とは環太平洋の時代になるだろう。日本は未来そのものであり、それは西洋の近代性を越え、置き換えてしまうだろう。（『Spaces of Identity』p.168、拙訳）

かつて、80年代から90年代にかけて、工業部門をはじめ、エンターテインメント業界においても日本資本による海外企業の買収が行われたり、いわゆる「ジャパニメーション〈※31〉」の波が各地域を覆ったりと、躍進する日本の経済力／文化伝播力が西洋社会に及ぼした脅威は、来たるべき未来が日本型の高度テクノロジー資本主義に席巻されるのではないかという不安感を呼び起こした。このムードが色濃く反映／昇華された欧米産の作品に映画『ブレードランナー』（1982年）、SF小説『ニューロマンサー』（1984年）などのサイバーパンク〈※32〉系の諸作があるが、そこに描かれていたのは、「血の通っていない」日本的仮構が支配するディストピア的な未来観であった。こうしたディストピア的意匠は、当時においては概して悲観的な色調に覆われていた。

2010年代まで時代を下り、今一度ヴェイパーウェイヴを参照するなら、この異形の

※31 ジャパニメーション
「Japan」と「Animation」を合成した語。海外から日本発アニメーションを呼称する際に使われていたが、90年代、国家文化戦略としてアニメーション作品を海外へ発信する際のキーワードとして日本国内でも広く用いられた。

※32 サイバーパンク
Cyberpunk。80年代に流行したSFの潮流。各種サイバネティクス技術が浸透した近未来社会の姿と、そう

ゲリラ的音楽は、「テクノオリエンタリズム」的未来観自体を、憂愁に満ちた「失われた未来像」としてノスタルジアの括弧に入れ直す機能を負っていたのかもしれない。２０２０年代に生きる我々が知っているとおり、その後の日本は、モーリーとロビンズがセンセーショナルに予想したほどには、世界の未来に対して支配的な役割を演じることはなかった。むしろ「失われた20年」の経済的低迷を通じて、その未来が反故《ほご》にされた事実を我々はすでに知っている。要するに、（少なくともごく初期の）ヴェイパーウェイヴは、そうした、「すでに失効した過去の未来像」を追慕しつつ揶揄する捻れたノスタルジアを胚胎していたのではないか。穿った見方をすれば、もしかすると、それを母胎のひとつとする現在のインターネット上を中心とするシティポップブームにも、同じように挫折した未来に対しての屈折した恋慕と安堵の念＝テクノオリエンタリズムの予想した未来が挫折したことに対する欧米社会からの鎮魂の念が混入しているのかもしれない……。

もちろん、その一方で確認されなくてはならないのは、先の『Pitchfork』の記事でもユーモラスなコメントが紹介されていたように、現在シティポップを熱く支持する海外ネットユーザーのほとんどは、80年代当時には物心もついていない（あるいは生まれてすらいなかった）という事実だ。この視点から出発するならば、彼らのうちにおいて東京のきらびやかなネオンライトや日本の高速道路を疾走する車などのテクノオリエンタリズム的意匠は、むしろ好意的な「レトロフューチャー（※33）」として捉えられているとすべきだろう。ジャパニーズドリームたる高度資本主義の夢が挫折したことを生まれながらに既知の事実と

した社会構造へと反発しようとする「パンク」的な主体のありようを描く。

※33 レトロフューチャー
一般的には、19世紀後半から20世紀半ばに夢想された楽観的未来像を懐古する、80年代以降に現れた趣向を指す。ここでは、それが80年代から90年代初頭に夢想されていた（が実現されなかった）未来へとスライドさせた用語として使用している。

して内面化し、同時に、現在欧米含む世界で著しい矛盾を露呈しつつある資本主義体制の問題を日々敏感に感得しているからこそ、未だポジティブな未来への希望が刻印されたシティポップの甘やかな魅力に浸っているのかもしれない。そのとき、テクノオリエンタリズムは表象だけを残してネガティブな欲望を脱色し、わくわくするような「かつて夢見られた未来」を運んでくれるイメージとして享受されるだろう。

少々、意地の悪い意見を披瀝《ひれき》し過ぎたかもしれない。ここで、欧米のシティポップブームにおけるオリエンタリズムの存在を否定する論者の意見も見てみよう。早くからアメリカにおけるシティポップ受容を先導してきたシカゴ在住のDJ／ブロガーのヴァン・ポーガムは、「Why is City Pop Nostalgic?」と題する示唆に富んだエントリーの中で、オリエンタリズムを通じてシティポップ受容を批判することへの再批判を試みている。

西洋の人々は、80年代以降、生活のほぼすべての側面に日本文化を織り込んで成長してきた。ミレニアル世代とZ世代のほぼすべての世代において、日本の自動車、食べ物、エンターテインメント、テクノロジー、ファッションは西洋文化の一部となっており、彼らが、忘れられてしまいそうな懐かしい記憶としてシティポップを大切にしているのは、驚くべきことでない。西洋における日本のポップカルチャーの消費は、何十年にもわたって徐々に展開してきたが、西洋の消費者が常に愛してきたものを、活気に満ちたアニメーションで表現するという点で、常に特別な位置を占めてきた。

> シティポップの流行は、子供のころにポケモンが好きだった人や、ドラゴンボールZやセーラームーンが好きだった人にとっては、自然な流れなのだ。（「Why is City Pop Nostalgic?」、2021年3月2日掲載、拙訳）

ポーガムが主張するのは、日本（オリエント）を見下す西洋（オクシデント）というオリエンタリズムの基本図式は、グローバリゼーションが進行した後に現れた新世代たちにおいてはすでに無効化されており、むしろ、アニメを始めとする様々な日本文化に分け隔てなく日常的に接してきた彼らは、シティポップが運ぶノスタルジアの感覚に（妙な偏見を経由せず）当事者的に同化できるだろう、ということだ。新世代論をバックボーンに文化受容の多様性／フラット性を語る論調はかねてよりごく一般的であるともいえるが、彼らが特段指弾されるべきオリエンタリズムを経由せずにシティポップを楽しんでいるという印象は、たしかにネット上のコミュニティにおけるファンたちのやりとりを観察していてもよく抱かされる（あくまで純粋な音楽への愛着に彩られているように感じさせられる）。ポーガムは、同じエントリーを以下のようなテキストで締めくくる。

> シティポップは、人工的でなく、不真面目でもなく、「お客様」の喜びのために演奏するといった契約上の義務を感じさせないという点で、現代の音楽とは相反するものであり、現代の音楽に求められているナイーブさや真の感覚がシティポップの隆盛に

拍車をかけている。この音楽は、別の過去、別の生き方があったことを我々に思い出させてくれる。それは、短い人生の中で次々とトラウマを経験してきた（引用者註：若い）世代にとってのカタルシスとなっている。だから、シティポップのノスタルジアに浸りたい人は、罪悪感を感じずに、そうすることができるはずだ。（同前）

興味深いのは、ポーガムがシティポップを「人工的でなく、不真面目でもな」い、商業的拘束に回収されることのなかった「自由」な音楽と捉えている点だろう。ここではシティポップが、ヒューマニズムに溢れる過去の音楽として理想化され、一種の「健全な」ノスタルジアの対象として眼差されている。こうした牧歌的ともいえるノスタルジアの肯定は、ある意味で日本国内のリスナーがかつてシティミュージックに抱いていた憧憬にも通じるところがあるようだ。オリエンタリズムに対する感知器を携えて様々な文化伝播を観察しようとする仕草を再批判する彼の楽観的な筆致は、確かに昨今のシティポップブームに関連して語られることの多い、一種のコスモポリタン性のわかりやすい顕現とみなすこともできるだろう。

欧米におけるシティポップ受容を建設的に論じる際に重要なのは、おそらく、オリエンタリズムの問題意識に貫かれた議論が提示する地政学的／文化論的な勾配性に意識的でありつづける一方で、新世代論とも関連するオルタナティブな現象として状況を捉え、むしろそこに旧来のオリエンタリズムを溶かす契機を見出していく視点なのかもしれない。有り体な言い方をすれば、シティポップが断絶や収奪のためのメディアになってしまってはならない。むしろ、その音楽的／文化的な魅力をもって、相互の健全なコミュニケーションを促す方向に誘導するほうがよい。

その際、我々日本の読者が警戒しておかなければならないこともある。最たるは、いわゆる「日本スゴイ論」や「日本ボメ」〈※34〉のように、沸き起こるシティポップブームを、自失状況にある日本の文化的威信を高めるために再利用するという欲望だろう。現在を誇るために自らの過去を援用するというのは、おそらくはノスタルジズムのもっとも卑近な援用法であり、その理路の行き着く先は、自らの文化的真正性を絶対視する態度からくる逆向きのオリエンタリズム＝ある種のオクシデンタリズムの跋扈《ばっこ》だろう（もちろん、その音楽文化を徹底的に自己否定しろと言っているのではない。それもまた当然、自己目的化された否定運動を惹起／強化し、文化的貧困と偏狭な教条主義を招来するだろう）。ポーガムが期待を寄せるように、シティポップが「健全な」ノスタルジアでコミュニティや人をつなぎコスモポリタンな存在であるのだとすれば、その音楽に過去の民族主義的な威信を刻み込もうとする仕草は、シティポップブームを引き起こしてきた前提どころか、そこにおぼろげに存在するかもしれない社会的可能性すらも封殺してしまうだろう。

こうした視点は、欧米でない海外、つまり東アジアや東南アジア諸地域におけるシティポップ受容や新たな胎動を眼差す際にも極めて重要なものとなるだろう。次節からはシティポップのもうひとつの「ホットスポット」、アジアに目を向けていく。

※34「日本スゴイ論」や「日本ボメ」
日本の伝統や習慣、道徳観、技術等を（ときに外国人の視点を借りながら）自賛する国内向けの俗流日本論のこと。ここ10年ほど、テレビや雑誌など大手メディアでも顕著に見られるが、編集者の早川タダノリは、31年の満洲事変後にも同様の愛国主義的日本礼賛が国内で巻き起こっていたことを、著書『「日本スゴイ」のディストピア：戦時下自画自賛の系譜』（2016年）の中で論じている。

アジアとシティポップ

アジアでのシティポップ受容

近年、海外での日本産シティポップのブームを伝える記事の多くが、欧米と並んで人気の高まっている地域として、東アジア、東南アジア各国の状況を伝えている。ソメ／加藤補論においても、サンプルとされているインターネット上の主要ファンコミュニティにおいては、アジア圏在住のユーザーは全体の22％にのぼっており、同地域における音楽マーケットの規模感に鑑みても、かなり多い割合だといえよう（欧州の18％よりも多い）。また、アジア圏でのシティポップ受容に特徴的なのが、ネット上を中心として過去のシティポップ系楽曲に親しんでいる（欧米のフューチャーファンクのプロデューサーと同じくリミックスを制作したりしている）のはもちろん、実際にそれをカヴァーしたり、あるいはネオシティポップからの影響をうかがわせるオリジナル楽曲を制作するなど、実演上においても様々な例が目立つということである。

先に触れたとおり、松原みき「真夜中のドア～stay with me」をカヴァーし、同曲のヒットの大きなきっかけを作ったインドネシアのシンガー、Rainych、「プラスティック・ラブ」をカヴァーした台湾の9m88などをはじめ、これらの2大アンセムを取り上げるアジアのアーティストは多い。シティポップ風オリジナル曲の実演を眺めてみても、韓国や台湾を主な例として、インディーポップ~ロックシーンやアイドル、クラブシーンをまたいで様々なアクトが活躍している。それぞれの地域のシティポップ受容と実演、あるいはそれらと並行して興っているムーヴメントを紹介しよう。

韓国、台湾等で受容されるシティポップと現行シーン

まずは、韓国を見てみよう。昨今同国内で巻き起こるシティポップブームを準備した重要な要因が、やはり先駆的なDJたちの活動だ。韓国と日本とを行き来しながら、レコードやカセットテープを「ディグ」するDJたち（Night Tempo、Tiger Disco等によるDJ集団Asian Funk Generationや、長谷川陽平等）の啓蒙もあり、ここ5年ほどで若年層においてにわかに日本産シティポップへの関心が高まり、クラブシーンを中心にカルトな人気を獲得している。日本文化の開放〈※35〉が推進されたとはいえ、まだまだ公共の電波にシティポップ系楽曲が乗る例がほとんどない中、「現場でしか聴けない」音楽としてシティポップはサブカルチャーとしての真正性を獲得していった。

※35 日本文化の開放
韓国は、自国文化保護の観点やかつての日本統治時代から続く国民感情への配慮から、公式に日本文化の流通や放送を制限してきた。しかし、１９８７年の民主化を経て、徐々に緩和されるようになり、１９９８年、キム・デジュン政権下において「文化開放」が推進されると、日本の漫画や一部映画が解禁された。以後２０００年代に入ると漸次的に対象範囲を広げながら、音楽公演、宗教団体の活動、ゲームソフト、テレビ番

組、音楽ソフトの解禁へと推移してきた。「蘇る各国の「都会派」ポップ」における韓国についての項目（２４６頁）も参照。

また、こういった動きとも共振しながら、ヒップホップ／R&B系レーベル∞BALLTOWNを主宰するプロデューサーBronzeとその周辺のクルーや、シンガーソングライターのuju等、シティポップ的要素を取り入れた多くのアーティストがインディーシーンで活躍している他、近年ではメジャーフィールドでも同様の動きが目立っている。２０１８年に元Wonder GirlsのYubinがリリースしたソロデビュー曲「淑女」は、そういったモードを加速する大きなきっかけとなった曲だ。80年代後半のアイドルシンガーを模したような衣裳とヴェイパーウェイヴ的色彩、エレクトロニックなブギー調楽曲は、かなり自覚的にシティポップを意識したものだろう。また、韓国制作のドラマ『THE IDOLM@STER.KR』のオーディションをきっかけに韓国デビューした日本人アイドル、YUKIKAの活動も目覚ましい。流暢な韓国語で歌われるその楽曲は、２０１９年２月のソロデビュー曲「NEON」や２０２０年のアルバム『SOUL LADY』をはじめとして、明確なシティポップオマージュに彩られている。こうした潮流は、ここ数年若者を中心に韓国国内で盛り上がるファッションや音楽をはじめとする幅広い分野での大々的なレトロブーム＝「ニュートロ」（＝New＋Retro）とも連動している。シティポップブームも、折から盛り上がりを見せていたそのタームにぴたりとハマったような格好だ。このあたりの状況は、別項の長谷川陽平へのインタビューでも詳しく言及されているので、あわせて参照されたい。

　次に台湾を見てみよう。ここでも当然ながらインターネットの存在が大きい。若手ミュージシャンの中からシティポップ風のオリジナル曲を制作する者も現れているが、その代表的な存在がバンド落日飛車（Sunset Rollercoaster）だろう。角松敏生等からの影響も感じさせるエレクトロニックでダンサブルなサウンドと、サイケデリック色の強いインディーロックサウンドを融合した彼らの楽曲は、台湾に限らず中華圏各地で人気が高く、多くの若手リスナーをシティポップ的なサウンドへ誘導する役割も担っている（2021年、台湾のグラミー賞とも言われる権威あるアワード金曲奨の最優秀バンド賞を受賞し、更に大きな規模での活躍が期待されている）。インディーバンド雀斑（Freckles）のメンバー蘇偉安（スー・ウェイアン）率いるポストヴェイパーウェイヴ的なプロジェクトEVERFORも、日本のシティポップからの影響を強く感じさせる。また、その雀斑（Freckles）自体も重要な存在で、ポスト渋谷系的なアコースティックポップを経て、2017年のアルバム『不標準情人』でよりグルーヴを強調したシティポップ的音楽性へ接近した。

興味深いのが、先に触れたとおり他地域ではあまり熱心に受容されているとはいえない大滝詠一の作品が、マニアックなレベルながら台湾においては着実なリスペクトを受けて若手ミュージシャンにカヴァーされているという事実だ。現地で高い人気を誇るバンド宇宙人は、2014年の段階で「幸せな結末」をカヴァーし、Frecklesのヴォーカリスト、SKIP SKIP BEN BENこと林以樂（リン・イーラー）も2020年に「夢で逢えたら」のカヴァーをリリースしている。更に、林以樂は、2021年8月21日に放送されたBSフジの番組『CITY POP CRUISING』の中で、フィッシュマンズが最もお気に入りの日本のバンドであると述べ、映画『ロスト・イン・トランスレーション』（2003年）で劇中歌として使用されていたはっぴいえんどの「風をあつめて」を通じてシティポップというジャンルに足を踏み入れたと語った（お気に入りのシティポップ曲として山下達郎の「いつか（SOMEDAY）」、間宮貴子の「たそがれは銀箔の…」、CINDY「私達を信じていて」などを挙げている）。また、『ミュージック・マガジン』2020年4月号特集「台湾音楽の30年」の座談会記事においても、林以樂をはじめとした台湾インディーミュージシャン達が、現代の日本のインディーロック／ポップへのシンパシーを語っている。

ここから見えてくるのは、この間の台湾におけるシティポップブームには、インターネット経由の大きな流れとともに、それ以前から続くインディーポップの系統や、日本のネオシティポップ系アーティストにも通じるような共時的な流れが比較的わかりやすい形で混在しているということだろう（もちろん、特にフィッシュマンズへの強い信頼感を軸としたこの傾向は、韓国等の他アジア地域でも大なり小なり観察できるものである）。

こうした状況は、台湾と日本のインディー系ミュージシャンの活発な交流によっても育まれた。台北と東京に展開するライブハウス「月見ル君想フ」の運営も行うレーベル／イベンター BIG ROMANTIC RECORDS 主宰の寺尾ブッダ、そして彼の周囲に集う日本／台湾のクルーは、日本と台湾をクロスする形で両国のアーティストを積極的に紹介してきた。2010年代半ばから数々の公演を企画し、そこで育まれた繋がりを元に日台アーティストによるスプリット盤〈※36〉が制作されたり、実作上のコラボレーションも行われて

※36 **スプリット盤**
複数のアーティストによる別々の楽

いる。もちろん、国を超えた同様の交流は台湾以外でも見られ、アジア各国でのシティポップ受容の広がりに少なからず寄与している。

ここでも特筆すべきは、やはり台湾においても、こうしたシティポップ受容を担うのが20代30代を中心とした若いリスナーたちであるということだろう。彼らは、１９９４年に日本語の番組放映も公式に解禁されたことに端を発する「日本ブーム」以後に多感な時代を過ごし、J-POPを始めとした日本産コンテンツに日常的に触れてきた世代だ。ポピュラー音楽研究者の輪島裕介は、次のように述べる。

> 仮説的に思っていることなんですが、かつて自分たちが憧れた日本のポップ音楽に対するノスタルジーがすでに入り込んできているのではないかという気がします。日本のシティ・ポップと呼ばれる音楽においては、古き良きアメリカのイメージが繰り返し参照されていましたが、台湾においてそれと似た構造によって日本のシティ・ポップが参照されているのかもしれない。もしかするとそこには経済的・文化的な距離が良くも悪くも縮まった、もしかしたら「かつて憧れた日本を追い越してしまった」ことに対する複雑な心理が表れているような気がします。（「10 環太平洋・アジアから日本ポピュラー音楽史を見る」、大和田俊之編著『〈music is music〉レクチャー・シリーズ：ポップ・ミュージックを語る10の視点』）

曲を同じ盤に収めたレコードやCDのこと。２０１８年、落日飛車（Sunset Rollercoaster）と日本のシャムキャッツによるスプリット7インチ、「Travel Agency/cry for the moon」がBIG ROMANTIC RECORDSからリリースされた。

仮説とはいえども、これはなかなか示唆に富んだ指摘だ。台湾を始めとしたアジア圏における文化面での「ジャパナイゼーション」の記憶が、その始原的表象として（彼ら／彼女らが当時実際にシティポップに触れていなかったとしても）シティポップ的な音楽／意匠を遡及的に眼差すことへと誘い、世代特有のノスタルジアがそれへと託されているのかもしれない。ここにも、日本文化への憧れ（日本経済／文化の覇権的磁場）が絶対的なものではなくなった現代アジア圏ゆえの逆説＝「追慕的な憧れ」が潜んでいそうだ。

大陸中国の都市部でもシティポップへの注目がにわかに高まりつつある。2017年頃からコアな関心を寄せるマニアが現れ始め、現在ではインターネットを経由したライトなファンも増えてきた。中でも、2019年にリリースされた李行亮（リー・ハンリャン）のアルバム、『悠長假期（Long Vacation）』は、現在の中国シティポップシーンを代表する作品と言えるだろう。2017年の来日時にYogee New Wavesのライブに触れて以来シティポップ文化を探求してきたというプロデューサーの昂（KOU）が手掛けた本作は、サウンド面の完成度はもちろん、ジャケットイラストに永井博を起用するなど、極めて自覚的なシティポップオマージュにあふれている。

2021年には、広州にその名も「泰安洋行」というショップ（いうまでもなく、細野晴臣の同名アルバムからとっている）が開店した。ヴェイパーウェイヴ的な色彩でファッショナブルに装飾された店内で、よりすぐりの日本産シティポップのレコードを販売し、オープンして間もないながらシティポップカルチャー発信地として中国国内のファンの間で大きな話題となっている。先述のBIG ROMANTIC RECORDSも同店内でポップアップショップ「大浪漫商店express」を展開するなど、他アジア地域との交流も進みつつある。

インドネシアの都会派ポップ

インドネシアにおけるシティポップの活況ぶりは日本国内の媒体でもたびたび取り上げられ、現在のブームを象徴する局面として語られることが多い。音楽ガイドマガジン『KOMPASS』の記事「2021年、シティポップの海外受容の実態Spotifyのデータで見る」（2021年7月30日掲載）によれば、「プラスティック・ラブ」のSpotify上の総再生数を国ごとにランキングしたデータ（2021年7月時点）においてインドネシアは、1位のアメリカ、2位の日本、3位のメキシコに続き世界第4位をマークした。インドネシアが大々的なバズの震源地となった「真夜中のドア～stay with me」に関しても、アメリカ、メキシコに次ぎ3位をマークするなど、インドネシア国内のZ世代を中心としたTikTokユーザーとシティポップのバイラルヒットの相関性を改めて印象づけている。こうした潮流はもちろん注目に値するものだが、一方で現地のクラブ/ライブシーンに目を転じると、日本国内で想像されがちな「シティポップ一色」では必ずしもないこともわかってくる（日本のメディアでインドネシアのシティポップブームの象徴として語られるバンドIkkubaruも、実は現地シーンではあまり名の知られた存在でない)。

昨今、首都ジャカルタを中心としたクラブシーンで盛況なのは、むしろ、日本産シティポップに似てはいるが異なる音楽だ。その代表的な存在であるDJユニット、Diskoriaは、高額な単独公演のチケットをソールドアウトさせ、音楽フェスではトリを飾るなど、現地のシーンで大きな支持を受けている。彼らが現在へ再提示するのは、かつて自国で生まれたメロウでグルーヴィーな音楽、いわゆる「ポップクレアティフ〈※37〉」と呼ばれるものだ。これは、1970年代後半から80年代にかけて都市部の学生や中流層を中心に流行した、米国のソウルやAORに強い影響を受けたインドネシア産の音楽で、2000年代以後、新世代のインディーシーンを中心に徐々に評価が高まり、今では多くの若者たちから「自国産のレアグルーヴ」として支持を受けるに至っている。代表的なアーティストは、クリシェ、グル・スカルノプトラ、ナスティオン兄弟といった第一世代に加え、インドラ・レスマナ、チャンドラ・ダルスマン〈図4―4〉、ファリスRMなどがいる。

Diskoriaやその周辺のクルーは、こうした「忘れられていた」自国産の音楽を現代のダンスフロアに蘇らせ、若いリスナーたちを踊らせているのだ。まさに、現代の和モノDJたちが過去の「忘れられた」日本産シティポップを掘り起こし、今日的な感覚をもってDJ現場でプレイするのに似ている。その点から言えば、確かにシティポップリバイバルとの共振性を感じさせなくもないが、決して「日本のシティポップがアジア各地でブームとなっている」という短絡的な図式だけで把握可能なシーンではなく、むしろ、インドネシ

※37 クレアティフ
kreatif 創造的、の意。後述の金悠進の論文によれば、pop kreatif と同傾向の音楽を指す用語には他にpop kontemporer（現代的ポップ）やpop trendy（流行ポップ）、pop kelas atas（ハイソな＝上流のポップ）などがある。

〈図4―4〉チャンドラ・ダルスマン『Indahnya Sepi』（1981年）の再発CDジャケット

ア自身の都市文化に始原を持つ現場的実践と捉えるほうが適当だろう。

自国中心主義的シティポップ観の問題

これは、アジア圏でのシティポップ受容を論じる際に、是非とも意識しておくべき視点だ。特に近年、アジア各地域で現在奏でられる、あるいは再評価されるシティポップに「似た」音楽が、日本のジャーナリズムにおいてもおしなべて「○○（国名）シティポップ」とカテゴライズされる事例が目立ってきているが、そのような分類法は、様々な音楽が日本産シティポップから影響を受けているという前提でそれ以外の音楽的要素を統一的なイメージへと強制的に収斂させてしまうだけでなく、各国のローカルなシーンの状況や音楽受容史を不当に矮小化してしまう事態に繋がるだろう。

元来、インドネシアを始めとした主な東南アジア各国は、文化的には日本よりもインドやイスラム文化圏、西欧と密接であり、1980年代半ば、五輪真弓《いつわまゆみ》の「心の友」がインドネシア国内で大ヒットを記録したように、一部日本のポピュラー音楽が市場に出回ることはあっても、それでもなお西洋のポップスの影響力に比べると、当時はまだその存在感は限定的だったとされる。近年は、J-POPをはじめ日本文化に幼いころから親しんできた若年層が増加しているとはいえ、東アジア諸国同様、旧世代中心にかつての大日本帝国による東南アジア侵略に由来する反発感情も伏流し、後には、現地経済に大きな影響力を持つ日系企業への不信感や、タイを中心としたいわゆるセックスツーリズムに関する問題もある。そうした拭い去りがたい歴史的文脈や、先に述べたような現地音楽シーンの芳醇な蓄積を無視して、「この国の若者は皆日本のシティポップに憧れている」「〇〇（国名）では当時から日本のシティポップが人気だった」という情報ばかりを喧伝しそれを無批判に消費するならば、その態度は自国中心主義的で歪な優越感に曇らされているといわねばならない。

おそらく、こうした自国偏重的シティポップ観は、欧米文化輸出入における重要な「ハブ」として、日本が欧米文化を東洋風に嚙み砕いて「後進国」たるアジア各地域へ手本を示すことに長けていると自己認識する見方＝明治期以降に日本文化へ流れてきた、いわゆるハイブリディズムの担い手としての自負が表出したものであろう。「西洋的東洋のリーダー」たる日本を追走してきた「文化後進国」たるアジア各地域、という単純化された図式を含めて、これらの見方は、各国文化の複層的蓄積を過小評価しているのはもちろん、この間のグローバリゼーションを経て、急速に双方向化する情報流通の現況を把握し損ねていると指摘せざるをえない。

インドネシアの他にも、タイのPolycatやプム・ヴィプリット、フィリピンのMellow Fellowなど、東南アジア各地で、さらには先に見たように東アジア各国で新たな世代によるメロウなサウンドを奏でるアーティストが活躍している現在。それらにシティポップからの影響関係を読み取ってみる一方で、一旦色眼鏡を外して、現地における様々な音楽的蓄積を丹念に眺めてみるのも必要だろう。

国立民族学博物館の金悠進は、ポップクレアティフを例にとり、インドネシアの「都会派ポップ」の発展と再発見に迫った2021年の論文「「シティポップ」なきポップス：ジャカルタ都会派音楽の実像」で、次のように述べている。

> 地域的文脈を理解することで初めて「間アジア」の音楽文化を構想することが可能となるのではないか。あえて過言するなら、日本産シティポップとは異なる、独自の「都会派ポップ」発展史がジャカルタ始めアジアの各都市にあり、その上に日本のシティポップがひとつの音楽要素として入ってきたに過ぎない。文化の越境性を掲げる「インター・アジア」の流行りの議論に飛びつく前に、まずはきちんと足下（地域）の歴史的文脈を丹念に分析することが決定的に重要なのである。（「「シティポップ」なきポップス」『ポピュラー音楽研究 Vol.24』48頁）

蘇る各国の「都会派」ポップ

金は、インドネシアで過去に発表された都会的な要素を湛えたポップスを、どうしても日本由来というニュアンスを孕んでしまう「シティポップ」の名ではなく、「都会派ポップ」と呼んでいる。筆者もこの言い方に沿って、既に挙げたインドネシア以外の各地で生まれたかつての「都会派ポップ」作品、つまり日本産シティポップとほぼ同時代に各地で独自に存在していた各国の都会的ポップス作品を簡単に紹介しよう。これらを概覧することで、アジア各地のポップスを論じる際にとかく自明視されがちな「日本産シティポップありき」の視点そのものを相対化し、各国のシーンの特異性と豊かさを抽出してみたい。ここから見えてくるのは、各地のローカルな実践の蓄積と、欧米産音楽の取り入れと発展を目指した視点の混交、つまり、「グローカル〈※38〉」な存在として躍動する都会派ポップの姿だ。

さて、そうはいいつつも一方で、特に東アジアの一部地域において日本産ポピュラー音楽からのリアルタイムの影響が色濃く見られたという事実も、公平な視点から指摘しておかねばならないだろう。その顕著な例が、香港のポピュラー音楽界だ。1970年代初頭までは広東語でのポップス制作はほとんど行われておらず、領土や人口の小ささもあり、独自の音楽産業が十分に育まれてきたとは言い難い地域だが、香港と日本の音楽産業間ではかねてより積極的な交流が重ねられ、1980年代に入ると、沢田研二、西城秀樹、安全地帯らが大規模な現地公演を行い、中森明菜、松田聖子といった女性アイドルも含めて、熱狂的な人気を得ていた（台湾や韓国とは違い、日本産ポップス専門に伝える公式のテレビ、ラジオの番組〈※39〉もあった）。

※38 グローカル
「グローバル」と「ローカル」を接合した造語。元々は、国際的（グローバル）に事業を展開する企業などが、現地（ローカル）の文化や特性や制度に根ざした商品／サービス展開をすることを指すビジネス用語。現在では、環境問題や政治、地域開発、文化等、様々な分野において用いられる概念となっている。音楽ジャーナリズムの文脈では、欧米の都市型ポピュラー音楽がローカルな音楽と出会うことで生まれるボーダレスな音楽を指すことも多い。

※39 公式のテレビ、ラジオの番組
評論家の篠崎弘は、自著『カセット・ショップへ行けば、アジアが見えてくる』（1988年）の中で、

また、現地でのソングライターの不足や日本産音楽の浸透ぶりから、日本のニューミュージックやアイドル歌謡のカヴァーバージョンの制作がかなり広く行われていた（シティポップ系アーティストでいえば、杏里や竹内まりやが頻繁に取り上げられている印象だ）。サウンドプロダクション的にも、80年代当時の香港ポップスは同時代の欧米産ポップスや日本のニューミュージックを模したものが多く、土着的なオリジナリティを求めるリスナーには少々退屈かもしれない。

しかしながら、その「土着性のなさ」こそが、都会派ポップを発展させる契機にもなっており、主に80年代後半ごろから、同時期のシティポップと同じく、エレクトロニック色の強い欧米産ソウル／ポップスからの影響を感じさせる曲が聴かれるようになる。代表的な存在は、誰をおいても林憶蓮（サンディ・ラム）だ（彼女は90年代に日本のレコードレーベルから日本語歌唱作品もリリースしているので、その名を懐かしく思い出す読者もいるだろう）。金字塔と呼べるのは、1988年から90年にかけて3枚リリースされた、その名も「都市觸覺」シリーズ〈図4―5〉だ（同シリーズをプロデュースした倫永亮（アンソニー・ロン）も都会派ポップの重要人物）。圧倒的歌唱力、ディスコ／ブギーを昇華した鮮烈なトラックなど、聴き応え抜群だ（ただし、東アジア圏のポップス系レコード全般に当てはまるのだが、この林憶蓮にしても、バラード曲のレパートリーが極めて多く、アルバム全体を通じて都会的なグルーヴやメロウネスを丸々味わえる作品は稀だということを断っておく）。

次に名前を挙げるべきは、梅艶芳（アニタ・ムイ）だろう。2003年に亡くなるまでに28枚のアルバムを残し、45本の映画へ出演した大スターだ（日本盤のリリースもある）。80年代

80年代当時の香港における日本音楽紹介番組についてレポートし、人気DJへの取材を行っている。たとえば、民放の商業電台の「日本流行情報」という番組では、毎週日本のヒットチャート上位のポップスのみがオンエアされ、日本の風俗習慣やことわざ、新しい流行を紹介するコーナーも設けられていたという。同番組の番組冒頭ジングルには、DJの張麗瑾（チュン・ライカン、通称：キンコ）による「日本語、寿ぅ司、原宿、歌舞伎、野球、アイドル、今晩は、よろしくぅ！」という日本語のラップが乗せられていたと報告している（同書91頁）。

〈図4―5〉林憶蓮『都市觸覺 Part Ⅱ 逃離鋼筋森林』（1989年）

の作品には現在の聴取感覚に照らしてぜひ聞くべきブギー系楽曲が多い。中でも、１９８７年のアルバム『烈燄紅唇』には「プラスティック・ラブ」の端正なカヴァーが収められており、聞きものだ。他にも早くからディスコ歌謡的楽曲に取り組んだ葉德嫻（デニー・イップ）や、葉玉卿（ヴェロニカ・イップ）、劉美君（プルーデンス・ラウ）、露雲娜（ロウィナ・コルテス）、關淑怡（シャーリー・クァン）や、彭羚（キャス・パン）など、女性シンガーの作品に都会派ポップが少なくない。女性ソロ歌手以外に目を転じると、大御所の林子祥（ジョージ・ラム）や、鄭子固（ケニー・チェン）らの作品が、都会派ポップに取り組んだ早い例として挙げられる。

その他にも、ＡＯＲ色を織り交ぜた鍾鎮濤（ケニー・ビー）や呂方（デイビッド・ロイ）、ギターポップ／ネオアコースティック的要素も薫るデュオ凡風、男女デュオの風之GROUP、バンド形態のFundamentalや邊界樂隊などによる80年代から90年代前半にかけての作品には都会派ポップと呼べそうな楽曲が散見される。また「四天王」とされる郭富城（アーロン・クォック）、劉德華（アンディ・ラウ）、張學友（ジャッキー・チュン）、黎明（レオン・ライ）らの人気歌手の作品でも、稀にメロウなミディアムナンバーを聴くことができる。

続いて台湾を見てみよう。同地出身の全中華圏的大スターといえば、やはり鄧麗君（テレサ・テン）だ。香港やシンガポール、そして日本でも積極的に活動した偉人であり、出身地の枠でくくるのが憚られる巨大な存在だが、その長いキャリアの中にはメロウなＡＯＲというべき素晴らしい楽曲が少なくない。日本での知名度的にも彼女は別格として、他にもソウル的要素を先駆的に取り入れた蘇芮（スー・レイ）、シンガポールの華僑／華人コミュニティ〈※40〉でも活動した黄鶯鶯（トレイシー・ホワン）、全世代的スターの陳淑樺（サラ・チェン）、比莉（ビリー・ワン）、藍心湄（ポーリン・ラン）、黄韻玲（ケイ・ホアン）〈図4―6〉、馬玉芬（マー・ユーフン）、趙詠華（シンディ・チャオ）などが洗練された楽曲を残している。男性アーティストでも、R&B、ファンク色の強い庾澄慶（ハーレム・ユー）、伍思凱（スカイ・ウー）など、都会派ポップを聴かせるアーティストは多い。

日本文化への「憧れ」や近接性を語られることが多い台湾文化だが、もちろん単純化して語るのは難しい。元来、50年以上に及ぶ大日本帝国による植民地支配が続いた台湾では、日本への反発的な感情が受け継がれてきた。一方で、解放後に上陸してきた中国国民党政府および外省人と内省人の間で軋轢が起こり、1947年の二・二八事件と、それに続くいわゆる「白色テロ」時代における国民党独裁体制によって、日本統治時代を肯定的に懐古するムードも醸成されていく。また、1949年以来続いた戒厳令下では、大陸中国はもちろん、日本を含む外部文化が公式には禁じられてきたゆえに、反発と憧憬の混じり合いのもとに日本産音楽も眼差されてきた（日本の歌謡曲やポップスを台湾語／北京語でカヴァーした例も多く、日本産音楽が伏流的に影響力を持っていたことを物語っている）。

1987年の戒厳令解除以降、日本を含めた各国文化の流入が段階的に本格化していくが、こうした民主化の流れに沿うように、台湾ポップス界においても、オリジナル制作の都会的なポップスが増えていく印象がある。その中で、日本産のシティポップ的なサウンドを参照する例があったかもしれないが、香港の場合と同じく、サウンド上の指針となっ

※40 華僑／華人コミュニティ
東南アジアを含め、アジア各地には華僑（華人）コミュニティが点在しており、独自の文化圏を形成している。ポピュラー音楽においても、そのコミュニティ内で香港や台湾人歌手による楽曲がヒットすることが少なくない。

〈図4―6〉黄韻玲『憂傷男孩』（1986年）

ているのは何をおいても欧米産音楽だろう。そのあたりも日本産シティポップによる欧米産ポップスへの憧憬混じりの眼差しと重なっているように感じる。台湾と香港をまたいだ人的交流やリリースが多いことも重要で、バラードの高い人気をはじめ、両国で親しまれる楽曲の近似性も指摘できる。

意外に思われるかもしれないが、大陸中国＝中華人民共和国にも都会派ポップは存在する。70年代末ごろから中国は改革開放政策を推し進め、政治色の強い「群衆歌曲」に代わって「流行歌曲」が台頭してきた。恋愛等、個人の価値観を映し出す楽曲が作られるようになったのだ。こうした「流行歌曲」の音楽内容は、やはり香港や台湾の同時代ポップスから強く影響を受けたものだった。先陣を切ったテレサ・テンが大陸での人気を不動のものとすると、様々なスターの歌声がカセットテープを通じて広まっていった。

80年代には、北京などの大都市部で都会的な流行歌曲が勃興し、中には、ディスコ、AOR風の楽曲も制作されている。そうしたレパートリーを歌った珍しい存在に、成方圓（チェン・ファンユエン）がいる。90年代に入ると、香港や台湾のシーンとの文化的交流はさらに増していき、プロダクションやレコード会社等の産業構造が整備されると、若者向けのポップスがより盛んに作られていく。この中には、R&Bやダンスミュージックの要素を取り入れた都会的なポップスが少なくない。李玲玉（リー・リンユィ）、那英（ナー・イン）、謝津（シエ・ジン）などが代表的な存在だろう。

韓国はどうだろうか。韓国は旧大日本帝国の植民地支配からの解放後、朝鮮戦争を経て、長らく放送やコンサート等、公式での日本語楽曲のオンエアや上演を禁じていた。国民の対日感情への配慮に加え、国内文化産業の相対的弱体化と外貨流出を抑制する戦略をとった政府によって、日本産（日本語）の文化商品は（公的な）流入を拒まれる状況にあった。（一部海賊盤という形でカセットテープが販売された例はあったが）日本語詞を伴ったポップスは規制され、韓国語や英語で歌う日本人歌手の作品か、インスト系楽曲のみがわずかに受容されている状況だった（1990年代末から当時のキム・デジュン大統領によって推進された文化開放やその後の漸次的な軟化措置によって、今や日本人アーティストが韓国国内で日本語を歌唱する公演を開催できるまでになった）。

そのため、香港に見られたような日本産ポップスからの直接的影響は見出しにくいが、やはりここでも相互の音楽産業間における交流は盛んで、チョー・ヨンピルを始めとして、日韓両国でヒットを飛ばした歌手は数多い。そのチョー・ヨンピルは、日本では一般的に韓国演歌（トロット）〈※41〉系の歌手と目されがちだが、全方位的に様々なレパートリーを歌った大スターであり、当然ディスコやAOR風の楽曲も吹き込んでいる。他にも、イ・ウナ、ユン・シネらがファンク色の強い楽曲を残し、一時期日本での活動も行っていたミン・ヘギョンらも、ディスコ調の都会派ポップを残している。

また同地の米軍基地内外には、GI〈※42〉たちを踊らせるクラブが存在し、古くからロック（グループサウンズ）やR&Bの演奏を行うオリジナルバンド／歌手が活躍していたため、西洋的なサウンドが歌謡曲に流入することは珍しくなかった。元グループサウンズ系のチェ・ホンがファンクバンド、アゲハチョウと録音した『5集』（1979年）は、韓国の都会

※41 韓国演歌（トロット）
韓国における大衆歌謡、演歌を指す用語。「明日はミス・トロット」というオーディション番組のヒットをきっかけとして、2019年頃から若年層を中心とするリバイバルが発生した。過去のアーカイブ映像がネットにアップされて好評を得たり、実際にアイドル歌手がトロットに取り組んだり、昨今の「ニュートロ」のモードとも連動してブームとなった。

※42 GI
アメリカ軍兵士の俗称。日本の戦後音楽芸能がそうだったように、韓国においても、米軍駐屯地のクラブやその周辺で花開いた音楽文化が自国のポピュラー音楽の発展に大きな影響を与えた。

派ポップの源流のひとつとして近年再評価著しい一枚だ。

そして、１９８９年にデビューした韓国都会派ポップの最重要人物がキム・ヒョンチョルだ。歌謡曲風の楽曲群に稀にメロウな曲が見つかるというのがそれまでの常態だったとすると、彼の作品はほぼ全てが米国のＡＯＲからの影響を感じさせる洗練されたポップスであり、世界的に見ても稀有というべきクオリティのオリジナル曲を聴かせてくれる。特に初期の作品は評価が高く、現行シーンのＤＪ／リスナーたちからも崇拝に近い敬愛を受けている。彼への再評価と連動するように、80年代後半以降の韓国の都会派ポップは現在後年世代から熱心な「ディグ」の対象になっている。Light & Salt〈図４―７〉や、ハン・サンウォンによる諸作など、既にクラシック〈※43〉と化した作品も多い。このあたりの韓国都会派ポップにおける日本産シティポップからの「非」影響関係については、補論３での長谷川陽平へのインタビューに詳しいので、是非参照していただきたい。

東南アジアに目を移そう。フィリピンは、古くから旧宗主国たるアメリカの影響を強く感じさせるポピュラー音楽が花開いていた。世界的に活躍したシンガーソングライターのフレディ・アギラは別格的なスターとして、都会派ポップの世界にも疑いなく世界基準と言うべきクオリティを聴かせてくれるアーティスト／作品が多い。70年代後半から80年代初頭にかけて、米国のシーン動向をリアルタイムで吸収したアクトが数多く活動し、中でも、Please、Hotdog、Hagibis、VST & Company、The Boyfriends、APO Hiking Societyなどのソウル／ディスコ／ＡＯＲ系グループは、「マニラサウンド」と呼ばれ、従来の外

〈図４―７〉Light & Salt『４集』（１９９４年）

※43 クラシック
クラブミュージック、とくにレアグルーヴ以降の文化においては、定番曲をこう言う。「ダンスクラシック」とも。シーン内で評価の確定した、人気曲／レコードのこと。

国曲カヴァーや模倣を脱して、国内のリスナーから高い人気を得た。これらのグループが残した作品は、インドネシアにおけるポップクレアティフと同様に、2000年代に入り同国の若者世代から再評価を受け、リイシューやコンピレーションアルバムのリリースにつながった。80年代以降も、国民的スター、ガリー・ヴァレンシアーノをはじめとして、エレクトロニックな要素を交えたソウル色の強い都会派ポップが多く、同国の音楽大国ぶりを教えてくれる。

タイの都会派ポップも、同様に欧米産音楽からの影響を受けていることが確認できる。The Impossiblesは60年代から活動する伝説的なバンドで、70年代以降はソウルやファンクを取り入れ、ヨーロッパやハワイなど、国外でも名を馳せた。1975年の『Hot Peppers』は、スウェーデンでもリリースされ、今ではレアグルーヴの名盤として高い評価を確立している。そのThe Impossiblesのメンバー、ラワット・プッティナンは、タイの都会派ポップを語る際に外せない重要人物で、80年代にリリースした一連作は、トロピカル〈※44〉な味わいとAOR経由のメロウネスが理想的に混じり合った傑作ぞろいだ。他にも、チャラット・フアンアーロム、マリワン・ジェミナー、サランヤー・ソンサームスワットなどがタイの都会派ポップシーンを彩ってきた。

多民族で構成される東南アジア各国の中でも、マレーシアは、民族構成がきわめて複雑な国だ。主要な割合を占めるのは、マレー系の69・6%、次いで華人系22・6%、インド系6・8%（2020年マレーシア統計局）であるが、マレー系の中でも諸民族が割拠し、それ

※44 **トロピカル**
熱帯風の、という意味。ポピュラー音楽においては、各種パーカッションや清涼感のあるシンセサイザーの音色を伴った、熱帯気候地域のリゾート風要素を想起させるサウンドに対してこの語を使用する場合が多い。

ぞれの風習や伝統が林立している。そのため、音楽マーケットにおいても分化が進んでいるのが特徴で、70年代後半からAOR風のポップスを聴かせる作品も少なくなかった。そんな中にあって、長年支持されている圧倒的なスターが、シーラ・マジッド〈図4―8〉だ。裕福な家に生まれ、アメリカ産のソウルやジャズを聴きながら育ったという彼女は、1985年のレコードデビュー以降、隣国インドネシアから流入したダンドゥット〈※45〉が主流だったマレー系ポップスのシーンに洗練された都会派ポップを浸透させた立役者とされている。1989年には第18回東京音楽祭アジア大会にも出場し、CMタイアップや日本盤のリリースもあったので、かねてより日本にもファンは多い。圧倒的な歌唱力をもって歌われる楽曲はまさに世界クオリティ。他にも、ジャマル・アブディラ、カディージャ・イブラヒム、ファウジア・ラティフなどの作品にも都会派ポップ的な楽曲を聴くことができる。

シンガポールは、その国土の小ささと同じく音楽マーケットも小規模であり、英語を公用語とする多民族国家ゆえに、独自のポップスシーンが育ちにくい土地だった（ミュージシャンの殆どは他の仕事との兼業だった）。また、国中に敷かれたクリーン政策〈※46〉により、ロック系音楽が定着しなかったのも特徴として挙げられる。これらの状況は裏を返せば都会的で洗練されたポップスが生まれやすい環境だったともいえ、実際にそういった例は少なからず確認できる。1990年のアルバム『マッド・チャイナマン』でブレイクしたシンガポール・ポップス界最大のスター、ディック・リーも、80年代においては極めてウェルメイド

〈図4―8〉シーラ・マジッド『Dimensi Baru』（1985年）の再発CDジャケット

※45 ダンドゥット
マラッカ海峡周辺部に発するムラユー音楽に、ロックやインド産映画音楽、アラブ音楽が融合して生まれた大衆的ポップスのこと。特徴的な太鼓のビートをそのまま擬音化して「ダンドゥット」と名付けられた。主にインドネシアの労働者層から支持された他、近隣地域でも人気を博した。

※46 クリーン政策
シンガポールでは、60年代末から「クリーンアンドグリーン」という標語のもと、国内の景観／風紀の浄

な都会派ポップを披露している。英語詞ということもあり、ほとんど同時代の米国産AORと聞き分けがつかないが、そのクオリティの高さは驚くべきものだ。

もちろん、ここに挙げなかった国々にも同様の都会派ポップの記録は残されていると思われる。それらを詳述するのは筆者の力量不足でかなわないが、サブスクリプションサービスやYouTube、Discogsにおいて急速な情報アーカイブが進む昨今、さらに豊かな成果が再発見されていくだろう。旧来、いわゆるワールドミュージック〈※47〉系のジャーナリズムにおいては、いかにも「土着的」「庶民的」でエキゾチシズムを投影しやすい音楽が優先的に取り上げられてきたが、日本のファンが誤解を抱きがちだったように、そればかりが現地のリスナーに支持されてきたわけではないという事実も、今後徐々に明らかになっていくはずだ。

ここまで見てくれれば、各国で奏でられた「シティポップ風」の音楽が、（一部シティポップからの影響を垣間見せながらも）、あくまでシティポップと同時多発的に現地シーンから沸き起こってきたという事実がわかるだろう。その参照先はなによりもまず欧米のポップスであり、なにも日本のシティポップが「欧米の輸入」において特権的／唯一的な存在だったわけではないのである。インドネシアやフィリピン、韓国、台湾などのように、自国産の都会派ポップが後世に発掘されリバイバルしている動きも含めて、シティポップが辿ってきた過程に似ているようだが、むしろ、グローバリゼーションを通過し欧米すらも一ローカルになろうとしている現代ゆえの、自国文化の相対的な見直しという大きな文脈に置いて

化政策が積極的に推進されてきた。ゴミのポイ捨てに厳しい罰金刑が設定されている例などは、各国からの旅行者の常識にもなっている。90年代まではヒッピー風の長髪が禁止されるなど、ロック音楽等のカウンターカルチャーが実質的に抑圧されてしまうという側面もあった。

※47 いわゆるワールドミュージック
「ワールドミュージック」は、世界各地の大衆音楽／民族音楽を表す言葉だが、一般的には非西欧文化圏の音楽を指す場合が多い。オリエンタリズムの問題とも結び付けられ、西欧中心主義的な用語として度々批判にさらされてきた。そうした議論を受け、2020年を最後に、グラミー賞の同部門が「グローバル・ミュージック・アルバム賞」と改称されるという動きもあった。日本でも80年代からブームが起こり、世界各地の音楽がワールドミュージックの名の下に盛んにリリースされた。

みるべき事象なのかもしれない。金悠進が指摘するとおり、そうした実践の有様を眺めてみて初めて、真に建設的なトランスアジア、トランスナショナルな想像力を起動することができるのではないだろうか。もしかするとこれは、従来の歴史的文脈を学びつつ、新たな聴取感覚で自国産のシティポップを楽しむという我々がこれまで行ってきた作業と同じくらいに、いや、未だ知り得ぬ豊穣が目の前に広がっているという意味では、それよりもさらに大きな喜びを呼び込んでくれるかもしれない。

（補論2）〈再発見〉はどこから来たか？：海外シティポップ・ファンダムのルーツと現在地

モーリッツ・ソメ＋加藤賢

【1】海外シティポップ・ファンダムの現在地

第4章「グローバル化するシティポップ」で詳述されてきたとおり、海外におけるシティポップ人気はコンテンツ・プラットフォームやSNSを介して急拡大してきた。こうした新興リスナー層のなかでも、ひときわ「コアな」存在として考えられるのが、FacebookやRedditなどのオンライン・コミュニティ上に形成されているシティポップ・ファンダムである。しかし文化的・言語的な要因もあってか、そういったファンたちの実情は、これまでほぼ語られてこなかった。

そこで、この補論においては海外ファンコミュニティの構造と歴史的なルーツを探ってみたい。具体的にはまず、2020年12月に実施したアンケートの調査結果を参照し、コミュニティの現状について分析を行う。続いて、そのコミュニティの系譜を90年代・ゼロ年代のJ-POPファンダムにまで遡って解説する。

はじめに調査概要を説明する。2020年の12月6日から12月23日にかけて、我々はFacebookおよびReddit上のもっとも著名なシティポップ・ファンコミュニティを対象としたオンラインアンケート調査を実施し、これらのグループから575件の回答を得た（完全解答398名、部分解答177名）。グループのメンバーは調査時点では、総計6万人以上にのぼった（2022年1月時点では累計10万5000人以上になっている）。その結果、ファンたちの人口構成や視聴・消費パターン、彼/彼女らの抱くシティポップや日本に対するイメージなどが浮かび上がってきた。

一方で、この調査には以下のような方法論的限界（methodological limitations）も存在する。

1．オンライン・コミュニティの調査には、一般的に自己選択（self-selection）バイアスがかかる。つまり、このアンケートの調査対象者はみなシティポップのオンライン・コミュニティへ自ら進んで参加している「熱心な」ファンたちであって、海外リスナー全体を代表するものではない。したがって本調査の協力者たちは、カジュアルに聴いている層と比較してこのジャンルへの思い入れが圧倒的に深い人々である、ということを念頭に置いておく必要がある。

2．このアンケートはすべて英語で実施されており、英語を主要言語とするコミュニティでのみ調査を行ったものである。Facebook 等ではタイ語やインドネシア語のグループも存在しているが、このような人々は調査結果へ十分に反映されていない。

3．この調査ではきわめて歴史が浅く、かつダイナミックに変動するオンライン・コミュニティを調査対象にしている。これは一例だが、Facebook に存在するもっとも巨大なシティポップのグループは、2年間でメンバーが数百人から2万人程度にまで膨れ上がった。

よってこの調査結果は２０２０年末時点における、インターネットベース・コミュニティの一瞬を捉えたスナップショットとして考えるべきだろう。

本論掲載のデータは原則として小数点以下を四捨五入している（そのため、数値の合計は必ずしも１００％にならない）。ただし本書の趣旨を踏まえ、一部のデータは小数第一位まで表記している。なお、この補論は２０２１年３月にフリブール大学のリポジトリへ登録されたソメ＋加藤による報告書「Japanese City Pop abroad: findings from an online music community survey」を加筆・修正したものである。

ファン・コミュニティの構成層

人口統計学的なデータは、シティポップの海外ファンは女性より男性に、そして高齢者より若者へ偏って

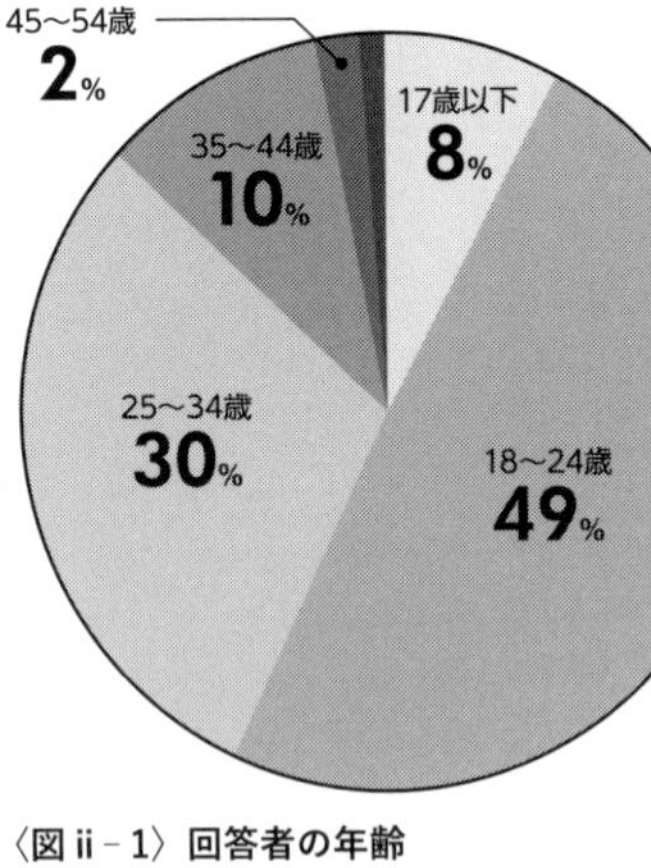

〈図ii－1〉回答者の年齢

いることを示している。男性ファン（73％）は、女性ファン（22％）やジェンダー異和／ノンコンフォーミング（4％）の3倍以上と顕著に多い。全回答者の約50％を占めるのが24歳以下〈図ii－1〉で、ついで25歳～44歳前後の社会人が主要な構成層をなしている。これは日本におけるシティポップ・ファンのボリュームゾーンが50歳以上であり、リアルタイムの聴取経験を持っていることとは対照的である。こうしたギャップはグローバルなオンラインシーンにおいて、シティポップが比較的「新しい」ジャンルであることに起因する。「シティポップを初めて聴いたのはいつですか？」という設問に対して、約4分の1（24％）が「2020年」と回答しており、それ以外の57％の回答者も「2年～5年以内」と述べている。反対に、シティポップの最盛期である「1970年～1989年」に聴き始めた回答者は、全体の0・5％に過ぎなかった。

　調査時点における回答者の社会的属性は学生（49％）がもっとも多く、被雇用者／事業者（37％）、無職（7％）と続いた。また最終学歴ごとの区分では、高卒程度・ディプロマなし（7％）、高卒・ディプロマ他資格あり（18％）、大卒程度・学士号なし（25％）、貿易／技術／職業訓練校等の専門士および短期大学士（4％）、大卒・学士号あり（29％）、大学院卒・修士号／博士号あり（12％）、その他（2％）と、広範な分布がみられた。

このアンケートにおいて、回答者が多い出身地は北米、アジア、そしてヨーロッパであった。ここでいう「アジア」は、主にフィリピンやインドネシアなどの東南アジア諸国を指す。もっとも回答が多かったのはアメリカ合衆国（35％）で、ついでフィリピン（9％）、カナダ（6％）、インドネシア（4％）、メキシコ（4％）、イギリス（4％）、オーストラリア、フランス、ブラジル（3％）となっている。東南アジアからの回答者が多かった一方で、東アジアの回答者は少なかった。日本は1％で、ついでベトナム（0・8％）、台湾（0・5％）、モンゴル、中国大陸（0・3％）、韓国からの回答者はいなかった（図ii―2）。ここで東アジア諸国から回答者が少なかった理由は、母国語で交流できるファンコミュニティがすでに存在しているためであると考えられる。また「金盾（グレート・ファイアウォール）」の存在によって、中国大陸のネットワークからFacebookやRedditへのアクセスが遮断されていることにも留意が必要だろう。

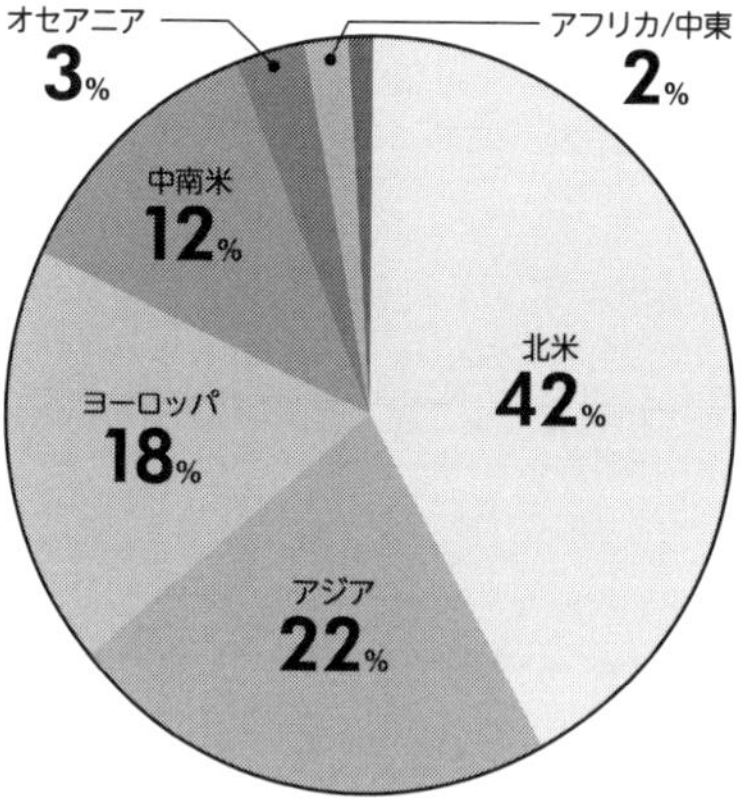

〈図 ii－2〉回答者の居住地域

　前述したように、このアンケートは英語で書かれており、また英語圏の掲示板だけで回答を募ったにもかかわらず、半数以上の回答は英語を公用語としない国からのものであった。また興味深いことに、回答者の多様なバックグラウンドに反して、データには地域ごとの回答パターンの違いはほぼ見られなかった。つまりアジアのシティポップ・ファンは北米のシティポップ・ファンと同じく山下達郎が好きで、YouTubeを使ったり、アニメを見たり、ヴェイパーウェイヴを聴いたりしているのである。

音楽活動のスタイル

「YouTubeのおすすめ（Recommendation）アルゴリズムを通してシティポップを知りました。ヴェイパーウェイヴと、その「踊れる」サブジャンルで、シティポップからサンプリングしまくっているフューチャーファンクにどっぷりハマりこみました。あの日、YouTubeからプラスティック・ラブを薦められて――あとはご存知の通り（the rest is history）です」

――調査対象者のコメントより

回答者は、シティポップを聴くにあたって主にYouTube（90%）、音楽ストリーミングサービス（64%）、ダウンロードした音楽ファイル（49%）を利用している〈図ii―3〉。なかでもYouTubeの利用率はきわめて高く、別の質問項目においては調査対象者の実に3分の2以上が「YouTubeを介してシティポップを知った」と回答していた。調査対象者の44%が「初めて出会ったシティポップのアーティスト」として竹内まりやの名前を挙げていること、なかでも「プラスティック・ラブ」を最初の1曲として記憶している回答が少なくなかったことは、こうした聴取環境によるものだろう。この結果は、YouTubeの「あなたへのおすすめ」アルゴリズムの妙なクセが「プラスティック・ラブ」を欧米の視聴者に印象づけ、近年のシティポップブームを引き起こしたという、よく知られたエピソードを裏付けているように思われる。同様に、山下達郎（15%）や杏里（6%）もシティポップを知るきっかけとして重要なアーティストであるようだ。さらに、回答の中にはフューチャーファンクやヴェイパーウェイヴをそ

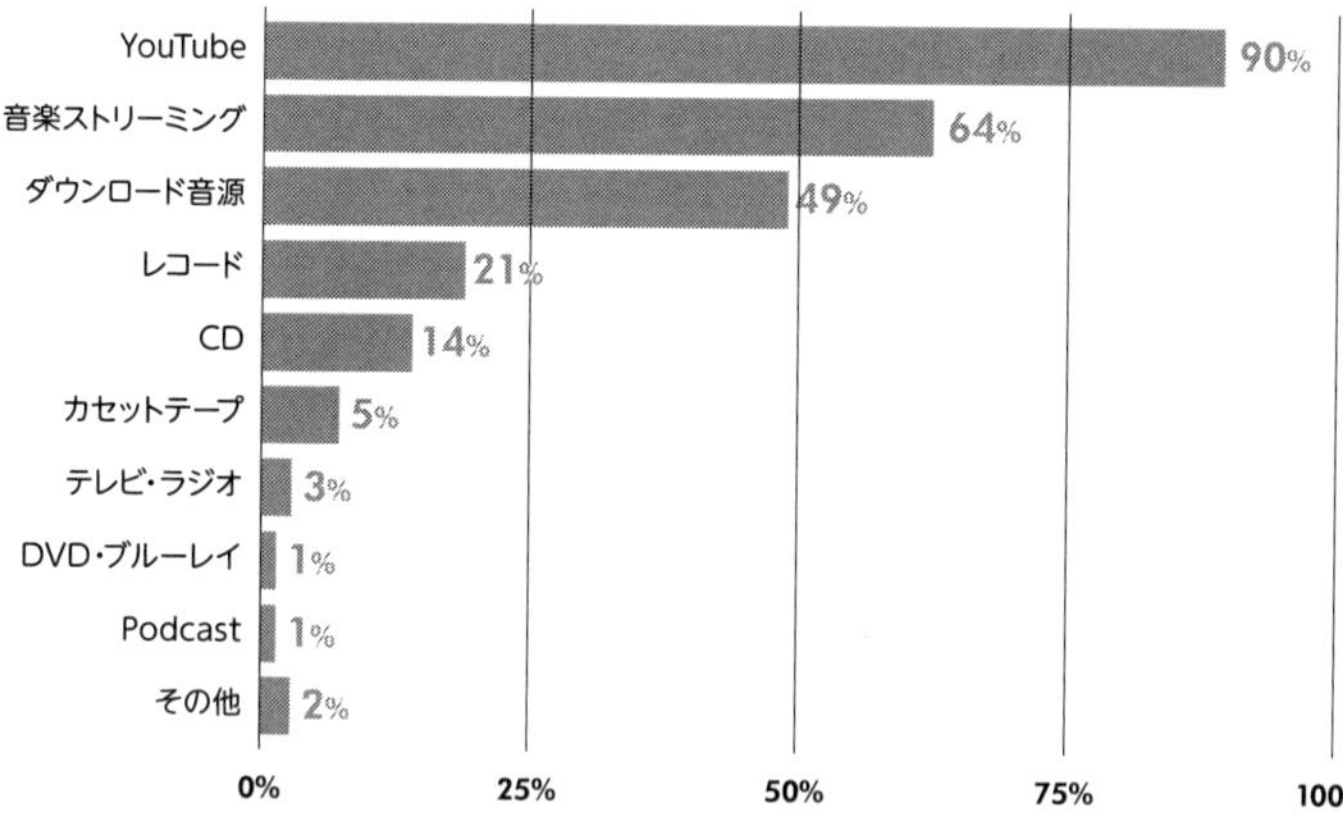

〈図 ii－3〉シティポップを聴く際のメディア（複数回答可）

の入口として挙げているものもあった。半数以上の回答者が、これらのジャンルのいずれか、ないし双方を聴いていると述べている。

こうしたオンライン・コミュニティの活動がオフライン空間へと波及することは少ないようだ。シティポップのオフラインイベントに参加した経験がある人は6%にとどまっており、「シティポップ・アーティスト」のライブを見たことがある人はわずか2%にすぎなかった。けれども一方では、レコードなどのフィジカル・メディアをコレクションしている（12%）、オフラインのファンコミュニティに参加している（2・5%）といった、ひたむきな情熱を持つファンも存在している。ある回答者は次のように述べる。

「パンデミックが起こる前の3ヶ月間、私は小さなバーで毎月シティポップ・パーティーを開催していました。月ごとに参加者が2倍になっていって、3ヶ月目には75人くらいまで増えていました。２時間ほど離れた場所でヴェイパーウェイヴやフューチャーファンクのパーティーを開催している人たちもみんな来てくれましたし、地元の日系人も何人か遊びに来てくれました。そうやって共同作業で盛り上げようとしていたところで、COVID-19の隔離期間に入ったんです。また「ノーマル」が戻ってくれば、欧米社会においてシティポップには明るい未来が待っていると思います」

こうしたファンコミュニティにとってもっとも重要なオンラインプラットフォームはReddit（56％）とFacebook（50％）である。またYouTubeチャンネル（35％）やDiscord（14％）も、同じく欠かせないものとなっている〈図ii－4〉。ただし、こうしたオンライン・コミュニティにおいて「週に数回以上コメントや投稿を行っている」のは20％止まりであり、反対に38％は「ただ覗いているだけ（just lurking）」と回答するなど、

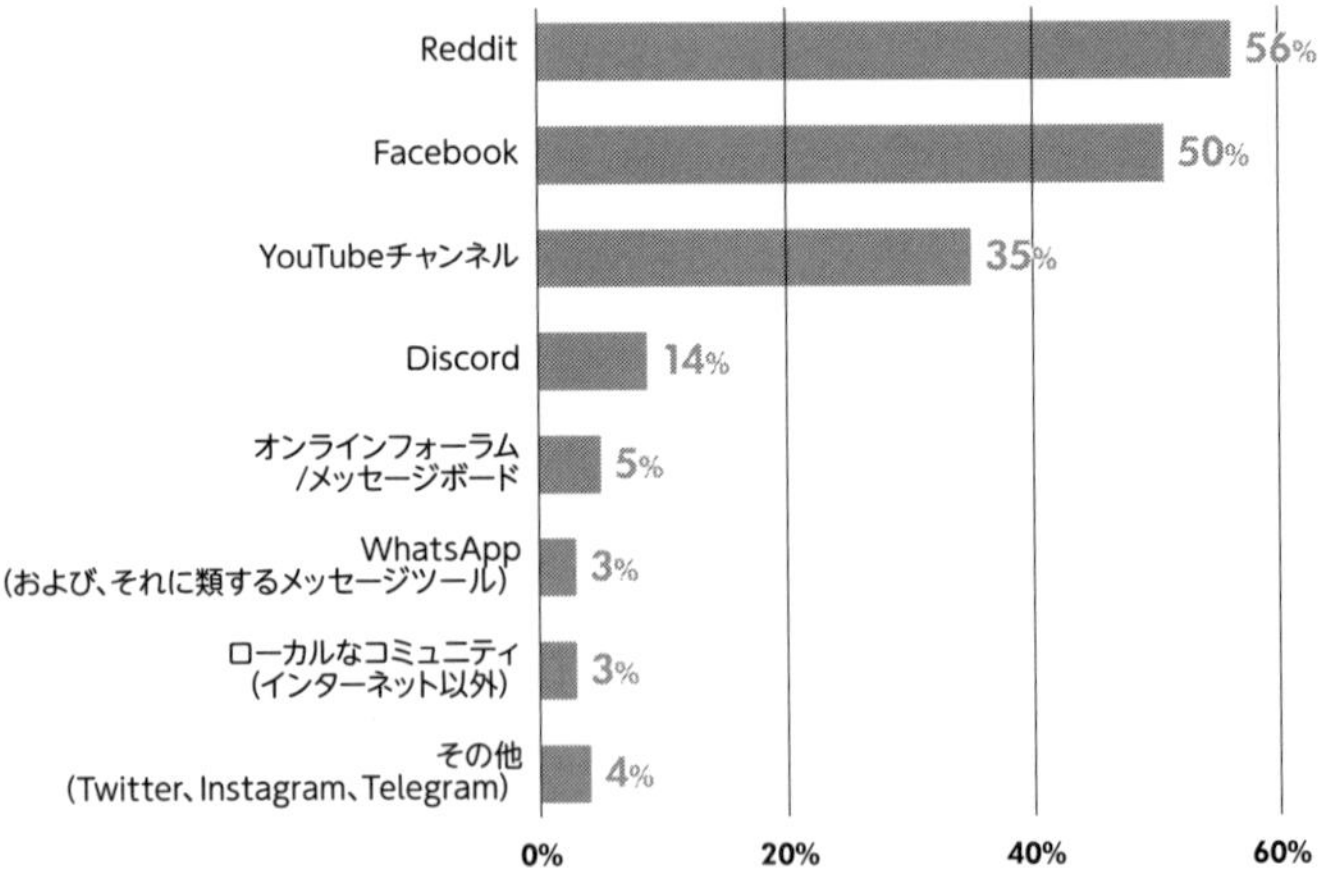

〈図ii－4〉参加しているシティポップ・コミュニティ（複数回答可）

受動的に利用している層の方が多い。また、シティポップをテーマにしたインターネットミームは、こうしたフォーラムではかなり人気がある。全回答者の59%がミームを好んでおり、7%は自らミームを作ったことがあると答えている。「嫌い」と答えたのはわずか4%にとどまった。

２０２０年12月に発生した松原みき「真夜中のドア」の世界的バイラルヒットは、こういったコミュニティにおける聴取スタイルがＳＮＳを経由して外部へ波及することによって生じたものである。もともと同曲は、２０１８年に起こったYouTubeアルゴリズム・エラーの際、「プラスティック・ラブ」と同様に非公式音源がしばしば「おすすめ」されていた。そこから2年かけて、海外シティポップコミュニティの間で同曲は右肩上がりに人気を獲得していったと考えられる。

時は流れて２０２０年10月、株式会社ポニーキャニオンは同社より発売されてきた音源で編集されたプレイリスト「おとラボ」を各種ストリーミングサービス上で公開する。すると、そのうちの1曲であった「真夜中のドア」の再生数および海外再生比率（アメリカ、インドネシア、メキシコなど）が飛び抜けて高いことが判明した。同月末にはインドネシアのシンガー・Rainychによる同曲のカヴァーも発表されており、人気の高まりを感じ取ったポニーキャニオンは２０２０年11月19日にTikTokへ公式音源をアップロードする。これがすぐさまTikTok上で「椅子に乗って回る」、「お母さんが歌う」といったミームとしてバズヒットとなり、相乗効果で各種ストリーミングサービス上の再生回数もさらに上昇していった（株式会社ポニーキャニオンのエグゼクティヴ・プロデューサー、今井一成氏の提供資料より）。最終的にはSpotifyのグローバル・バイラルチャートで18日連続1位を記録するリバイバル・ヒットとなり、２０２１年12月現在においてはSpotify上で約９４８０万回、YouTubeの公式動画（２０２０年12月25日に新規アップロードされたもの）では約９４０万回、それぞれ再生されている。

多くの回答者は、シティポップの音楽的なクオリティの高さについて言及している。洗練されたメロディ、巧みな演奏技術、音楽的な質の高さ――これらはいずれも、ファンたちがシティポップというジャンルを愛好する理由である。また、中にはシティポップが他の音楽を発見するための入り口になっていると述べる者もいる。ファンたちは様々な音楽活動を意欲的に行っており、回答者の28％がシティポップを自ら演奏したことがある。さらに6％はシティポップからインスパイアされて作曲したり、シティポップからサンプリングした音源を自分の楽曲に用いたりしている。

海外ファンたちは誰を（何を）聴いているのか

我々の用意した「好きなシティポップのアーティストやバンドを3つ選択してください」という設問に対して、140通りの回答があった。以下の表はそのうち上位20曲までのランキングと、全体の投票数に占める割合を示したものである（図ii―5）。注目すべきは、女性アーティストの得票（61％）が男性アーティストの得票（39％）と比べて顕著に多いこと、日本のアーティストへの投票が98％を占めている（残り2％は韓国やアメリカ等である）こと、回答者の性別および国籍による投票傾向のばらつきが見られない（つまり回答者の性別や国籍にかかわらず、同じようなアーティストに投票が集中している）こと、以上3点である。

このランキングに掲載されているアーティストのほとんどは、日本においてもシティポップというジャンルを象徴する存在であり、2000年代初頭ごろより出版されている音楽ガイドブックや雑誌記事において頻繁に特集されている人々である。よって日本と海外のファンの間においても「どのアーティストがシティポップか？」という基本的な理解は共有されていると

	アーティスト名	得票率 (%)		アーティスト名	得票率 (%)
1	山下達郎/Tatsurō Yamashita	17.6%	11	八神純子/Junko Yagami	1.9%
2	杏里/Anri	12.2%	12	中森明菜/Akina Nakamori	1.6%
3	竹内まりや/Mariya Takeuchi	9.4%	13	亜蘭知子/Tomoko Aran	1.3%
4	角松敏生/Toshiki Kadomatsu	6.2%	-	杉山清貴/Kiyotaka Sugiyama*	1.3%
5	松原みき/Miki Matsubara	5.6%	15	松任谷由実/Yumi Matsutōya (荒井由実/Yumi Araiを含む)	1.2%
6	大貫妙子/Taeko Ohnuki	5.5%	16	間宮貴子/Takako Mamiya	1.1%
7	大橋純子/Junko Ōhashi	4.4%	17	カシオペア/Casiopea	1.0%
8	菊池桃子/Momoko Kikuchi	2.5%	-	杉山清貴とオメガトライブ/Kiyotaka Sugiyama & Omega Tribe*	1.0%
9	中原めいこ/Meiko Nakahara	2.3%	-	シンディ/CINDY	1.0%
10	オメガトライブ/Omega Tribe	2.0%	-	細野晴臣/Haruomi Hosono	1.0%

*内部整合性の観点から、ソロ・アーティストへの票と、その人物が所属していたバンドへの票は別回答として集計した。杉山清貴とオメガトライブ以外にも、細野晴臣とYMO (0.4%) や、菊池桃子とラ・ムー (0.2%) 等のケースが該当する。

〈図 ii－5〉好きなシティポップ・ミュージシャンのランキング

考えてよい。また、票全体の50%がランキングの上位5名に集中しているという事実からは、このジャンルに対して海外ファンたちが抱いている明確で正統的(orthodox)なイメージを窺い知ることができるだろう。

とはいえ、調査結果におけるいくつかの差異は注目に値する。たとえば日本側から見たとき、杏里の人気はひときわ際立って映るはずだ（日本における杏里の商業的ピークは「シティポップス」を歌っていた1983年前後ではなく、もう少し経った80年代後半〜90年代初頭のことである）。またCINDYも、日本での知名度はさほどでもないが、海外ファンには相対的によく知られているアーティストである。反対に南佳孝、小坂忠、伊藤銀次といった、1970年代音楽シーンのベテランや、寺尾聰、杉真理、山本達彦といった80年代初頭のシティポップ(ス)・オリジネイターなど、日本においては「シティポップ」として広く認識されているにもかかわらず、今回の調査においては0票に終わってしまったアーティストやバンドも存在していた。

なかでも、フォーク・ロックバンド「はっぴいえんど」メンバーの得票数が少なかったことは特筆すべき点である。細野晴臣の人気こそ高いものの、大滝詠一には0・2％、鈴木茂には0・1％しか得票がなかった。山下達郎や大貫妙子、松任谷由実を除けば、はっぴいえんどと関連する70年代「シティ・ミュージック」シーンのアーティストもさほど人気がない。日本のメディアにおいては、はっぴいえんどと各メンバーたちのソロキャリア、そして彼らと密接な関係にあった少数のアーティストによって構成されるファミリー・ツリーを中心として「シティポップ」史を説明することが一般的であるが、そういった認識は日本と比較して圧倒的に薄いようである。この断絶は、設問「もっともシティポップ『らしい』と感じる年代はいつか」において、圧倒的多数が1970年代（5％）ではなく、1980年代（89％）と回答していることに関連するのかもしれない。なぜなら、はっぴいえんどというバンドの存在や、そのメンバーたちの活動が海外において十分に知られていないというのは考えにくいからだ。はっぴいえんどをシティポップの歴史と結びつけている英語のプレス記事も複数存在しているし、なにより今回調査対象となったようなFacebookやRedditのコミュニティをあたれば、このバンドとその重要性について語っている投稿をいくつも見つけることができる。よって、はっぴいえんどのフォーク・ロック的なサウンドは（大滝詠一の1950年代アメリカンポップ風サウンドと同様に）、シティポップというジャンルのイメージから若干外れたものとして認識されている、と考えるのが妥当であろう。

90年代以降の「シティポップ系」アーティストも、やはり相対的に得票率が低かった。シティポップを「1990年代」に関連するものとして考えている回答者はわずか2％止まりであり、「2010／2020年代」も同率の2％であった。このカテゴリーで特筆すべきアーティストは、2000年代以降の日本で「シティポップ」というジャンルを復興させたパイオニアの流線形、韓国を拠点として活躍するシンガーのYUKIKA、メキシコのフューチャーファンクプロデューサーであるマクロスMACROSS82-99などが挙げられる（いずれも0・3％）。

音楽消費傾向に関する設問（「大まかに言って、あなたの音楽消費の何％をシティポップが占めていますか」）では平均して、シティポップが約40％、それ以外の音楽ジャンルが約60％であるとの回答を得た。この点において興味深いのは、こうしたファンコミュニティの住人たちが「シティポップ以外の」日本の音楽ジャンルにも関心を示していることだ。「シティポップ以外に、どのような日本の音楽を聴きますか？（複数回答可）」という設問では、シティポップ以外の日本の音楽に興味を持っている70％の回答者のうち、多かったのはアニソン（55％）、日本のジャズ／フュージョン（55％）、メインストリームのJ－POP（54％）、インディー音楽（43％）、J－ROCK（34％）などであった。また民謡および雅楽（12％）という回答も注目に値するだろう〈図ii―6〉。こと日本国内において、シティポップと伝統音楽を同時に聴き込んでいるリスナーは少数派であると考えられるからだ。後述するが、この12％という数字は、シティポップというジャンルを超えて「日本」という対象に関心を持つファンの存在を捉えている。

また日本以外の音楽ジャンルについて尋ねた設問においては、83％が「シティポップと似た1970／80年代の西洋音楽（ファンク、ソウル、ディスコ、ポップ）」と回答していた。また前述したように、インターネット上のマイクロジャンルであるヴェイパーウェイヴ（53％）やフューチャーファンク（54％）も人気がある。また「（日本以外の）アジア諸国のレトロな音楽」（33％）は、わずかながらK－POP（31％）よりも人気が上回っていた〈図ii―7〉。

「シティポップを聴いたことをきっかけに、私は日本の音楽世界にも足を踏み入れるようにな

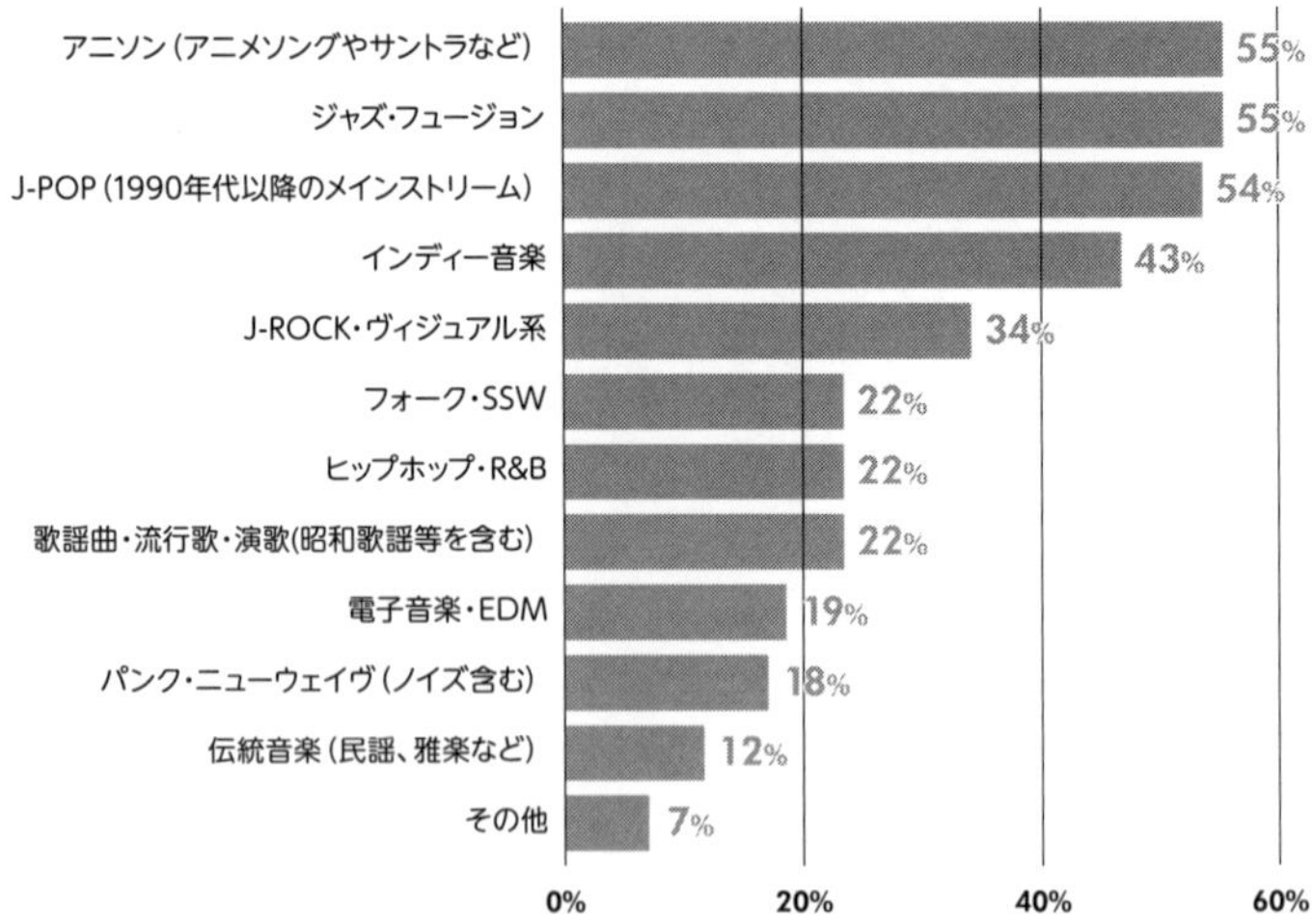

〈図 ii－6〉 シティポップ以外に聴いている日本の音楽ジャンル（複数回答可）

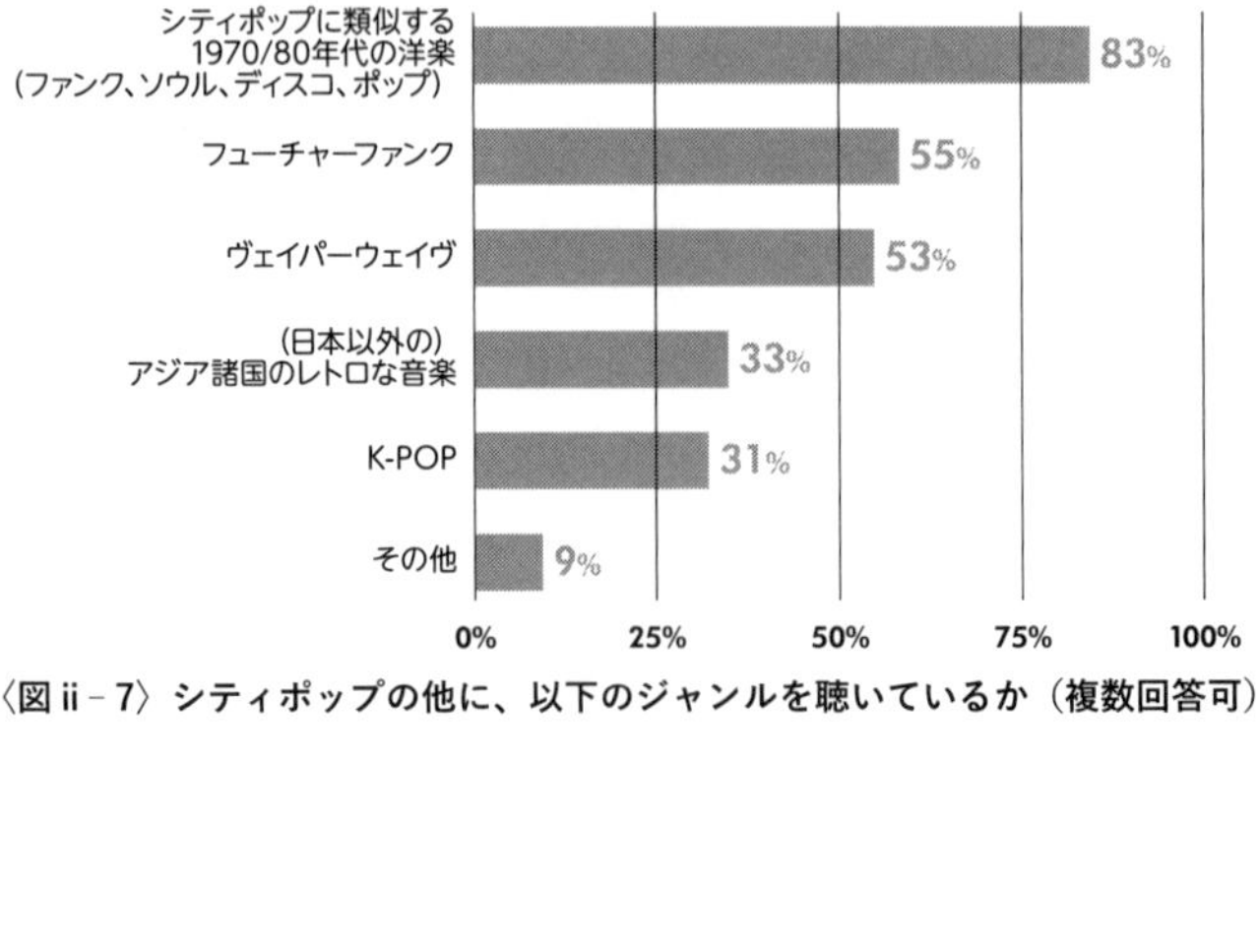

〈図 ii－7〉 シティポップの他に、以下のジャンルを聴いているか（複数回答可）

りました。この熱烈な探求の旅路は、日本のものだけにとどまらず、私の音楽的な嗜好をぐっと広げてくれたんです。シティポップから始まって、モータウン・サウンドやフランスのシャンソン、1960年代のブリティッシュ・ポップやロックなど、シティポップが参照していた音楽も探し求めるようになりました。シティポップがなかったら、今ごろどんな音楽を好んでいたのか想像もつきません」

——調査対象者のコメントより

ノスタルジア、逃避主義、日本：「シティポップ」の意味するもの

「シティポップを聴いていると、心の中に鮮やかな風景が浮かんできます。私は日本語を話せないから、アーティストが何について歌っているのかはわかりません。でも「オープンカーで夏の海岸線をクルーズする」とか、「深夜の街をドライブする」みたいなシーンとシティポップは切っても切り離せません。こういう情景には最高に合う音楽なんですよ。大学までドライブする時なんかには欠かせないジャンルです」

「シティポップは1980年代へのノスタルジアを感じさせてくれます。あの頃、日本のテクノロジーはクールでした」

——調査対象者のコメントより

我々は、海外のファンのあいだでこのジャンルがどのようなイメージを持たれているのかを明確化するために「シティポップから連想するキーワードを3つ挙げてください」という設問を自由回答形式で設けた。以下はその結果である〈図ii—8〉。

このランキングの集計にあたって、意味的に隣接する語や表記揺れについてはひとまとめにグループ化し

ている（たとえば、nostalgia と nostalgic は Nostalgia という語に統一している）。こうした作業を経て、最終的には255のキーワードが浮かび上がった。なお「Disco」（0・9%）、「Beach」（0・8%）、「Bubble」（0・8%）、「Tokyo」（0・6%）、「Melancholy」（0・6%）、「Future」（0・5%）、「Luxury」（0・3%）など、20位以内には入らなかったが重要性が高いと考えられる語も存在する。

　上記の結果が示しているように、海外ファンにとってのシティポップとは、アートワークや歌詞、そして「真夜中の（日本の）街をドライブする」「真夏のビーチでリラックスする」といった現実／想像上のリスニング・シチュエーションなど、視覚的な「美学（aesthetic）」と強く結びついていることがわかる。こうしたモチーフは、1980年代日本のアルバムや音楽雑誌の表紙にしばしば見られるものであり、音楽ライターたちの手掛けるテキストを介して日本のシティポップと結びついてきた。海外のシティポップ・ファンたちにとって、こういった視覚的なカノン——つま

	語	出現頻度（%）		語	出現頻度（%）
1	Nostalgia（ノスタルジア/郷愁）	11.3%	11	Night（夜）	1.79%
2	Funky（ファンキー）	7.5%	12	Retro（レトロ）	1.68%
3	Japan（日本）	3.7%	13	Aesthetic（美学）	1.6%
4	Summer（夏）	3.5%	14	Upbeat（アップビート/陽気な）	1.57%
-	Relaxing（リラックス）	3.5%	15	Jazzy（ジャジー）	1.2%
6	80s（80年代）	3%	16	Love（愛）	1.1%
7	Fun（楽しい）	2.5%	-	Smooth（スムース/洗練された）	1.1%
8	Groovy（グルーヴィ）	2.2%	-	Urban（アーバン/都会的な）	1.1%
9	Happiness（幸福）	2.1%	-	City（都市）	1.1%
10	Chill（チル/落ち着く）	1.9%	20	Driving（ドライブ）	1%

〈図 ii－8〉シティポップから連想する言葉（複数回答可）

り、きらめく海辺や摩天楼のネオンライトといった、シティポップのお約束となっているイメージ——は、「Funky」、「Jazzy」、「Upbeat」、「Relaxing」、「Chill」といった音楽的特徴と同じくらい重要視される要素なのである。

キーワードをサブグループ（下位集団）に分類する作業を通して、我々はこのジャンルがリスナーの感情面に対してもインパクトを与えていることに気付いた。事実、多くの回答者は「シティポップを聴くということは、感情レベルで深い影響を受ける行為である」と述べており、「ひどく憂鬱だった（depression）とき、この音楽に助けられた」、「コロナウイルスのパンデミックで隔離されていたとき、シティポップのおかげで耐え抜くことができた」といった回答も寄せられた。シティポップはふつう「happiness」や「love」といったポジティヴな感情と結び付けられることが多い。だが調査結果からも分かるとおり、このジャンルともっとも分かち難く結びついている感情とは、１９８０年代の日本に投影されている強烈な「ノスタルジア（郷愁）」である。ある回答者は、自由回答欄に次のようなコメントを残してくれた。

「シティポップは自分がまだ生まれていない、けれども生きてみたかった時代のことを想起させてくれます。とてもノスタルジックな気持ちになりますよ。私は日本語を話さないけど、感情が伝わってくるんです。心の底から魂に響くんですよ」

ファンたちは、過去の日本に対するノスタルジアが自身の体験と結びついていないことを知っている（アジア圏の回答者に関しては例外もある）。なかには「フェイク」や「造られたノスタルジア（artificial nostalgia）」とまで述べる回答者も存在していた。こうしたシティポップに対するノスタルジックな連想は、目の前に広がる社会的・経済的問題からの「逃避手段」として機能して

いるようである。別の回答者の言葉を借りれば、

「これはミレニアル世代のシティポップ・ファンの誰にとっても、ある程度当てはまることだと思います。いま私たちはだいたいみんな、充実した生活を送れていないからです。景気は悪いし、将来の見通しも立たないし。だから僕たちは80年代の日本が持っていた解放感や個人の自由、社会的常識を打ち破る発想力、そして豊かさに魅了されるんです」

ということだ。ギタリストであり音楽学者のポール・バラム＝クロス（Paul Ballam-Cross）が指摘しているように、YouTubeにアップロードされたシティポップやフューチャーファンクのコメント欄には、しばしば曲や画像にインスパイアされた私的で詩的な、短い架空の思い出話（マイクロフィクション）が見られ、ファンたちがその曲の世界により深く入り込むための要素となっているが、それらの物語にも逃避的な色彩はしばしば見え隠れしている。

また、ある回答者は欧米のオーディエンスがシティポップを逃避的に用いていることに対して、次のような考察を加えている。

「『シティポップ』って言葉のおかげで好きな音楽やアーティストを見つけられたから、そのことについては感謝しています。けれども多くのシティポップ・ファンダムは西洋のオーディエンスに対して、必ずしも真実を反映していない、日本文化に関する偽りのナラティブを広めてしまっています。西洋人の解釈する「オタク」や「カワイイ」、あるいはアニメ文化が日本の本質ではないのと同じことです。日本経済にもっとも勢いがあった時代のカルチャーに対する、バラ色レンズの色眼鏡とでもいうべきでしょうか。最近どこかで読んだのですが、ＡＯＲ（Adult-oriented Radio）や「カリフォルニア・サウンド」の総称である「ヨットロック」が70年代に人気を博したのはベトナム戦争やニクソンのスキャンダル（ウォーターゲート事件）を意図的に覆い隠そうとしたからであり、それはドナルド・トランプや21世紀初頭の諸問題を抱える現代にヨットロックが再興を果たした構図とよく似ているそうです。シティポップも同様に、このレンズを通して理解することができると思うのですが、加えてそこには「東洋世界の不明瞭さ（Eastern obscurity）」と「萌芽期のコンピュータ技術」に対するノスタルジアまでも介在しています。奇妙なジャンルですよね。音楽そのものはとても素晴らしいだけに、こうした近年のカルチャーとは結びついてほしくないと思ってしまいます」

　こうした証言からも分かる通り、多くの回答者は自分自身の聴取実践を自らのシティポップ解釈へ反映するとともに、このジャンルに対するメタ音楽的なナラティブ（つまり、シティポップに関する言説）にも関心を持っている。また、こうしたコアなリスナーたちがサウンドだけでなく、歌詞を読み解こうとしていることも見逃してはならないだろう。日本語能力に関する質問では、全回答のうち「流暢にわかる」こそ4％止まりだったものの、「シティポップの歌詞がわかる程度」になると21％に、「多少ならわかる」だと37％にまで上昇している。また「日本語を理解できない」と答えた残り37％の回答者も、70％以上は「翻訳された歌詞を調べることがある」と回答しており、「歌詞をあまり気にしない」と答えたのは23％にとどまっている。つまり海外のファンも、シティポップを単なるＢＧＭやドライブミュージックとして消費しているわけではなく、（日本語話者以上の手間や時間をかけて）歌詞に耳を傾けているというわけである。

　こうした調査結果は、海外ファンにとってのシティポップが「日本」というイメージを強く呼び起こすものであることを示しているが、この事実は別の質問項目からも確認できるものである。これは回答者にシティポップのジャンルイメージを1（純粋な日本のジャンルである）から5（きわめて国際的なジャンルである）までの5段階で評価してもらった設問であるが、この結果からも海外のファンたちがシティポップを「日本の」音楽スタイルとして考えている傾向が把握できるだろう〈図ii—9〉。

シティポップの「日本らしさ（Japaneseness）」が海外のファンにとってのアピールポイントとなっていることは、このジャンルが日本においてトランスナショナルで西洋的なイメージをもって受け止められていたことを思うと、皮肉なことかもしれない。「シティポップ以外で愛好している日本のポップカルチャーは何ですか（複数回答可）」という設問においては、「アニメを見る」（79%）、「日本のテレビゲームで遊ぶ」（71%）、「マンガを読む」（63%）、「映画を見る」（60%）、「小説やライトノベルを読む」（34%）、など、音楽以外のポップカルチャーに興味を示している回答者が多数存在している。ノスタルジアを感じる具体的な要素として、日本製のゲームやおもちゃ、テレビシリーズなど、彼らが子どもの頃に触れていたポップカルチャー製品の具体名を挙げている回答者もいた。ファンが制作したシティポップのミュージック・ビデオにはしばしば『うる星やつら』や『美少女戦士セーラームーン』と

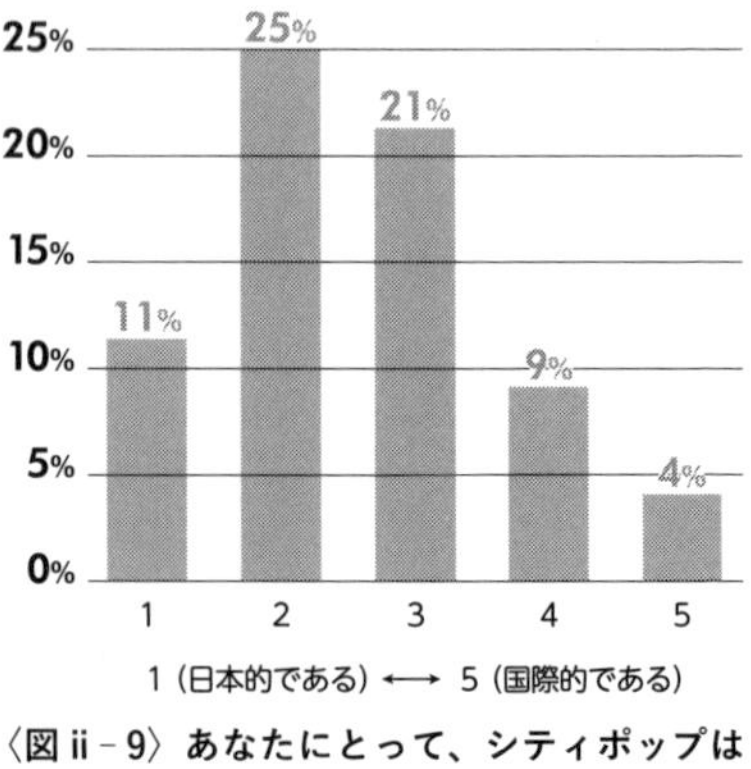

〈図ii－9〉あなたにとって、シティポップは「日本的」なジャンルか、それとも「国際的」なジャンルか（5段階評価）

いった1980年代・90年代のアニメのワンシーンが用いられているが、これはフューチャーファンクからの表面的な影響だけでなく、ファンの間でこういったアイテムへの直接的なノスタルジアが広く共有されているからであろう。こうした傾向は、従来の日本における「シティポップ」のイメージとは対照的である。もちろん日本国内においても、このジャンルのアーティストがアニメ向けの楽曲を制作するようなケースはあったが、アニメのファンダムや、いわゆる「オタク」文化と交わる形で理解されることはほとんどなかったからだ。

ここまで、調査結果を踏まえつつ海外のシティポップ・ファンの実状について紹介してきた。だが、こうした日本国外におけるファンダムはいかにして形成されてきたのだろうか。次章では、そのルーツについて考察を行っていく。

【2】海外シティポップ・ファンダムのルーツ

前述したように、海外のシティポップ・ファンにとって「造られたノスタルジア」というテーマは極めて重要な意味をもつ。というのも、ファンコミュニティの起点の一つはヴェイパーウェイヴやフューチャーファンクなど、2010年代から次々とインターネット上に浮上してきたジャンルにあるからだ。また、「オタク的」なアニメやゲームとシティポップやマイクロジャンルには共通する美学的要素もある。しかし、シティポップとヴェイパーウェイヴの関連性については、本書ですでに扱われているので、ここではあまり語られることのない、別の側面に焦点を当てよう。つまり、現在のシティポップ・ファンのシーンと、4chanやYouTube以前の90年代後半からネット上に存在していた日本のポップカルチャーのファンダムの間にも連続性があることを指摘しておかなければならない。

海外のJ－POPファン・コミュニティ小史

これまで述べてきたように、シティポップのファンの多くは、日本のアニメ、マンガ、テレビゲームやJ－POPなど、時に「クールジャパン」としてまとめられるようなポップカルチャーの愛好者でもある。ここでは国外のJ－POPファンダムの歴史的な背景に目を向けることで、シティポップ・ファンダムとの類似点を浮き彫りにしていこう。

欧米のJ－POPファンは近年減少傾向にあり、若い世代に関して言えばK－POPとのパイの奪い合いが激しさを増している（アンケートの回答者の3分の1はK－POPも聴いている）。一方、シティポップの場合だけをみると、若い世代のみならずベテランのJ－POPファンからも支持を得ているようだ。山下達郎のようなシティポップ・アーティストや1980年代のアイドル歌手は、シティポップと捉えられていなくても、筋金入りのJ－POPファンの間では常に人気があった（その当時は「1980年代J－POP」などの言葉が使われていた）。また、音楽ライターの金澤寿和による『Light Mellow和モノSpecial』のようなシティポップのディスクガイドは、YouTubeを発信源としてシティポップ・ブームが巻き起こる数年ほど前に、「JPopSuki」のようなファイル共有コミュニティを介してコアなJ－POPファンの間で話題となっていた。このように、J－POPファンコミュニティの間でもシティポップが人気を博しているのは、現代のシティポップ・ファンと初期の海外J－POPファンとの間に共通点や連続性が存在するからである。

海外のJ－POPファンは1990年代後半から2000年代前半にかけて出現し、インターネットを活用することによって文化的境界や言語の壁を越えることに成功した。これはインターネットとファイル共有技術の恩寵なしには成し遂げられなかった。この点で、海外のJ-POPファンダムは同時代的に形成されつつあった（メディア研究者マージョリー・キビーMarjorie Kibbyが指摘するところの）「バーチャル・ローカル型」の音楽ファンダム現象の一例であると言えよう。また音楽社会学者の毛利嘉孝は、こうしたネット上のJ-POPファンダムのあり方を、国家、人種、民族、階級、宗教、歴史、地域、イデオロギーといった共通性に基づいて形成される「コミュニティ」や、比較してより高い流動性を持つローカルな音楽実践の「シーン」、あるいは消費行動によって結びつけられる小規模集団の「トライブ（部族）」等々の概念ではなく、共通の文化的嗜好を持つ人々がソーシャルメディアを介して緩やかに繋がる「クラスター」として理解されるべきであると指摘している。語義についての細かな議論は差し置くにしろ、このような歴史的経緯を鑑みると、当時のJ-POPファンの在り方はすでに今のネット上のシティポップ・ファンのそれに通じるものがあった。

こういった海外のJ-POPファンダムは、他の日本メディアとも共存関係を築きあげてきた。アニメやマンガとは異なり、今のところ日本のポップミュージックには世界的な市場がほとんどない。つまり音楽だけに興味を持ち、それ以外の日本の大衆文化の製品には関心がないという「純粋な」J-POPファンは稀なのである。こうした背景もあって、J-POPはむしろマンガ、アニメ、ゲームに熱中している日本のサブカルチャー愛好家に人気があった。こういった日本のポップカルチャーの愛好者が既存の、国境を越えた文化的潮流と融合し、独自のサブカルチャーとして発展している例もある。たとえば社会学者エイドリアン・ファヴェル（Adrian Favell）は、2000年前後のカリフォルニアにおいて、こうした日本のポップカルチャーがアジア系アメリカ人の若者たちに、出自や文化的背景を超えた〝汎アジア的（pan-Asian）〟なアイデンティティを生じさせていたという事例を紹介している。

また日本学研究者のステファン・ケーン（Stephan Köhn）が指摘しているように、アニソン歌手やヴィジュアル系バンドに代表されるように、海外で成功を収めているJ－POPアーティストの多くは映像メディアを効果的に活用している。それは必ずしも「かっこいい」ものに限った話ではないが、どれも視覚へ強く訴えかけるアイデンティティを持っていることが多い。J－POPアーティストにとっても、アニメやゲームのサウンドトラックに収録されることは、海外で知名度を得るための一番の近道になっている。２０００年代初頭にアニメで人気を得たアーティストの例としては、the pillows（『フリクリ』／『FLCL』）やNujabes（『サムライチャンプルー』）などがある。また、宇多田ヒカルもゲームシリーズ『キングダムハーツ』への提供曲によって海外のファンを獲得していた。現在のシティポップ・ファンが、フューチャーファンクや各種ポップカルチャーを介して体得した「オタク」的コンテンツとの親和性やトランスナショナル性を、J－POPは先取りしていたのである。

こうした海外のJ－POP、およびシティポップ・コミュニティにおけるオタク的ポップカルチャーの親和性を考える近年の興味深い例として、バーチャルYouTuber（VTuber）、Gawr Gura（がうる・ぐら）を紹介しよう。株式会社カバーが運営する英語圏向けVTuberグループ「ホロライブEnglish」の1期生としてデビューした彼女は、YouTubeチャンネル登録者数２００万人をVTuber史上最速のペースで突破するなど、猛烈な勢いでグローバルな人気を獲得している。そんなGawr Guraは、２０２０年9月13日に行われたデビュー配信にて「好きなアーティスト」のひとりとして山下達郎の名前を挙げ、その後のカラオケパートで「Ride On Time」を歌ったことで、ファンから「City Pop Shark」という愛称をつけられた。このストリームは1時間近くあるにもかかわらず、２０２１年12月現在で約460万回再生されており、歌部分を切り抜いた動画やマッシュアップなども人気を博している。その後も「プラスティック・ラブ」や「真夜中のドア」、濱田金吾の「街のドルフィン」などをカヴァーしているが、中でも「街のドルフィン」は、NYブルックリンで活動するトラックメイカーのEngelwoodがほぼそのままサンプリングし、「Crystal Dolphin」という楽曲として2017年12月にリリースしたところTikTokを発火点として人気を博し（2021年12月現在では300万本近くのクリップが製作されている）、ネットミームとしても定着した楽曲であるため、とりわけ興味深いチョイスとなっている。

Gawr Guraは元々音楽活動を行っていたクリエイターであることから、こうした選曲も日本向けの「仕込み」ではなく、自身の意思が反映されていると思われる（公式インタビューにおいて、Gawr Guraは「Ride On Time」について「人生で一番好きな曲」と述べており、それ以外にも「Magic Ways」「MERMAID」「FRAGILE」をお気に入りの山下達郎ナンバーとして挙げている）。しかしまず着目すべきなのは、彼女が当該動画においてKygo、SEKAI NO OWARI、Yunomiを山下達郎とならぶ「好きなアーティスト」として言及している点であろう。むろんKygoは世界的なDJであり、SEKAI NO OWARIは日本以外でも知名度のあるミュージシャンだが、Yunomiはフューチャー・ベースにアニソン的なメロディラインを組み合わせた「カワイイ・フューチャー・ベース（Kawaii Future Bass）」シーンのトラックメイカーである。海外の若いシティポップ・ファンにとって、こうしたミュージシャンのチョイスは不自然なものではない。むしろ、シティポップのファンであることと、こうしたオタク文化の愛好者・表現者であるということは「順当に」両立するものである。もし疑問に思われるのならば、このデビュー配信のライブストリーム・チャットを確認してみるとよい。英語圏のリスナーが「City Pop Shark!」「Ride On Time」などと大喜びのリアクションをしている合間で、時折「山下達郎なんて渋い」といった日本語のコメントが流れるのを確認できるはずだ。ここでは「海外のVTuberファンの方がシティポップに親しんでいる」という、いわば逆転現象まで起こっている。

一方、今回の調査ではすべてのシティポップ・ファンがこのジャンルをアニメなど日本のポップカルチャーと結びつけているわけではないこともわかった。それどころか、シティポップ・ファンの間では、オタク文化や、K-POPやフューチャー・ファンクといったジャンルと「真正な」シティポップを区別しようとする議論すら巻き起こっている。この対立は、「本物のシティポップファン vs. 量産型オタク」を揶揄したインターネット・ミーム〈図ii-10〉や、Facebookグループでの「シティポップと銘打たれている現代のK-POPは「本物のシティポップ」と言えるのか」をめぐる議論のスレッドなどに現れている。もっとも、この当該スレッドは議論の域を超えて炎上の様相を呈してしまったため、管理人によって削除された。騒動を受け

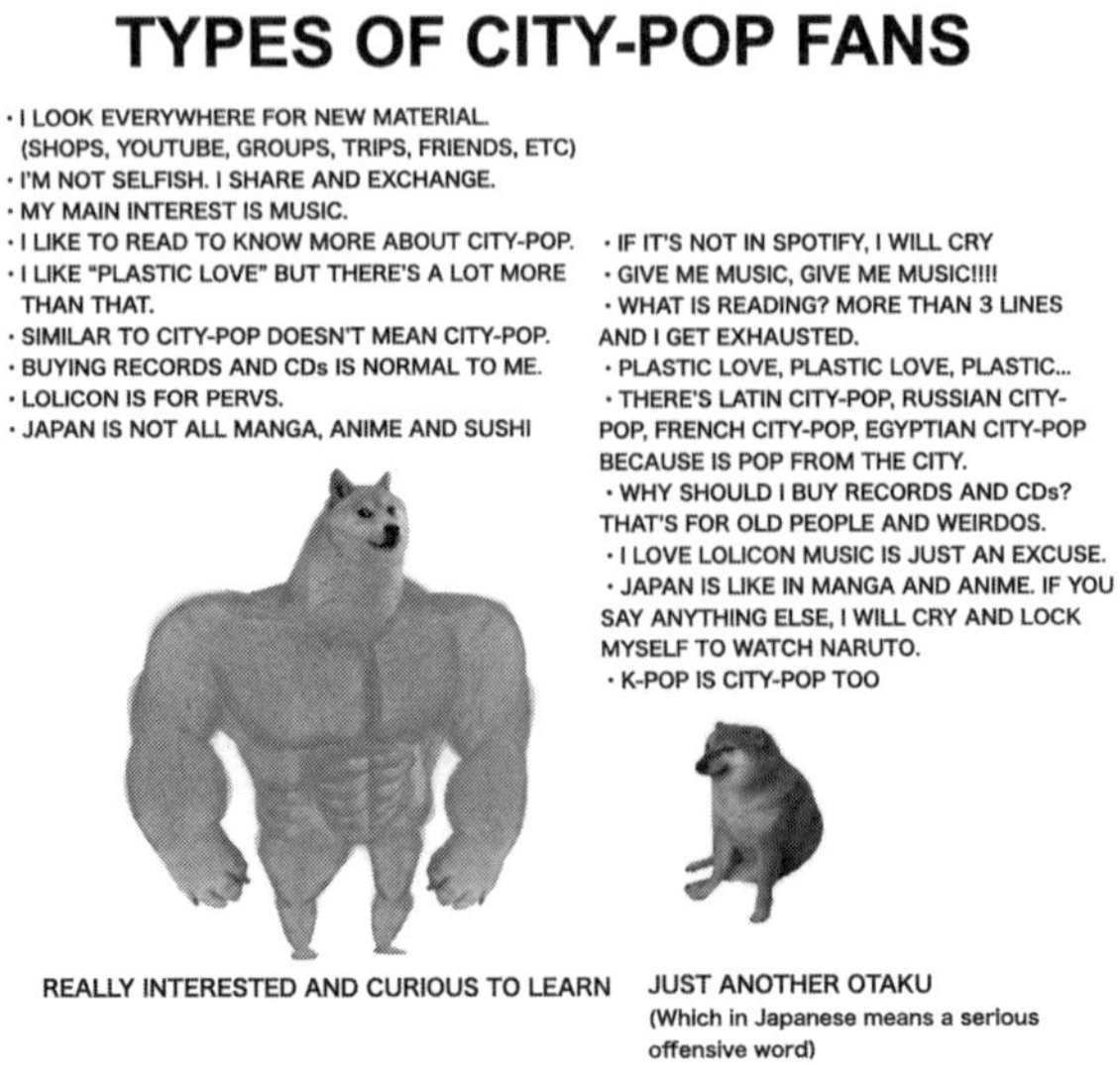
TYPES OF CITY-POP FANS
• I LOOK EVERYWHERE FOR NEW MATERIAL. (SHOPS, YOUTUBE, GROUPS, TRIPS, FRIENDS, ETC)
• I'M NOT SELFISH. I SHARE AND EXCHANGE.
• MY MAIN INTEREST IS MUSIC.
• I LIKE TO READ TO KNOW MORE ABOUT CITY-POP.
• I LIKE "PLASTIC LOVE" BUT THERE'S A LOT MORE THAN THAT.
• SIMILAR TO CITY-POP DOESN'T MEAN CITY-POP.
• BUYING RECORDS AND CDs IS NORMAL TO ME.
• LOLICON IS FOR PERVS.
• JAPAN IS NOT ALL MANGA, ANIME AND SUSHI
• IF IT'S NOT IN SPOTIFY, I WILL CRY
• GIVE ME MUSIC, GIVE ME MUSIC!!!!
• WHAT IS READING? MORE THAN 3 LINES AND I GET EXHAUSTED.
• PLASTIC LOVE, PLASTIC LOVE, PLASTIC...
• THERE'S LATIN CITY-POP, RUSSIAN CITY-POP, FRENCH CITY-POP, EGYPTIAN CITY-POP BECAUSE IS POP FROM THE CITY.
• WHY SHOULD I BUY RECORDS AND CDs? THAT'S FOR OLD PEOPLE AND WEIRDOS.
• I LOVE LOLICON MUSIC IS JUST AN EXCUSE.
• JAPAN IS LIKE IN MANGA AND ANIME. IF YOU SAY ANYTHING ELSE, I WILL CRY AND LOCK MYSELF TO WATCH NARUTO.
• K-POP IS CITY-POP TOO
REALLY INTERESTED AND CURIOUS TO LEARN
JUST ANOTHER OTAKU
(Which in Japanese means a serious offensive word)

〈図ii-10〉「本物のシティポップファン」と「量産型オタク」を比較したインターネット・ミームの一例

てこのコミュニティでは「K－POPなど、他の音楽ジャンルを揶揄するようなジョークは避けること」というローカルルールが制定され、K－POPから影響を受けた現代の韓国シティポップを評価する声なども上がるようになっている。とはいえ「K－POPの楽曲を投稿するのは趣旨に反する」という認識は、どのシティポップコミュニティでもゆるやかに共有されているようだ。シティポップ・ミームの例からもわかる通り、とりわけシティポップのファンコミュニティにおいて、K－POPはある種の仮想敵とされることがある。この傾向は、J－POPファンダムにも同じく散見される。つまり（おそらく、現実の2国間におけるそれと同様に）、欧米におけるJ－POPファンとK－POPファンの間には「アジア間のライバル関係」が存在するのである。

また文化人類学者トーマス・ボーディネット（Thomas Baudinette）が指摘しているように、一部のJ－POPファンは、浅い「ウィアブー（weeaboo／日本かぶれ）」や無批判な消費者ではなく、「アジア・リテラシー」を持つコスモポリタンなファンと自負する傾向がある。こういった緊張関係は海外のシティポップ・ファンのシーンにも散見される。筋金入りのシティポップ・ファンの中には、このジャンルを何よりも見つけ難い過去のレアグルーヴとして評価するコレクターがおり、「真の」シティポップ（つまり日本で製作された1970年代・80年代のもので、レコードで体験することが理想的であるような音楽）を、「人工的で商業的」なK－POPや、「安っぽい音で表面的」なフューチャーファンクとは別のものだと主張している。シティポップ・ファンの間にある、このレアグルーヴ志向と文化的知識を求めて競い合う傾向は、初期の海外J－POPファンダムにおいて別の意味でも類似点がある。言語の壁や日本のコンテンツへのアクセス制限のために、海外のネット上のJ－POPファンダムには常に前提として「レアグルーヴ性」があった。コンテンポラリーな日本のヒット曲について情報を得るのは難しく、CDを収集することすら高価で通好みの趣味だった。２０００年代初頭以降、海外のＪ－ＰＯＰファンにとって重要なウェブサイトの多くが、BitTorrentなどのファイル共有プラットフォームとリンクしていたのは偶然ではない。日本の音楽を「ディグ」して共有したり、ＣＤやファングッズを輸入する方法を議論したり、日本語のわからない人のために歌詞を翻訳し合ったりすることは、海外のＪ－ＰＯＰファンの間では常に重要な活動だった。レアな音楽や文化的・言語的知識へのアクセスを提供することで、コミュニティの尊敬を集めるファンもいた。こういった卓越化のパターンもまた、Ｊ－ＰＯＰファンと現在のシティポップファンの間で共通して見られるものである。

ある意味、シティポップ・ファンダムの現状は、初期のＪ－ＰＯＰファンダムの進化系としても捉えられるだろう。近年はYouTubeやサブスクリプション式サービスを通じて、日本のメインストリーム・ポップカルチャーへと簡単にアクセスできるようになった。日本産の音楽について英語をはじめとする他言語で書かれた媒体もはるかに増え、機械翻訳ツールによって言葉の壁も少しずつ低くなってきた。「元々認知度が低くて万人受けしない音楽を発見する」ことの神秘性に惹かれていた海外のＪ－ＰＯＰファンは、より知られていない日本の音楽を探す必要に迫られた。「レアグルーヴ」としてのシティポップは、このようなファンにとっての新天地にもなっているのである。

おわりに

ここまで、調査結果を踏まえつつ海外シティポップ・コミュニティの分析を行ってきた。もちろん実際には５７５人中５７５通りの異なる物語があり、それをアンケートだけで詳細に把握することは不可能である。だが、こうした量的調査の結果ひとつとっても、海外のファンたちがシティポップに注いでいる真摯な情熱が垣間見られるのではないか。また、この調査では扱いきれなかった英語圏以外のコミュニティを訪れてみれば、そこにはまた別のファン文化が存在するだろう（参考として２０２１年12月現在、Wikipediaには日本語以外に英語、スペイン語、フランス語、イタリア語、ジャワ語、韓国語、ロシア語、ベトナム語、中国語、アラビア語、セルビア語、閩南《ミンナン》語、ハンガリー語、チェコ語、フィンランド語の「シティポップ」記事が作成されている。記事があるということは、その言語圏にファンがいる可能性を示している）。特にアジアの文脈における「シティポップ」という言葉の意味は、本章で説明したようなネット上のファン・シーンともまた異なっている。それらはトランスナショナルな音楽文化が多様な受容プロセスを経てローカルな音楽文化と混ざり合ったものであり、今日までにそれぞれ独自の美的概念を作り上げている。

何より大切なことは、日本と海外のシティポップ観のどちらが正統か？　という考え方をしないことだろう。唯一の「正しいシティポップ概念」など存在するはずもないのだから。行ったこともない国の、体験したはずもない過去。永遠に辿り着けない楽園、夢見られたマイクロフィクション。けれど、そこで生まれた希望や陶酔や感傷や救いは決して「フェイク」ではないはずだ。だからこそ、その思いは人を突き動かし、やがては「シティポップ」のイメージそのものを刷新していったのである。

アメリカ西海岸という幻想をまなざして生まれたシティポップは、いくつもの経路を辿って海外のリスナーの耳に届き、愛され、そしてまた日本へと帰ってきた。その不可思議なダイナミクスもまた、このジャンルの新たな魅力となっていくだろう。

• 加藤賢「〈書評論文〉「シティ」たらしめるものは何か？：シティ・ポップ研究の現状と展望」『阪大音楽学報』16・17 合併号、2020 年、45-62 頁

• 木村ユタカ監修『クロニクル・シリーズ　ジャパニーズ・シティ・ポップ』シンコーミュージック・エンタテイメント、2006 年

• 金悠進「「シティポップ」なきポップス――ジャカルタ都会派音楽の実像――」『ポピュラー音楽研究』Vol.24、2020 年、35-51 頁

• 佐藤秀彦『新蒸気波要点ガイド――ヴェイパーウェイヴ・アーカイブス 2009-2019』DU BOOKS、2019 年

• モーリッツ・ソメ「ポピュラー音楽のジャンル概念における間メディア性と言説的構築――「ジャパニーズ・シティ・ポップ」を事例に――」『阪大音楽学報』16・17 合併号、2020 年、15-42 頁

• Ballam-Cross, Paul, "Reconstructed Nostalgia: Aesthetic Commonalities and Self-Soothing in Chillwave, Synthwave, and Vaporwave," *Journal of Popular Music Studies* 33 (1), 2021, pp.70-93.

• Baudinette, Thomas, "Consuming Japanese and Korean Pop Culture in Australia: 'Asia Literacy' and Cosmopolitan Identity," *Journal of Australian Studies* 44 (3), 2020, pp.318-333.

• Born, Georgina, and Christopher Haworth, "From Microsound to Vaporwave: Internet-Mediated Musics, Online Methods, and Genre," *Music and Letters* 98 (4), 2017, pp.601-647.

• Calkins, Thomas, "Algorithms and Aura: The Curious Case of Mariya Takeuchi's Plastic Love," *Musical Urbanism*, June 5, 2019. https://pages.vassar.edu/musicalurbanism/2019/06/05/the-curious-case-of-mariya-takeuchis-plastic-love-guest-blog-by-thomas-calkins/

• Favell, Adrian, "Tokyo to LA Story: How Southern California Became the Gateway for a Japanese Global Pop Art Phenomenon," *Kontur* no.20, 2010, pp.54-68.

• Harper, Adam, "Music That Laughs," *POP. Kultur & Kritik* no.10, 2017, pp.60-65.

• Jian, Miao-Ju, "How Taiwanese Indie Music Embraces the World Global: Mandopop, East Asian DIY Networks, and the Translocal Entrepreneurial Promoters," Eva Tsai, Tung-Hung Ho, and Jian Miao-Ju (Eds.), *Made in Taiwan: Studies in Popular Music*, New York: Routledge, 2019, pp.213-228.

• Kelts, Roland, *Japanamerica: How Japanese Pop Culture Has Invaded the U.S.* , New York: Palgrave Macmillan, 2006.

• Kibby, Marjorie, "The Practice of Music Fandom on the Internet," *12th Biennial IASPM-International Conference, Montreal 2003, Proceedings*, 2003, pp.454-463.

• Köhn, Stephan, "Coole Identitäten im Zeitalter der Globalisierung: J-Pop als Paradigma postmoderner (Trans-) Nationalität made in Japan," Stephan Köhn and Michael Schimmelpfennig (Eds.), *China, Japan und das Andere: Ostasiatische Identitäten im Zeitalter des Transkulturellen*, Wiesbaden: Harrassowitz, 2011, pp.133-152.

• Matsunaga, Ryohei, "Global Popularity of 1979 City Pop Track 'Mayonaka No Door - Stay With Me' Explained," *Billboard*, December 21, 2020. https://www.billboard.com/music/music-news/mayonaka-no-door-stay-with-me-popularity-explained-9503609

• Mōri, Yoshitaka, "J-Pop Goes the World," *Made in Japan: Studies in Popular Music*, Tōru Mitsui (Ed.), New York, London: Routledge, 2014, pp.211-223.

• Ng, Benjamin Wai-ming, "Japanese Popular Music in Singapore and the Hybridization of Asian Music," *Asian Music* 34 (1), 2002, pp.1-18.

• O'Donnell, Molly C., and Anne H. Stevens (Eds.), *The Microgenre: A Quick Look at Small Culture*, New York: Bloomsbury, 2020.

• Roh, David S., Betsy Huang and Greta A. Niu, *Techno-Orientalism: Imagining Asia in Speculative Fiction, History, and Media*, New Brunswick: Rutgers University Press, 2015.

• Schembri, Sharon, and Jac Tichbon, "Digital Consumers as Cultural Curators: The Irony of Vaporwave," *Arts and the Market* 7 (2), 2017, pp.191-212.

• Sommet, Moritz and Ken Katō, "Japanese City Pop Abroad: Findings from an Online Music Community Survey (Executive Summary)," Fribourg: University of Fribourg, 2021.

• Tanner, Grafton, *Babbling Corpse: Vaporwave and the Commodification of Ghosts*, Winchester, Washington: Zer0 Books, 2016.

• Winston, Emma, and Laurence Saywood, "Beats to Relax/Study to: Contradiction and Paradox in Lo-Fi Hip Hop," *IASPM Journal* 9 (2), 2019, pp.40-54.

（補論3）［インタビュー］韓国のシティポップブーム解説

長谷川陽平（聞き手：柴崎祐二）

渡韓して早27年。ギタリスト／DJ／プロデューサーの長谷川陽平は、韓国におけるシティポップブームの架け橋にして、その中核を担う存在だ。様々なパーティーでレコードをプレイし、多くの人々を踊らせてきたが、その活躍はシティポップだけに限らず、この間の韓国インディー音楽シーンにおけるキーパーソンとして数多くの現場に立ち会ってきた。

韓国のシティポップブームはどのように盛り上がってきたのか。どういった人々にシティポップが受け入れられ、聴かれ、奏でられてきたのだろうか。韓国国内でのポピュラー音楽受容状況や、再生メディア環境、更には経済状況の変遷等も踏まえながら、ムーヴメントの真相／深層に迫った。（柴崎祐二）

クラブ現場での盛り上がりは
2017年頃から

僕が主宰しているシティポップ系のDJイベント「From Midnight Tokyo」は、2016年から月イチで続けているイベントです。初回はもの珍しさもあってわりとお客さんが来てくれたんですけど、2回目以降は徐々に減り始めて（笑）。ハコ（ソウル市ホンデのミュージック・バー「漫評 Vinyl music」）のオーナーとも「まあ長い目で見ましょう」みたいな話をしていたんですけど、2017年の春くらいから急に沢山のお客さんが来るようになったんです。その年の夏からは、全員椅子に座りきれなくて立ち見が連続するようになっていって。会場はクラブというよりDJブース付きのバーみたいな感じなので、元々大勢は収容できないんですけど、それでも驚きました。イベントは夜10時スタートなのに、バーがオープンする7時から開演までずっと待っている人が出てきたり。

漫評 Vinyl music のあるホンデ周辺には元々サブカルチャー寄りの若い人が多かったというのもあると思うんですが、2017年あたりから、デザイナーとかタトゥーアーティストとか、クリエイター系の若者の間で80年代的なヴィジュアルイメージやサウンドがヒップなものとして広まっていったっていうのが大きかったように思います。あの時代のキッチュな文化が逆にかっこいいという認識がサブカルチャーとしてふつふつと盛り上がってきたんです。Instagram へ、そういう写真やシティポップの曲をつけた動画を投稿したり。そうこうするうち、はじめは新しいヒップの道具だったものに、徐々に深く興味を持つ人たちが現れてきた、という感じですね。

アナログレコードへの憧れ

現地DJの Tiger Disco と一緒に「This is the CITY LIFE」というパーティーもやっていて、それぞれ選曲傾向が違うのですが、「From Midnight Tokyo」の方だとやっぱり山下達郎さんは人気がありますね。「This is the CITY LIFE」の方はフロア志向なので、はっきりとダンサブルなものが盛り上がる傾向があります。全体的にいえば、「プラスティック・ラブ」をはじめ、やっぱり YouTube 上で人気の曲が現場でも支持されています。YouTube で曲を予習して、「本物」であるアナログレコードのサウンドを聴きにくる……というより、「見に」くるって感じかもしれません。

僕のDJの場合、定番曲をかけつつ韓国ではあまり知られてない曲も混ぜてかける、みたいなのもよくやるので、「こんなレコードがあるんだ！」という驚きもあったんだと思います。「現物への興味」というところでいうと、国外の定額制ストリーミングサービスがそこまで浸透していないのも理由として大きかったかもしれません。２０２１年の春先までSpotifyも韓国国内でサービス開始していなかったですからね。ドメスティック系の配信サービスのNAVER musicとかMelonだと日本の音源はあまりなかったですし。YouTubeで聴くといっても限界があるし、だからこそ実際に現場に行ってアナログレコードを聴くことの価値が高められていたのかもしれません。

その上、90年代当時の家庭ではレコードじゃなくてカセットが主流だったし、２０００年代に入ってもCDよりもカセットの比重が大きかった。一方、DJの現場ではレコードと入れ替わるようにファイルでのプレイ（音声データをメモリースティック等で持ち込んでプレイする形態）が主流になっていきました。CDの時代は本当に短かったんです。昔の大バコにはアナログ盤のターンテーブルが普及していたけど、その後に小バコがたくさんできていく時代には、すでにファイルでのプレイが全盛になっていたんです。その点、僕のイベントは全てヴァイナル（アナログ盤）なので、物珍しさにも繋がっているんじゃないでしょうか。杏里さんの『Heaven Beach』（１９８２年）とか、国分友里恵さんの『Relief 72 Hours』（１９８３年）のジャケットを掲げると、「ネットで聴いていたやつの本物がある！」っていう感じで盛り上がったり。

アナログレコードはここ4～5年でようやっと再注目されるようになった感じだと思います。今でこそアナログ盤をプレスする若手アーティストも多いし、ネットを通じたディストリビューションの体制も整ってきていますけど、以前なら、特に日本の古いレコードなんて全然手に入れられないような状況でした。今でも日本から輸入するとなると送料や手数料がかかるし、売値は相当高くなっちゃいますよね。それが余計プレミア感を高めているんだと思います。

エレクトロニックなサウンドが人気

韓国のファンは、シュガー・ベイブとかティン・パン・アレー系とか、70年代半ばあたりの作品に興味を示すのは稀だと思います。ちょっと泥臭かったりファンキー色が強いものはシティポップとして受け入れられづらいんです。生のバンドサウンドのグルーヴ感とかよりも、電化されたサウンドに嗜好が特化している感じはあります。もちろん、個人的には70年代のものも大好きですし、韓国でも一部のマニアは70年代のものにも遡っていきますけど、80年代初頭から時代を下って聴いていく人たちが圧倒的に多いですね。日本のベテランファンからは違和感があると思うんですけど、海外では、岡田有希子さんや中森明菜さん、おニャン子クラブとかですらシティポップ的に聴かれています。大貫妙子さんの『SUNSHOWER』（1977年）とか、達郎さんの『SPACY』（1977年）とか、70年代のものでもすごく洗練された一部のレコードは支持されてもいるので、一概には言えないですけどね。

あとは、当たり前だけど歌詞が日本語であるという制限も大きいと思います。ユーミンにしても、70年代のシンガーソングライター系は歌詞がとても魅力的じゃないですか。でも当然彼らは聞き取って意味を追うことができないので、洗練されたサウンドと歌詞のギャップの面白さがわからない。どうしてもパッと聴きで派手な曲の方が受けるんだと思います。「実はこの曲はこういう意味があるんだよ」と言うと、「へー！すごい！」となるんだけど。

「マウンティング」する人がいない

イベントに来るお客さんは、20代が中心で、6～7割方は女性です。さっき言ったように、クリエイター系のインフルエンサーの存在が大きかったり、元々がファッション的な文脈から広まっていったというのもあると思うんですけど、なによりも、今の韓国のカルチャー全般を動かしているのがそのくらいの世代の女性たちなんです。

日本だと、シティポップを掘ってDJをしたり情報を発信する人って圧倒的に男性が多いイメージがありますよね。若者もいるけど、どちらかというと昔から好きで聴いている人が多い。そういう意味でも、韓国での受容のされ方は日本と全く違う。なんというか……日本みたいに若い人たちを現場やネットでマウントする世代がいないのも大きいと思います（笑）。「そんなのシティポップじゃない」とか「お前、それも知らないのか」みたいなね。それより、まずはみんなで楽しんで盛り上がっていこう、みたいな感じ。まあ、中には「こんなもんアメリカのAORの劣化コピーじゃないか」みたいにチクチク言ってくる洋楽第一主義者みたいなおじさんもいますけどね（笑）。でもそういう人は稀で、とにかく若い女性がシティポップを好んで聴いている印象です。レコードのメイン購買層もそういう女性たちですね。

逆に、なぜ30代以上の男性客が少ないかというと、伝統的に、一般的な男性は仕事に就くと趣味から一気に離れていってしまいがちな気がしていて。家庭を持つとなおさらそうですね。もちろん日本もそういう傾向はあるけど、都市部だと、「仕事帰りにレコード屋に寄って一枚買っていこうかな」みたいなのもわりとあるじゃないですか。韓国の場合はそもそもレコード一枚一枚が高いし、ある程度の年齢から上のサラリーマンたちは、文化的な趣味からは卒業して楽しみといえば夜酒を飲むこと……みたいな姿が一般的な気がします。

あとは、なんといっても兵役がありますし、そこでライフスタイルがガラッと変わってしまう。何より周りの目が変わっちゃうんですよね。「もう軍隊から帰ってきたんだから、結婚もそろそろ考えて……」みたいな。とはいいつつ、まだ昔に比べたら変わったとは思います。兵役期間も短くなったし。今の20代の子たちの両親は1987年の民主化から2000年代にかけての文化開放の流れを若い時に体験してきた世代なので、それより前の世代の親御さんに比べたらかなりオープンですね。

文化開放以前の国外音楽受容

僕が韓国に初めて来たのは1995年なんですが、その当時はまだ文化開放の前だったので、国外の情報、特に日本の文化はかなり限られたものしかなかったですね。あったとしても海賊盤のカセットか、業者が直接日本に出向いて仕入れてきた正規盤が地下で流通していたので、それを買うしかない状況。ご存じの通り、テレビやラジオなどの公共の放送で日本語の曲をかけるのは厳しく禁じられていました。外国製品の持ち込みに関しては税関でも厳しくチェックされていたんですよ。日本のものに限らず、CDを大量に国内に持ち込むことが禁じられていました。だから、業者の人はさも自分が聴いていた私物のCDのように、プラケースを全部外して簡易的なケースに入れ直して輸入していたらしいですよ。

洋楽のポップスやロックも当時は手に入れづらかったですね。元々、平均収入に比べて輸入盤レコード自体が高価だし、ライセンス盤でも検閲で一部の曲を削除されるのもザラだった。とはいえ、ヒットチャート系はラジオでも流れていたので、一般的な洋楽受容といえばそういうメジャーなものが中心だったと思います。最も安価に洋楽のレコードを手に入れる方法は、韓国の業者が作るいわゆるコピー盤でした。もしくは、レコード屋が好きな曲をカセットに録音してくれるサービスを行っていたのでそれを利用したり、ブートカセットを売っている道端の屋台で手に入れたり。直輸入盤は一部のお金持ちが聴いていたくらいじゃないかな。ターンテーブルやステレオ装置も恵まれた人が持つもので、庶民はもっぱらラジカセを使っていました。そういう環境だから、客のリクエストに応じてレコードをかけてくれる、いわゆる「音楽茶房」っていうのがすごく流行ったんです。

掘り起こされる自国の「都会派ポップ」

現在では、かつて作られた韓国産の都会的なポップスが若い世代から聴かれるようになっています。きっかけとしてはやっぱり日本のシティポップへの興味が嵩じたことも大きいと思います。達郎さんの音楽にハマるうちに、どうやら自国にも似た音楽がありそうだ、と気付く、という。日本人がファンクやソウルを掘っているうちに自国のレコードにもそれらに通じるものを探し当てた流れに似ている気がします。あとは、当然のことですけど、歌詞が理解できるというのも韓国産のメロウなサウンドが再評価された大きな理由だと思います。加えて、外国のレコードに比べると断然安かったというのもある。

かといって、それらの音楽は発売当時にもまったく見過ごされていたというわけでもないんですよ。韓国産の昔の音楽を掘っている子たちの親の世代からしたら、「そんなの普通に流行っていたやつだよ」っていうものも少なくない。現在、若い世代から二大巨頭として崇められているキム・ヒョンチョルさんとLight & Saltにしても、当時は普通に売れていた人たちですからね。今はどんどん発掘の裾野が広がってきていますが、やっぱりこの二組が再評価されたことが大きなきっかけでした。親の世代からすると甘酸っぱい懐かしさがある音楽だと思うんですけど、若い世代にはその感覚はなくて、純粋にメロウなサウンドを楽しんでいる感じです。それがきっかけで親子の共通の話題ができたという話も聞いたりします。

今ではそのあたりのレコードも入手困難になってきていて、レコード屋に行くと、大抵「お前らのせいで値が上がってしまった」と嫌味を言われます(笑)。キム・ヒョンチョルさんが爆発的に再評価されたとき、じゃあ次はこれがウケるなというのがDJたちにはなんとなくわかるじゃないですか。で、実際に現場でプレイするとフロアから一斉にShazamの画面がヌッと伸びてくる(笑)。その数ヶ月後には何倍のプレミア価格になっている、みたいな……。

最近ではそういうものが「韓国シティポップ」と言われたりして、日本でも徐々に知名度を上げてきていますよね。けれど、日本でヒットしていた歌謡曲やニューミュージックすらほとんど韓国には入ってこなかったことを考えると、もっとニッチなジャンルである日本のシティポップから直接的に影響を受けた上であいった音楽をやっていた、というのは考えづらいと思います。以前、キム・ヒョンチョルさんとお話をする機会があって、日本の音楽ではどんなものを聴いていたか尋ねてみたんです。そしたら、オフコースの名前が出てきた。オフコースは大ヒットしたし、いろいろな制約をかいくぐってヒョンチョルさんの耳に入ってきたのもわかる。けれど、オフコースが王道のシティポップかといえば疑問ですよね。それよりも、自分の音楽にとってはもっぱら洋楽からの影響が大きいということも言っていました。

AORなどのアメリカの音楽の大きな幹があって、そこからそれぞれ影響を受けて枝分かれ的に発展したのが、日本のシティポップと、韓国のメロウなポップス。そういう図式が正しいと思います。違う枝葉であるシティポップが本場のAOR以上に韓国の音楽へ影響を与えたというのはありえないですよね。もちろん、同じAORの遺伝子を受け継いでいるので、結果としてサウンドが似ているということはありますけどね。もし仮に直接的な影響があったんだとしたら、当時から角松敏生さんの作品のような、バキバキにエレクトロニックなブギーみたいなものが韓国にも沢山あってしかるべきだけど、そういうのはあまり多くないわけですし。

「ニュートロ」ブームの背景とは?

自分が生まれる直前や生まれたばかりの頃のモノって何となく惹かれるところがあるじゃないですか。僕もそうで、60年代の音楽に魅せられてきたわけです。そうすると、80年代末から90年代に生まれた彼らが当時流行っていたものや両親が親しんでいた時代のものに関心を持つのも自然なのかなと思います。でも、背景として一番大きいのは韓国経済全体に昔に比べて遥かに余裕が出てきたことじゃないかなと思います。そういう状況がなければ、昔を懐かしむ気持ちも出てこないですよね。成長を続けてきて振り返る余裕ができたというか、置いてきたものの大きさに目を向けるようになったというか。「まずは現在が第一」という時代から徐々に変化していった。

さっきも言った通り、レコードをマニアックに買い集めたり鑑賞したりというのは、一部の恵まれた人たちがする行為だった。以前は、引っ越しで邪魔になるから捨てちゃおうとか、そんな感じだったと聞きます。大衆レベルでいえば音楽ソフトはあくまで消耗品であって、大事に保存しておいて鑑賞する対象でもなかった。1997年にアジア通貨危機（アジア各国通貨の大下落に伴う経済危機）が起こって韓国の財政も破綻寸前にまで追い込まれてしまうわけですが、当時を思い出すと、既に数年前から財政不安が国中にはびこっていて、街の人たちの間にも厭世的な空気感が漂っていました。みんながっくり来ていて、とにかく元気がない。この国はどうなってしまうんだろうという不安をひしひしと感じていました。そこから劇的に回復していって、今の好況がある。もちろん、格差の拡大とかいろいろな問題を孕みながらだと思いますけどね。

現在の「ニュートロ」ブームへ大手企業が参入して

くる流れがここ2年ほどで顕著になってきているんですが、そうなると早くから注目していた人たちの間では「ブームもそろそろ終わりかな……」みたいなムードになってもいる（笑）。やっぱり「ここまできちゃうか～」的なズッコケ感がありますね。音楽やファッションはもちろん、お酒やコーヒー、タバコまで昔のパッケージで復刻したり（笑）。もう、やたらめったらニュートロ、っていう。けれど、そういう状況になりながらも意外としぶとくブームが続いている感じがします。

韓国における渋谷系の受容

韓国では、90年代前半のリアルタイムの渋谷系よりも、その流れを受け継いだ2000年代前半のクラブ系の音楽が「渋谷系」の名のもとに人気を博していました。具体的には、HARVARDや、Fantastic Plastic Machine、m-flo、Nujabes等。彼らの曲が、同時期に韓国で広く普及していたSNS＝サイワールドのホームで自動的に流れる仕組みになっていたんです。そういった音楽を受容していたシーンと現在のシティポップブームには繋がりがあるといえばあるし、誰がその文化を主に担っているかということで考えると、直接の繋がりは薄いともいえると思います。韓国のアンダーグラウンドなシーンを概観すると、2000年前後にダンサブルなビートを効かせたマンチェスターサウンドとか英米のインディーロックから影響を受けてシーンを盛り上げていた人たちがいて、それが、韓国のインディー第一世代。いわゆるダンスロックのムーヴメントを作った人たちですね。その人たちも渋谷系的なエッセンスは取り込んでいた。今では、ハコのマネージャーとして業界に関わっていたり、音楽をやめてしまった人も多い。そして、主にその次の世代が、日本の「渋谷系以後」から影響を受けたクラブミュージック色の強い音楽をやりはじめた。

今では「渋谷系以後」の音楽もノスタルジーの対象になっていて、確かにシティポップとも重なり合う性質があるとは思うんですよ。けれど、80年代のシティポップの「懐かしさ」というのは今の韓国の若いお客さんからしたら未知のものですよね。いわば新譜と同じような新鮮さがある。けれど、彼らのいう渋谷系＝「渋谷系以後」的なものは、彼らの記憶にも残っているものなので、実体的な「懐かしさ」がある。両方ともサウンド的にはメロウだったりダンサブルだったりするので、ミックスしても上手くハマるんですよ。だから、シティポップ系の曲の中にいかにしてうまく2000年代前半のものをぶっ込んでいくかもDJの腕の見せ所ということになってきます。韓国のお客さんは結構シビアなところもあるので、実体のない懐かしさだけではあんまり楽しんでくれないんですよね。ちょっとでも退屈するとゾロゾロと外に出ていってしまう。そこでm-floをかける（笑）。そうすると「おお!」っと言って一気にフロアに戻ってきてくれたり（笑）。

シティポップ的音楽を実作する韓国の若手アーティストたち

日本のシティポップを掘ったり、自国のメロウなレコードを掘る若者がいる一方で、自分たちでもそういった音楽をやるアーティストたちが増えてきています。いろんなジャンルで80年代サウンドを取り入れるのが盛んになっている印象ですね。ロック系でもシティポップ的サウンドを取り入れる例があったり。たとえばADOYというバンドは、2017年のデビューからシティポップ的というか80年代のシンセポップ（日本でいうテクノポップ〜ニューウェイヴ）的な要素を全面的に取り入れています。リーダーのオ・ジュファンさんは、元々ストロークスのようなギターロックを志向するバンドで活動していたミュージシャンです。今の若いアーティストたちは、そういうシンセポップ的なものも含めて広い意味で「シティポップ」と認識しているような気がします。それらを含めるなら、バンドものから、自宅での多重録音で作るいわゆるベッドルームミュージック的なものを巻き込んでどんどん拡散していて、もはや全貌を把握するのは難しいくらいです。とくに、配信プラットフォームの Bandcamp や SoundCloud、各種ストリーミングサイトを通じて自分たちでリリースする例がすごく増えてきています。

こういう動きは、日本のネオシティポップ系以降の状況とも重なっていますよね。音楽的にも明確にオリジナルのシティポップスをなぞるというより、たとえば cero みたいな2010年代以降のものだったり、その前の世代、キリンジやフィッシュマンズから影響を受けたアーティストも多い気がします。彼らの人気は本当に高い。いろいろな意味で、前の世代に比べると日本の音楽の特別感みたいなものがなくなってきている気もしますね。影響元として普通にあるもの、というか。

一方で、ヒップホップ系レーベルである 8 BALLTOWN のプロデューサー、Bronze さんなどのように、かなり自覚的にオリジナルのシティポップス的なものへアプローチしている人もいます。彼の『East Shore』（2019年）をリリースしたレーベルのオーナーは昔から知り合いなんですが、「次のアルバムのジャケットを永井博さんに頼もうと思うんだけど、どう思う？」と訊かれたことがあって。「イメージ的にもバッチリだし、ぜひやったほうがいいよ」と答えた記憶があります。案の定、インディーにしては珍しいくらいの話題作になりました。それに彼は、国内ではCDを出さずアナログリリースしかしないというこだわりもある。彼の周辺のクルーは、昨今のメジャーなニュートロ流行りを牽引しているわけではないけど、確実にその空気を先取りしていた人たちですね。

メジャーフィールドでもシティポップス的な曲やビジュアルイメージが目立ってきています。中でも、元

Wonder GirlsのYubinさんの「淑女」（2018年）は早かった。むしろ、もう少しだけリリースが遅れたらニュートロブームとドンピシャにハマってもっと話題になっていたかもしれないですね。けれど、あれが皮切りとなってK-POP業界でシティポップ調の曲が次々に作られるようになったのは事実だと思います。韓国の音楽シーンって、以前まではザ・芸能界な世界と僕らのインディーな世界が完全に断絶していたんですよ。けれど、最近はメジャーなK-POPアーティストのあの曲を知り合いの誰々っていうプロデューサーが手掛けている、みたいなことも増えているし、アンダーグラウンドとメジャーのボーダーがなくなっている。それもシティポップ的なものが一過性のブームになっていない要因なのかもしれません。

日本出身のYUKIKAさんも明確にシティポップス的サウンドを志向したリリースを重ねていますが、彼女の場合はニュートロブームとのタイミングにもバッチリはまりましたよね。デビューしたのが、ちょうど韓国のシティポップファンが日本の80年代アイドル系を掘り始めたタイミングだった。だから、「現実に体験できる日本のシティポップアイドル」として爆発的に受け入れられたんだと思います。しかも出世曲の曲名は「Seoul Lady」（別表記「Soul lady」。「Seoul」は韓国の首都「ソウル」の英表記）。ファンからしたら、まさに「キター！」という感じ（笑）。

韓国でのシティポップブームの行方

毎年「今年がピークじゃないかな」と言ったりしているんですが、終わりそうで終わらない（笑）。なので、今後の展開も正直予想できないですね。ただ、ブームが終焉したとしても、元の状態に戻ることはないというか、シティポップ的なものが完全にシーンから脱色されるっていうことはない気がします。ひとつの背景として定着したのもあるだろうし、何年か周期でリバイバルが続いていく気もしますね。彼らの親世代が聴いていたキム・ヒョンチョルさんが再発見されたように、彼らの子供世代が2020年前後に流行っていたシティポップを未知のノスタルジーの対象として再発見していくような気もしています。たとえどんなに小さなシーンや個人だとしても、今は世界中に投げかけができる状況だし、その投げかけがどうブレイクするのかはわからないですからね。

今回のコロナ禍では、韓国でも色々なイベントが中止を余儀なくされたり、規模を縮小しています。「From Midnight Tokyo」と「This is the CITY LIFE」も、2020年からしばらくお休みの状態ですが、政府としても、2021年11月から「ウィズコロナ」という形で段階的に日常生活を回復していこうとしていて、それにあわせてイベントも徐々に再開していきたいです。ここ最近では、ターンテーブルがメインの小バコもどんどん増えてきて、他ジャンル含めてまた新しい展開がありそうな予感もしています。

僕としては、今後もシティポップのみにこだわるわけじゃなくて、渋谷系を混ぜたり、他の和モノを混ぜたり、いろいろな音楽を紹介していければと思っています。それと、現在の日本人ミュージシャンをソウルのシーンに紹介していくこともこれまで以上にやっていきたいですね。

（2021年4月に行ったインタビューをもとに追記、構成）

（第5章）シティポップの行方

5−1

シティポップブームはどこに向かうのか

シティポップ再評価の前衛

これまで論じてきたように、昨今のシティポップブームは、様々なレベルでの現象が重なり合い、どこで、誰によって受容され、語られ、奏でられるかによって、それぞれ異なる文脈が絡み合いながら立ち現れてくる複層的な空間であった。終章にあたる本章では、そういった前提を踏まえながら、シティポップリバイバルの前衛は現在どのあたりにあるのか、今後シティポップ受容はどのような展開をみせていくのかを考えてみたい。

まずは、「過去の音楽の再発掘」という視点からこのムーヴメントを捉えた場合に、リバイバルを牽引してきたリスナーやDJたちが現在どんな音楽を再発見しつつあるのかをみてみよう。繰り返し述べてきたとおり、過去の音楽の「クール化」は、まずはクラブDJやリスナー、あるいはネット上のコアなファンコミュニティなど、いわゆるイノベーターやアーリーアダプター〈※1〉たちによって推進されてきた現象だった。

シティポップブームにおいても、たびたび発される「ブームはすでに終わった」という言説を更新的に乗り越えてきたのは、そういった積極的なゲームプレイヤーたちだった。過去の音楽から新たな価値を取り出そうとし、現在の聴取感覚の刷新を（時に無意識とはいえ）図ってきた彼らの存在なくしては、これほどまでにロングテイルのブームにはならなかったはずだ。90年代における70年代シティミュージックの大々的再発見に始まり、ダンスミュージック視点からのシティポップ再解釈とディスコ／ブギー的観点からのクラブプレイ、フューチャーファンクの勃興と連動したネット上での再発見……そうした長い変遷を辿ってきたシティポップリバイバルにおいては、現在もそれら各フィールドでより深度を増した「ディグ」が行われている一方、さらにその先、もっともエッジーな発掘を推し進める前衛の存在が浮かび上がってきている。

「オブスキュア・シティポップ」とは何か

ここで紹介したいのが、「オブスキュア・シティポップ」という概念だ。筆者も一メンバーとして末席に加わるインターネットサークル「lightmellowbu」が上梓したディスクガイド『オブスキュア・シティポップ・ディスクガイド』（2020年）〈図5―1〉の書名にもな

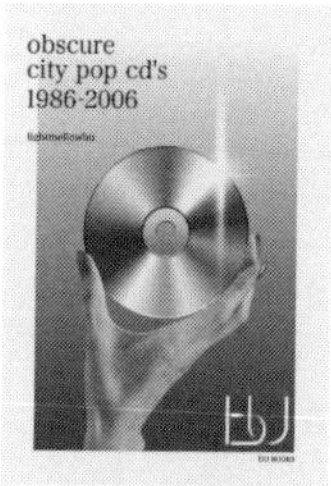

〈図5―1〉

※1 **イノベーターやアーリーアダプター** 社会学者のエベレット・M・ロジャーズが提唱したイノベーター理論における概念。イノベーターとは、ある流行現象につながる前段的状況において最も早く革新的な価値提示を行う者。アーリーアダプターとは、次いで現れる流行に敏感な受容層。その後に、「アーリーマジョリティ」「レイトマジョリティ」「ラガード」と続く。

っている。
「オブスキュアobscure」とは、本来「ぼんやりとした」「あいまいな」といった意味だが、転じて、レコードディガーの間では主に「有名でなく、価値が定まっていない」作品を指す際に使用される形容詞である。この語は、DJ／レコードバイヤーのChee Shimizuが、世界中のそうしたレコードを今日的なリスニング感覚でピックアップしたディスクガイド『obscure sound 桃源郷的音盤６４０選』（２０１３年）の影響もあり、徐々にマニアの間に浸透していった。『オブスキュア・シティポップ・ディスクガイド』でも、その概念をオマージュ的に借用し、シティポップという名称と接続することで、かつてはあまり注目されることのなかったシティポップ系作品を新たに提示することを企図している。

　では、この「オブスキュア・シティポップ」とは、具体的には、いつ制作された、どんなシティポップを想定しているのだろうか。第1章の「シティポップの衰退と展開」においては、マンネリ化やデジタル化、さらには他ジャンルの攻勢によって日本のポップスシーン内部で次第に支配力を失っていく80年代後期のシティポップの姿を描き出した。加えて、他方ではそれ以後もなお、シティポップをアイデンティファイしていた音楽要素が後景的な意匠として折々のポップスの中へ流れ込んでいった様も確認した。

　これまでのシティポップ評論〈※2〉では、80年代後期には旧来型の正統派シティポップスはおおむね失効し、別の文脈から出現した渋谷系アーティストの一部をシティポップの

※2 これまでのシティポップ評論
従来の代表的なシティポップディスクガイド本、たとえば、第2章で触れた『ジャパニーズ・シティ・ポップ』およびその各改訂版においては、90年代の作品の掲載数はごく控えめなものだ。かろうじて紹介されているのも、70、80年代から活動するベテランによる後年作品、あるいはポスト渋谷系アーティストたちの作品が中心であり、多く存在していたはずの「正統派」なシティポップ作品はほとんど取り上げられていない。
また、2018年3月号と4月号の2回にわたる『レコード・コレクターズ』誌でのシティポップ特集でも、それぞれ70年代、80年代を対象とし、90年代作品はそもそも取り上げられてすらいない。２０００年代以降の（ネオ）シティポップ系作品がわざわざ別枠で紹介されていたのに、である（これらの特集をまとめた翌年刊行の『シティ・ポップ 1973-2019』において、ようやく90年代のシティポップについての論考／レビューが付記された。なお、当論考の執筆は筆者が、レビュー作の選盤はlightmellowbuが務めた）。

批判的継承者として捉える言説が支配的だった。だが、実のところ80年代末期はおろか、90年代に入ってからも、かなり広い範囲で正統派シティポップス＝全盛期シティポップスからの遺伝子は直接的に受け継がれていたのである。

次々とデビューするガールポップ〈※3〉系の新人歌手や、ベテランシンガー、アイドル、声優、さらにはドラマや映画のサウンドトラックやイメージアルバムにも、明らかに黄金期シティポップスからの流れを感じさせる優れた楽曲＝「オブスキュア・シティポップ」が埋もれていたのだ。正調ＡＯＲ風と呼べるものから、エレクトロニック色の強いブギー曲、シンセサイザーやドラムマシンの使用が極大化したゆえの「チープ〈※4〉」なテクスチャーに彩られた曲、あるいは、ニュージャックスウィングやグラウンドビートといった同時代の洋楽の潮流を巧みに昇華した楽曲など、ブギー再評価やヴェイパーウェイヴによる聴取感覚の変容等一連のエポックを通過した耳にとって極めて刺激的に響くトラックが数多く発見されている。

見過ごされてきたＣＤ時代のシティポップ

それにしてもなぜ、こうした豊かな作品群が、これまでのシティポップリバイバルでは見過ごされがちだったのだろう。最大の理由は、右に述べた、従来のシティポップ評論に

※3 ガールポップ
英語表記では、「GiRL POP」。1992年から2011年にかけてエムオン・エンタテインメント（旧ソニー・マガジンズ）から刊行されていた同名雑誌を中心に提唱されたジャンル概念。等身大的なアイドル性を備えた女性歌手やシンガーソングライターの音楽をこのように称した。代表的な存在に、谷村有美、永井真理子、久宝留理子、森川美穂、佐藤聖子などがいる。音楽的な傾向としては、ストレートなポップロック／フォークロック調が中心であったが、プロフェッショナルによる編曲を得てシティポップ寄りの楽曲を披露する例も少なくなかった。

※4「チープ」
元々は革新的（新奇）なテクノロジーであったはずの各種電子楽器／機器が、一般への普及を経て著しく汎用化したことで、「○○風の楽曲でおなじみのサウンド」といったイメージの固定化が起き、結果的には特有の類型性＝「安っぽさ」を纏うようになった。その背後には、制作予算上の制約（生バンドでのセッションが難しいなど）が絡んでいること

おける「90年代シティポップ不毛説」の自明化だ。
ポピュラー音楽批評、とくにロック的な真正性／作家主義〈※5〉を重んじる批評言説においては、往々にして、商業性の上昇やそれにともなうマンネリ化、非作家主義的傾向が軽んじられる傾向にある。その一方で、「真正であることへのこだわり」を貫徹している(ようにみえる)渋谷系アーティストや、そのルーツとしての黎明期シティミュージックにおける実践、それらを継承しているとみなした初期ネオシティポップ系の作家たちの実践に批評的価値を見出そうとしてきた。ゆえに、シティポップブームが過ぎ去ったとされる時期にあっても、未だシティポップ風音楽を「無反省に」奏で続けた80年代末期以降の諸成果は、批評の場ではことごとく軽視あるいは無視されたのだろう。そして、その図式がズルズルと繰り越されることによって、いつしか「90年代はシティポップ冬の時代である」という「常識」が共有されてしまった。

もうひとつの理由は、80年代末に起こった音楽再生メディアの大きな変化と関連している。レコーディング現場がデジタル化していく流れと同じように、80年代後半において、記録再生メディアの主流もアナログレコードからCDへと移っていった。CD(コンパクトディスク)は、オランダのフィリップス社と日本のソニーが共同で開発したデジタル式光ディスクで、1982年に世界初の生産と一般発売が開始された。再生機器が高額だったこともあり、当初は販売数も伸び悩んだが、機器の廉価化や各レーベルから発売されるカタログの充実に伴って徐々に普及し、日本国内では88年にアナログレコード全体の生産数を

もあり、著名アーティストによる作品以外では特に打ち込みサウンドが多用される傾向も聴き取れる。ところが、80年代リバイバル以後の各種潮流(極限的な例がヴェイパーウェイヴやシンセウェイヴだろう)は、かつて忌避されてた類型的な電子音の「チープ」さをキッチュとして愛でる聴取感覚を浸透させ、そうしたサウンドが刻印された楽曲はむしろ好ましいものとして受容されていった。

※5 ロック的な真正性／作家主義
作家個人から湧き出るオリジナルな「創造性」や、既存システムへの反抗的心性を、音楽作品の評価にあたり重視するような傾向、主義。そうした各要素の「純度」が高いほど「真正」な音楽作品として称揚される。古典的なロックミュージック批評を中心に展開され、他ポピュラー音楽全般の大衆的受容にも甚大な影響を及ぼした。

追い抜くに至る。その後90年代の「CDバブル〈※6〉期」にはその流通数がピークを迎えた。2000年代以降、各種ダウンロード配信・販売の伸長と入れ替わるように徐々に販売数が衰微していったが、約二十数年間にわたり、CDはもっとも一般的な音楽再生メディアとして君臨した。

　CDは当初から、デジタル方式ゆえのノイズのない音質、長時間の収録尺、扱いの手軽さがセールスポイントとして喧伝され、実際に多くの家庭／個人へと普及した。一方で、アナログレコードと比べて「ぬくもり」に欠ける、可聴領域外の周波数帯が削られていることで「ヒューマンなニュアンス」に欠ける等、事あるごとに批判にもさらされてきた。一般的に、オリジナル盤信仰の強い新旧のアナログレコードファン＝コアな音楽ファンからCDは軽んじられる傾向にある。DJ現場においても、（CDJ〈※7〉の登場と普及はあったにせよ）90年代以降も長らくメインツールはアナログターンテーブルであり、CDはあくまで補助的なメディアとして扱われてきた。加えて、データ配信の一般化や、昨今のアナログレコードのリバイバルを受け、「CD時代」にリリースされた作品が、エアポケットに落ちてしまったようにDJやマニアの「ディグ」の対象から除外される事態が続いてきたのだ。

　しかし近年では、CDをもレトロ的に消費する機運が高まったことや、若年層からはもはやはじめから「レガシーメディア」として認識されていることを要因に、そういった見方はゆるやかに相対化されはじめている。これらの事態が連動して、「CD時代」にリリ

※6 CDバブル
折からのカラオケブームやCM／ドラマタイアップ戦略の成功などにより、97年から98年にかけてCDの国内売上数が飛躍的な伸び幅を示した。98年にはCDの国内生産枚数が4億5717万枚に達し、過去最高を記録した。翌年からは漸次的に売上減少を続け、後に当時の狂乱ぶりを指し「CDバブル」と呼ばれるようになった。

※7 CDJ
アナログ盤と同様のミックス操作（ジョグダイヤル方式による頭出しやテンポ調整など）を実現したCD用DJ機器。94年、それらの機能を初搭載したパイオニア製の「CDJ-50」が登場し、クラブ現場へ徐々に普及していった。元々はパイオニアの商品名を指していたが、現在では他メーカー製のものも含めて広く「CDJ」と呼ぶことが多い。

ースされた作品の中にも優れたシティポップ系音源が眠っていることが再確認されていったのである。90年代から長く続いていた和モノレコードへの関心が成熟し、アナログ時代の人気タイトルの定番化や極度のプレミア化が起こるなど、マーケットがある種の飽和状態に至っていたことも、新たな「漁場」をもとめる新世代の間でCD作品が復権してきた理由のひとつだろう。

「良心的」シティポップ観の相対化

CD時代のシティポップに、実際にどのような作品があるのかは、それがあまりに膨大かつ多層的であるため、ここで詳しく紹介するのが難しい。手前味噌ではあるが、先述の『オブスキュア・シティポップ・ディスクガイド』などを参照されたい。同書では、相当にコアなシティポップファンにも名の知られていないアーティストの作品や、有名タレントがリリースした知られざる企画盤、各種のニッチなサウンドトラックアルバムなどが大量に羅列されているが、そのどれもが(当時リアルタイムに接した一部のファン以外にとっては)極めてオブスキュアで、正体不明のものに感じられるだろう。

繰り返しになるが、このことからは、いかに旧来のシティポップ批評が一部の系譜を恣意的に「正統」化し、それ以外を無視してきたかがわかる。正統と目されてきた支配的な歴史観とは、第2章で論じた「はっぴいえんど史観」かもしれないし、あるいは、渋谷系やネオシティポップを巡って折に触れ反復されてきた「グッドミュージック志向」的な、一種のセンスエリーティズム的歴史観かもしれない。はたまた、90年代をJ-POPの黄金時代として大づかみし、特定の相関図や商業的エポックからのみ語ろうとする「音楽業界論」的言説かもしれない。そこからこぼれ落ちた数多の音楽は「オブスキュア」なものとして差し置かれ、系譜的語りの外側で風化していった。今、CD時代に遺されたオブスキュア・シティポップを聴くことは、ぼんやりと共有されてきた「良心的」音楽受容の流れをしたたかに相対化する行為なのだ。

一方で、かつてのレアグルーヴムーヴメントが、当時のレコード店に不良在庫として溢れていた安価なアイテムに現在的価値を見出したことに端を発している事実に鑑みれば、全国の「ブックオフ」や「ハードオフ」などのリサイクルショップに流れ着くようなCDを対象とするオブスキュア・シティポップの視点も、レアグルーヴ的アティテュードが先鋭化したものとしても理解できるかもしれない。

ここで、ひとつの懸念が頭をもたげる。過去の音楽に今日的なオルタナティブを見出す運動であるという意味では、オブスキュア・シティポップもまた、逆説的に「シティポップの真正」を追求し、ひとつの強固な歴史観を形作っていく可能性がある（あるいは、すでにそうなっているかもしれない）。2000年代に、イノベーターたるDJたちが、それまで軽んじられていた80年代産のシティポップスを鮮やかに蘇らせたことも、こうした運動の先例に位置づけられるだろう。よく知られるとおり、今やシティポップブーム全般において80年代のシティポップスを重要視することは常識的視点になっている。いつの時代も、オルタナティブなカルチャーがオルタナティブでいられる時間は、そう長くない。どこかの時点で膠着化し、歴史化し、いつしか「良心」となり、果ては権威化するか、霧が散るように無実化する。こうしたオルタナティブの宿命的なサイクルを引き受けて、絶えず自省しながら別様のオルタナティブを築いていくのか、それとも、後続のさらなるオルタナティブに道を譲るのか。現在まで続くシティポップ復権の長い道のりをたどり直してみると、ここにもまた、螺旋的展開の軌跡が見いだせる。

オブスキュア・シティポップの実践に可能性と意義があるとすれば、このような螺旋的展開の行く末を、より俯瞰的（時に批判的）に見つめようとする透徹した態度にあるのかもしれない。とはいえ、間違いないこともある。これから先、シティポップブームがどのように展開していくにせよ、既存の固定的な価値観に満足せず、「軽んじられている音楽」を積極的にサルベージし、プレイし、紹介する人々がいる限り、そこにはオルタナティブなリスニングの喜びが生まれ続けるだろう。過去に作り出されたシティポップのレコードやCDは有限だが、その「聴き方」は、それを聴く者が続く限り有限ではない。現にこれまで、シティポップを対象に世界中で予想だにしない「聴き方」が生まれてきたし、「聴く」だけの受容を超え、様々な実践を通じて新たに息を吹き込まれ続けているのだ。

ネットレーベルと「ポスト・シティポップリバイバル」

2000年代半ばごろから盛り上がりをみせ、現在では音楽発表／発信の一形態としてすっかり定着した感のある、いわゆる「ネットレーベル」文化。第3章で紹介したtofubeatsらをはじめとして、既存音楽業界の流通経路や記録メディアの枠組みにとらわれず、インターネット上でのインディペンデントな配信リリースを通じてその才能を知られるようになったアーティストは数多い。主にDTM（デスクトップミュージック）〈※8〉と呼ばれる、PCとDAWを駆使して作られる音楽を中心に、様々な音楽性が入り交じるオルタナティブなシーンを形成している。

そんなネットレーベル文化において、近年「オブスキュア・シティポップ」発掘とも共振するような注目すべき動きが現れてきた。オブスキュア・シティポップという概念自体に、ヴェイパーウェイヴ／フューチャーファンク以降の聴取感覚が色濃く反映されているように、ここで紹介するのも、それらからの影響を感じさせる、「ポスト・ヴェイパーウェイヴ」的な音楽だ。

「捨てアカ」という謎めいたハンドルネームを持つ人物が主宰する島根県・出雲のネットレーベルLocal Visionsは、2018年からそうした音楽を積極的に発信してきた重要な

※8 DTM（デスクトップミュージック）
PC上で録音、打ち込み、編集などを行う音楽制作スタイルの総称。88年にローランド社が「ミュージくん」という製品を発売した際、そのサブタイトルとしてつけられた「DESK TOP MUSIC SYSTEM」が起源とされている。そのため、元来DTMとは、MIDI音源モジュールとシーケンスソフトで音楽制作を行う特定の方法を指していた。その後、オーディオ録音や編集、ミックスを一括して操作することのできるDAW（デジタル・オーディオ・ワークステーション）が高性能化／廉価化し一般にも広く普及すると、そうしたDAWソフトを使用したプライベート録音／音楽制作を広くDTMと呼ぶようになった。必ずしもプロユースの各種機材を揃えなくとも気軽に音楽を作ることができる利点

存在だ。幅広い音楽性をカヴァーしている同レーベルだが、現在のシティポップリバイバルの先端的空気と触れ合う作品のリリースも重ねてきた（lightmellowbu ともライブ／ＤＪイベントを共催している）。これまで作品を発表してきた代表的なアーティストには、Tsudio Studio、SNJO、pool$ide、wai wai music resort、Gimgigam、AOTQ などが挙げられる。Local Visions 発の作品は、凝ったアートワークも含めて「ヴェイパーウェイヴ以後」の美学をポップに昇華するスタンスに貫かれており、現在のネットレーベルシーンにおいてひときわ個性的な音楽をコンスタントに送り出している。

明確にシティポップへのオマージュを捧げるアクトとしては、「オリーブがある」と HiRO.JP がその筆頭だろう。前者は、「かつて作られたシティポップ曲をよりダンスオリエンテッドな形でリミックスする」というフューチャーファンクの手法にヒントを得て、一から制作した楽曲に自分自身でフューチャーファンク風ミックスを施すという、入り組んだスタイルで話題を呼んだ。後者も、70～80年代に制作された知られざるシティポップ系楽曲が発掘されたのかと聴き誤るような、驚くべき完成度とマニアックな愛情溢れる楽曲を聴かせてくれる。ＥＰ『A Long Time』（２０１９年）には、東京のフューチャーファンクコレクティヴ、ピンクネオン東京から、kissmenerdygirl、ミカヅキ BIGWAVE、Nekura が参加し、実にダンサブルなリミックスを施している。また、不況や震災が起こらなかったパラレルワールドとしての「架空の神戸」をコンセプトに据えた『Port Island』（２０１８年）でデビューした Tsudio Studio も、オブスキュア・シティポップ的なるものと共振す

から、アマチュアを含めて、数多くのアーティストがＤＴＭの制作スタイルで自作楽曲を送り出している。

る優れた作品をリリースしている。加えて、lightmellowbu の一員でもあり、「tiny pop」という概念を提示し、DIY的ネット音楽を積極的に紹介してきたサックス奏者／トラックメイカーの hikaru yamada とマリ（mukuchi）からなる feather shuttles forever も重要だ。彼らは、明確に90年代シティポップ的なものを志向した代表曲「提案（feat. Tenma Tenma, kyooo, hikaru yamada, 入江陽, SNJO, 西海マリ）」の別ミックスを収録したセカンドアルバム『図上のシーサイドタウン』（2019年）を Local Visions から発表している。他にも、キッチュなスムースジャズ〈※9〉をアンビエント的な解釈で再提示する mori_de_kurasu や、Utsuro Spark、ヨシカワミノリ&TOMC、Yawning Mondo Qube などが、シティポップリバイバルの先端との共振を感じさせる作品をリリースしている。

もちろん、こうした「ポスト・シティポップリバイバル」的なオリジナル作品のリリースは、Local Visions 周辺にとどまるわけではない。新旧のレーベルや個人を巻き込み、興味深い実践が続々と現れている。ドリームポップ〈※10〉以降のセンスでシティポップを再解釈する Pictured Resort らの作品をリリースする Sailyard は、Local Visions とのコラボレーションリリースも行う注目のレーベルだ。かつて cero を送り出した老舗インディーレーベルのカクバリズムからも、ニューエイジリバイバル以降のバレアリック〈※11〉的視点に基づいたシティポップ再解釈を聴かせる宅録デュオ、Ogawa & Tokoro が、2020年に7インチ作品『Shinmaiko』をリリースし話題となった。

Mom やシンリズム、The fin.、LUCKY TAPES（の前身 Slow Beach）など、数々の才能を

※9 スムースジャズ
元はアメリカのラジオ局が80年代末に使用しはじめた用語で、フュージョンの中でもとくに耳馴染みがよくBGM向けのものを指す。ここで想定されているのは、サックス奏者ケニーGによる音楽など。

※10 ドリームポップ
深いリヴァーブやエコーをともなった、甘美で幻夢的なテイストを特徴とするインディーロック／ポップを指す。本文後述の音楽評論家サイモン・レイノルズが90年代初頭のシューゲイザー系バンド（マイ・ブラッディ・ヴァレンタイン、ライド等）に対して用いた用語に起源を持つ。遡って、80年代に4ADから作品を発表したアーティスト（コクトー・ツインズ）等が同ジャンルの始祖的な存在とされた。2010年代には、チルウェイヴ（202頁参照）とも共振した潮流も生まれ、更に多様化した。

※11 バレアリック
元々は、スペイン南部に位置するバレアレス諸島を表す言葉。その中の著名なリゾート地であるイビサ島で

発掘／紹介してきたAno(t)raksの存在も重要だ。同レーベルは、２０１２年の設立以来、高いポピュラリティを湛えたオリジナル作品を積極的に発表してきたが、その傍らで、シティポップ系楽曲のミックスや、『Light Wave』シリーズなどアンダーグラウンドなネオシティポップ系アーティストの楽曲を集めたコンピレーションアルバムをリリースしている。２０１９年よりレーベルは法人化され、看板アーティストのevening cinemaは、シティポップリバイバルの「その後」を感じさせるオリジナル作品を送り出しているほか、前章で触れたインドネシアのRainychとも共作を行っている。

　より自覚的／戦略的な例としては、様々なシティポップ名曲や洋楽ポップスをカヴァーするプロジェクトTokimeki Recordsが挙げられる（ややこしいが、レーベル名ではない）。このプロジェクトはまずその抜きん出たトラックのクオリティで話題となり、メジャーフィールドでの活動も期待されている。また、TuneCore等のデジタル配信委託サービスや、Bandcamp等の手軽に利用できるデジタル／フィジカル販売プラットフォームの充実により、個人レベルでのリリースもより活発化している。

　今後も、こうした動向の中から、シティポップブーム通過後の感覚を昇華した新たなアーティストが現れてくるだろう。もちろん、それらを（第3章でみたような）次々と登場するネオシティポップ系のアーティストたちの活動と明確に区別して論じることは難しいだろうし、人脈的にも音楽的にも重なり合う部分は少なくないだろう。そして、当然ながらこうした動きは日本国内にとどまらず、海外各地域の一部アーティストによる実践とも共振

80年代末からプレイされていたダンスミュージックに通底するムードを「バレアリック」と呼ぶようになった。特定のジャンルを指す用語というよりも、同地の海辺の開放的な風景や夕暮れの太陽を想起させる快楽的でレイドバックしたサウンドを指すことが多い。近年では、ゆるやかに反復するグルーヴ、パーカッションの祝祭的な響き、有機的なシンセサイザーサウンド等を伴った楽曲を「バレアリック」と形容する例が一般的になりつつある。

している。しかし、このポスト・シティポップリバイバル的潮流の登場人物たちに対して、少なくとも次のことは指摘できる。それは、シティポップブーム以後においてシティポップ的な音楽を奏でるとは一体どういった行為なのかということを、俯瞰的に作品化する視点を携えているという点である（その意味で、ネオシティポップ系の拡散的な流れを「素直」に受け継ぐ「自然体」のアーティストたちとは区別すべきだともいえる）。

また、かつてのオリジナルシティポップスや渋谷系、一部ネオシティポップのように、東京など特定の地域性や、そこに発生する「現実の」コミュニティに規定されるのではなく、ネット上をメインフィールドに、非場所化されたコミュニケーションが行われている点も重要な特質だ。都市という場におけるライフスタイルを表象する音楽であったシティポップは、今やその空間的縛りを解き放たれて、個人的空間を飛び交い、その装いを更新し続けている。そこでは、かつてシティポップを規定していたプレイヤー志向やフィジカリティは更に後景へと退きつつある。巧みな演奏は、巧みなコンセプトメイクと編集にとって代わられ、シティポップは（主に）ネット上の個人によってさらに観念化されていく。だが、その軽みと浸透性がゆえに、個人の合間を自由に行き来し、時にはレーベル運営やリアル／オンライン双方でのイベントなどを通じて、優れた触媒として個人同士を出会わせもするのだ。

5-2

シティポップの可能性

シティポップが背負う「逃避」？

2020年6月2日、アメリカの音楽情報サイト『Pitchfork』が、シアトルのレーベルLight in the Atticから同年にリリースされたシティポップのコンピレーション『Pacific Breeze 2: Japanese City Pop, AOR & Boogie 1972-1986』のレビュー記事を掲載した。その選曲の無難さが指摘され、やや辛い点数（10点満点中6・8点）がつけられはしたものの、音楽内容そのものを貶すレビューではなく、ライターのジョシュア・ミンス・キムは記事の終盤に次のような文章を添えている。

この『Pacific Breeze 2』は、まさにそのタイトルにふさわしい、気ままな音楽だ。これらの曲を聴いていると、自分がビーチにいたり、夏に車の窓を開けてドライブしている姿を容易に想像することができる。（中略）このソフトで無邪気なポップミュージックに浸るのは、心地良い体験だ。（『Pitchfork』2020年6月2日付記事、拙訳）

これは、国内外のシティポップ受容において、「よくある」言辞だといえる。しかし、この「穏健」なレビューに対して、ユーザーからは疑問の声が呈された。曰く、「今日アップするべきではない」「ニュースを見ているのか？」「（こんなレビュー）誰も気にかけないよ」……。２０２０年6月初頭のアメリカ国内の状況を思い返してみよう。前月25日、ミネソタ州ミネアポリスにて、アフリカ系アメリカ人のジョージ・フロイド氏が白人警官による尋問中に無残に殺害される事件が発生した。この時期は、それに抗議するＢＬＭ（ブラック・ライヴズ・マター）運動〈※12〉が大きなうねりに達していた最中だったのだ。日本からこの運動の盛り上がりとシリアスな展開を眺めていた筆者からしても、このレビュー内容は明らかに世情とは逆行するように思われた。

本書でみてきたとおり、シティポップの受容には、輝かしい過去の姿を想起し、そこへ耽溺するような、ある種のエスケーピズムが含まれていることがたびたび指摘されてきたし、実際にそういった気分をシティポップへ投影しているリスナーが少なくないらしいことも浮かび上がってきた。現在進行形の様々な社会問題や不正から目をそらし、「今、ここ」から逃避させる音楽としてのシティポップ。そういったイメージは、ブームが広く一般化していくに従い、一層共有されてきたようにも思う。これまでも、穏健で中道的で、非政治的であるとされた様々な音楽に対し、同様の疑義が投げかけられてはきた。しかし、右のレビューへの反応は、シティポップそれ自体、およびシティポップに浸ることに対し

※12 ＢＬＭ運動
ＢＬＭは、「Black Lives Matter」の略。２０１２年2月、フロリダ州でアフリカ系アメリカ人の少年が自警団の男性から一方的に不審者と見なされ射殺されるという事件が起きた。少年は武器を所持していなかったにもかかわらず、加害者の白人男性の正当防衛が認められ、無罪となった。この出来事に対しアメリカの活動家が抗議し、インターネット上の「#BlackLivesMatter」というハッシュタグとともに運動化していった。本文で述べた事件によって、２０２０年5月以降、全米を覆う大きな抗議運動に発展していった。

て、より顕著な形で批判的な眼差しが向けられうることを示している。こうした事例はアメリカにとどまらない。日本国内でも、シティポップを「ノスタルジアと消費主義にまみれた逃避的音楽」であると批判する声がたびたび聞こえてきた。

「レトロマニア」としてのシティポップ受容？

ここで再び考えてみたいのが、ノスタルジアの問題である。人々がある音楽にノスタルジアを見出し、それを魅力的だと感じる現象には、前章で紹介したシティポップの海外受容状況を思い返しても、多様かつ複雑なレイヤーが潜んでいることがわかる。シティポップに描かれた過去を実際に体験した上で懐古しているのか、リアルタイムでの経験や記憶がないにもかかわらず、得も言われぬノスタルジアを感じているのか。実際にその「場所」＝東京を始めとした日本の都市を訪れたことがあるのか、ないのか。

当時からシティポップを聴き、今になってリバイバルしたそれを懐かしむ日本のリアルタイマーが抱く単線的なノスタルジアの構造は理解しやすいとして、やはりここで主題化すべきなのは、当時を知らない後年の世代がシティポップに投影するノスタルジアの感覚だろう。筆者自身もギリギリ含まれるそうした「後追い」の人々は、なぜシティポップにノスタルジックな魅力を感じ、そのノスタルジアを心地よいものとして享受しているのだろうか。

実のところ、過去の音楽に魅力を感じ、時に参照するという心性は、そこまで珍しいものではない。というよりも、ごくありふれているとすらいえる。イギリスの音楽評論家サイモン・レイノルズは、著書『Retromania: Pop Culture's Addiction to Its Own Past』（2011年、未邦訳）で、現代のポピュラーミュージックがいかに過去の参照や焼き直しによって成り立っているか、またそういった例がいかに多く、支配的であるかを論じている。彼は、高速／大量通信技術等インターネット環境の整備とアーカイブの飛躍的充実により、多くの人々にとって過去の音楽へのアクセスが容易になったことを要因の一つとして挙げているが、同時に、古くはビートルズ以前にも過去からの引用が頻繁に行われていたことも指摘する。

ロックをはじめとするポピュラーミュージックにおいては、ある程度までジャンル概念が一般化し、歴史的進化が飽和すると、翻って過去（＝レトロ）に正典を探ろうとし、直線的進行が内部から抑制されるという現象もまま起こる。シティポップも、このような「新しさの行き詰まり」から回顧の対象にされ、「レトロマニア」的空間における音楽趣向の一様態として享受されているというのはありうる話だろう。

レトロトピアの思想

より広範な論点から、ノスタルジアについて再考しよう。レイノルズのいう「レトロマニア」と関連して参照したいのが、「リキッド・モダニティ」という概念を提起したことで知られるポーランド出身の社会学者ジグムント・バウマンによる著作『退行の時代を生きる――人びとはなぜレトロトピアに魅せられるのか』（原著2017年、邦訳2018年）である。彼は、格差や教育問題、地球環境問題などが鋭く主題化され、長く不変（普遍）である「確かなもの」が液状化してしまった現代（リキッド・モダニティ）においては、進歩的かつ統一的な未来像を描くことが困難になり、多くの人々はいっそうの不安にさらされ、過去に憧憬を持つことを避けられないと論じる。

今日、私たちは未来を恐れる傾向があり、その行き過ぎを抑えたり、それをあまり恐ろしくないものにしたり、多少はやさしいものにしたりする能力に自信が持てなくなっている。私たちが今なお惰性で「進歩」と呼んでいるものは、その概念を生み出したカントのそれとは正反対の感情を呼び起こす。つまり、それが呼び起こすものは、望ましいことが起こり、不都合なことが消えて忘れ去られるという喜びではなく、今

にも大惨事が起こりそうだという恐怖心である。(『退行の時代を生きる』73−74頁)

バウマンは、次のようにも述べる。

消費市場と個人消費者から構成されるリキッド・モダンの社会は、豊穣の地《コケイン》(引用者註:「過去」のメタファー)の夢を生き延びさせる試みとみなすことができよう。それはその夢を手元に引き寄せ、ファンタジーの世界から現実の場に移すことで、一見手が届きそうだと思わせる一方、(欲望という走り高跳びのバーを絶えず引き上げることで)結論に至る前に慎重に踏みとどまり、それによって、さらなる努力を不要にすることで、それを魅力的なものにするのである。それに加えて、今や誰もが常時使用可能なデジタル機器から生み出される仮想現実を手にしたことで、この社会は、子宮(引用者註:同じく「過去」のメタファー)への回帰の夢を駆動できる状態にし、現実のものとする戦略を用いているのかもしれない。(同前175頁)

ここで用いられている過去のメタファーとしての「豊穣の地」、「子宮への回帰」という言葉に、シティポップという「過去」を代入してみると、だいぶ議論の視界が晴れてくるように感じないだろうか。つまり、現在シティポップが多くの人々の心を捉え嗜好されている状況にあっては、シティポップ的なる輝かしい過去が実際に体験されたかどうかというのはあくまで二次的な要素でしかない。もっとも特筆すべき前提条件は、現在においては未来が挫折してしまっているという時代診断の共有と、それゆえに立ち現れる仮構的な過去がもたらす甘やかな囁きなのだ。このとき、その「過去」は、実際の体験に規定される具体的な過去よりも、むしろ体験されていないそれの方が、より甘やかな憧憬を引き受けてくれる豊かな土壌として眼差されることになるだろう。

今シティポップを聴くということは、一面においては、バウマンのいう「子宮」を思慕し、心地よいBGMのように消費する行為なのかもしれない。だとすればやはり、現在におけるシティポップブームは、アクチュアルな諸問題から目をそらそうとする欲望に覆われ、ノスタルジアへと積極的に「逃避」する、(場合によっては)「反動的」とすらいえるような現象なのだろうか。

二つのノスタルジア

筆者は、そういった見方に賛同する部分もありつつ、果たして事はそんなに単純なのだろうかとも思わずにはいられない。読者——特に近年になってからシティポップを愛好するようになった若年の読者の中にも、今シティポップを聴くことは単なるエスケーピズムだと断じられることに戸惑う向きは多いだろう。筆者自身もそうだ。この逡巡を整理するために、もう少しだけノスタルジアをめぐる議論にお付き合いいただきたい。次に参照するのは、ロシア出身の比較文学者／メディアアーティスト／作家、スヴェトラーナ・ボイムによるノスタルジア概念の整理である。彼女は、自著『The Future of Nostalgia』（2001年、未邦訳）において、ノスタルジアについて明晰な分析を行っている。

彼女はまず、バウマンと同じように、ノスタルジアを「私たちの時代の症状であり、歴史的な感情である」とした上で、三つの特徴を挙げている。一つ目は、ノスタルジアは必ずしも近代と対立するものではなく、近代と共存するものであるという点。二つ目は、ノスタルジアは、ある場所への憧れのようにみえるが、実は「別の時間への憧れ」であること。つまり、広い意味では、ノスタルジアは、歴史や進歩と紐づく近代的な時間概念に対する反発であると理解されるという。三つ目が、ノスタルジアは必ずしも回顧的なものではなく、前向きなものでもあるという点だ。

> 現在の要請によって規定される過去の空想は、未来の現実に直接影響を与える。（中略）個人の意識領域にとどまるメランコリアとは異なり、ノスタルジアは個人の伝記と集団や国家の伝記、個人的な記憶と集団的な記憶の関係に関わるものである。（『The Future of Nostalgia』p.xvi、拙訳）

未来的なユートピアは流行遅れかもしれないが、ノスタルジア自体はユートピア的な側面を持っており、それはもはや未来に向けられたものではない。時には過去に向けられたものでもなく、むしろ横に向けられたものである。(同前 p.xiv)

ボイムは、単に後ろ向きな退行と捉えられがちなノスタルジアに、別の時間や「ありえた未来」＝「横」を志向するという性質を見出している。個人が実際に体験した過去や個別的記憶にとどまるのではなく、特定の過去や空間に制約されない「ありえた」未来を想像し志向するということに、ノスタルジアの根源的な姿が存するのだ。ここから浮かび上がってくるのは、決して「反動的」で「逃避的」であるとは捨て置けない、ノスタルジアの隠された可能性のようなものだ。この可能性を摘出し擁護するように、ボイムは「反省的(Refrective)ノスタルジア」という概念を提示し、それと対立する「復旧的(Restorative)ノスタルジア」を退ける。

ノスタルジアを二つの主要なタイプに区別しよう。それは「復旧的ノスタルジア」と「反省的ノスタルジア」である。復旧的ノスタルジアは故郷 nóstos を強調し、失われた故郷を、歴史を超えて再構築しようとするものである。一方、反省的ノスタルジアは、憧れ álgos そのものに生成し、賢く、アイロニカルに、かつ是が非でも「帰郷」を遅らせるものである。(同前 p.xviii)

そして、これらは絶対的な二項対立ではないと付言しながらも、以下のように続ける。

復旧的ノスタルジアは、自らをノスタルジアとはみなすことなく、真実や伝統と考える。反省的ノスタルジアは、人間の憧れや帰属意識の両義性に思いを馳せ、現代の矛盾から逃れようとはしない。復旧的ノスタルジアは「絶対的な真実」を護持し、反省的ノスタルジアはそれを疑う。

復旧的ノスタルジアは、近年の国家的、宗教的なリバイバルの中核をなしている。それは、原点回帰と陰謀という二つの主要なプロットと近しい。だが、反省的ノスタルジアは、一つの筋書きを追うのではなく、一度に多くの場所に生き、異なる時間軸を想像する方法を探る。象徴ではなくディテールを愛するのだ。うまくいけば、真夜中のメランコリーの口実になるだけでなく、倫理的かつ創造的な課題を提示することができる。(同前 p.xviii)

復旧的ノスタルジアは、自分自身をバカ真面目に捉えている。一方、反省的ノスタルジアには、アイロニーやユーモアが含まれている。それは、憧れと批判的思考が対立するものではないことを明らかにしている。(同前 p.49)

この議論は、今我々が向き合っている問題に対しても、非常に大きな示唆を与えてくれる。敷衍して考えれば、「実際に体験したことのない」シティポップを今聴くという行為には、ここで提示されている「反省的ノスタルジア」が奥深く染み込んでいるとみることも可能なのではないだろうか。ヴェイパーウェイヴ／フューチャーファンクというアイロニカルなジャンルの伸長が現在のシティポップブームを準備した重要なモメントだったとすれば、ボイムのいう反省的ノスタルジアにおける「アイロニーやユーモア」をそこに重ね合わせることは難しくない。

第4章までで論じたとおり、現在のシティポップブームを形作っている（主に海外の若年）世代においては、「すでに失効した未来」の表象を内在化することで、それへの「憧れ」を培養してきた。違う場所、異なる時間軸に夢想される過去であるがゆえに、その過去は揺らぎをもって眼差され、回復されるべき唯一無二の時間として絶対化されはしない。ノンリキッドで揺るぎない「真正なる過去」を見出し、復古しようとはしない代わりに、デジタルアーカイブの世界に溢れる過去の意匠＝ディテールを愛で、憧れる。そこには、「こうであったかもしれない過去」への憧れがあると同時に、根底には現状に対する問題意識も存在する。シティポップに託されるノスタルジアは、現在を起点として「ありえた未来」へと批判的に遡及しようとするそのバックファイヤの輝きで、現在と未来を照らし出す機能を持っているのかもしれない。

すでにお気づきの読者もいるかもしれないが、これは、イギリスの評論家マーク・フィッシャーが展開した「憑在論」の議論とも触れ合うものだろう（彼は、前述のサイモン・レイノルズとも盟友関係にあった)。フィッシャーは『わが人生の幽霊たち――うつ病、憑在論、失われた未来』(原著2014年、邦訳2019年)において、ベリアルやケアテイカーといったエレクトロニックミュージック作家の作品を取り上げ、ポピュラー音楽におけるノスタルジアの問題やその可能性について論じている。紙幅の都合上、ここで彼の議論に立ち入ることはできないが、ぜひ一読されたい。

ボイムのノスタルジア理解に戻ろう。逆にいえば、反省的ノスタルジアを手放し、復旧的ノスタルジアへとシティポップブームが回収されてしまえば、たちまちそれは「反動的」なイデオロギー性を帯びてしまうということも容易に想像できる。輝かしい「あのころの日本の栄光」を絶対化し、それを称揚するサウンドトラックとしてシティポップを奉じようとするとき、恣意的な「原点」が措定され、そこへの大同的な「帰郷」が志向される。当然その過程では「原点」と親和的でないこと／もの／他者への排撃が引き起こされるだろうし、(排外的態度がしばしば陥るように)その過程自体が自己目的化すれば、にわかに猜疑や虚妄が蠢き出すだろう。

これは決して大げさな懸念ではなく、実際にそうしたことが、現在のシティポップブームの傍らで勃興している80年代志向の音楽「シンセウェイヴ」に関連して観察されている。レトロなシンセサイザーサウンドやサイバーパンク的意匠をまとったシンセウェイヴそのものは、シティポップと同じくあくまでフレンドリーな質感を湛えた音楽である。だが、2015年ごろから、ごく一部でナチズムおよびファシズムを想起させるヴィジュアルを伴った楽曲がネット上に投稿されるようになり、それらが「ファッシュウェイヴ(Fashwave)」という呼称の下、オルタナ右翼のプロパガンダに利用されるようになっていったのだ。さらに、そのサブジャンルとして、80年代の不動産王時代のドナルド・トランプのヴィジュアルを交え、彼を新自由主義や排外主義のヒーローとして称揚する「トランプウェイヴ」なども現れた。それらのほとんどが、ヴェイパーウェイヴに通じるようなレトロフューチャー的なヴィジュアルイメージをまとっているのも特徴だ。ノスタルジアに下支えされた音楽ムーヴメントが、その文脈を意図的に攪乱され、急進的右派に利用されるという事態が起こっているのだ。

こうした異端的な潮流をそのままシティポップブームに接続して論じるのは、短絡的に過ぎるかもしれない。しかし、いわゆる「日本スゴイ」「日本ボメ」論を駆動している欲望と、現在のシティポップブームが直接・強固に結びついた場合、一体どんな展開が待ち受けているのだろうか。ここ数年の、「海外から熱狂的に支持される、あのころの日本のシティポップ」という言説ばかりが前景化した国内ジャーナリズムの異様な興奮ぶりを考えれば、すでにそのような事態が進行しつつあるのかもしれないという危惧もよぎる。

もしも、シティポップブームが復旧的ノスタルジアと蜜月関係を結んでしまえば、当のシティポップブームが有するおそらくもっとも尊い社会的機能＝ある種のコスモポリタンな音楽言語として人々を繋いでいくという側面を、著しく毀損することになるだろう。反省的ノスタルジアが投影されるシティポップを、それを自壊させようとする復旧的ノスタルジアから守り、ポジティブな展開へ方向づけていくこと。シティポップを聴くと、自然と心がワクワクしてくる。それは一見当たり前のようでいて、実は途方もなく尊く、繊細なことなのかもしれない。ボイムの言葉をふたたび引こう。

結局、ノスタルジアの独裁に対する唯一の解毒剤は、ノスタルジア的な反発かもしれない。(同前p.354)

ノスタルジアは、詩的な創造物であり、個人の生存メカニズムであり、カウンターカルチャーの実践であり、毒であり、治療法でもあるのだ。(「Nostalgia」『Atlas of Transformation』、拙訳)

「コンヴァージェンス・カルチャー」としてのシティポップ

今やシティポップはあらゆるメディアを通じて拡散し、もはやその裾野がどれほど広いのかを把握することは困難になりつつある。かつて日本で発表された楽曲(レコード)が、のちにDJたちの「ディグ」によって国外へと渡り、クラブ現場でプレイされ、音源データがネット上にアップされると、多くの人々から「発見」され、愛好され、リミックスされ、カヴァーされるようになった。さらには、そのカヴァーがまた別のプラットフォームにおいて拡散され、断片的な動画とともに「ミーム」として広まっていき、ストリーミングでのヒットを記録する。

メディアからメディアへ、人々から人々へ。シティポップは、間断なく、相互的かつバイラルに、再生機器やモニター、PC、スマートフォンにおいて受信／発信され、議論され、世界を駆け巡っている。このような状況をいったい誰が予想しえただろうか。ソメ／加藤による補論でも触れられていたとおり、バーチャルYouTuber〈※13〉によるカヴァーやアニメカルチャーとの融合など、かつてのシティポップリスナーからは想像だにできない展開をみせているものも多々ある。一部の古参シティポップファンや批評家たちによる「シティポップブームは遅からず終息するだろう」という予想を裏切り、この趨勢はますます予測できない方向へと向かっている。

アメリカのメディア研究者で、ファンダム研究の第一人者であるヘンリー・ジェンキンズが著した『コンヴァージェンス・カルチャー――ファンとメディアがつくる参加型文化』（原著2006年、邦訳2021年）は、このようなシティポップの拡散的なブームを解析するにあたって、きわめて有用なヒントを与えてくれる。ジェンキンズは同書の導入部で、「コンヴァージェンス・カルチャー」について次のように説明する。

> コンヴァージェンス文化にようこそ。ここは古いメディアと新しいメディアが衝突

※13 バーチャルYouTuber
VTuberとも。コンピュータグラフィックスによって描かれたアバターの姿でYouTuber活動をするキャラクター、および配信者のこと。こうした存在の先駆例であるキズナアイが、「バーチャルYouTuber」と自称したことに起源を持つ。後には、同様の活動を行うキャラクターを指す用語になった。ソメ／加藤補論でも触れられている通り、「シティポップシャーク」こと「がうる・ぐら」は、山下達郎や竹内まりやの楽曲をカヴァーした動画を投稿している。また、バーチャルシンガーのEmma Hazy Minamiが、2019年10月に「プラスティック・ラブ」や「真夜中のドア～stay with me」を始めとしたシティポップの名曲を

するところ。ここは草の根メディアと企業メディアが交差するところ。ここはメディアの制作者とメディアの消費者の持つ力が前もって予見できない形で影響し合うところだ。〔中略〕私のいうコンヴァージェンスとは①多数のメディア・プラットフォームにわたってコンテンツが流通すること②多数のメディア業界が協力すること③オーディエンスが自分の求めるエンターテインメント〔中略〕体験を求めてほとんどどこにでも渡り歩くこと、という三つの要素を含むものをいう。(『コンヴァージェンス・カルチャー』24頁)

この大著で彼が例として取り上げたのは、リアリティーショー『サバイバー』や『アメリカン・アイドル』などの人気テレビ番組をめぐる制作側と「ネタバレ師」たちの相互関係や、映画『マトリックス』や『スター・ウォーズ』におけるファンフィクション(ファンによる二次創作)、政治キャンペーンにおけるパロディ的コンテンツの拡散などだ。そのどれもがメディア構造の双方向的進展と複層性を物語っており、昨今のシティポップブームにも重なり合う論点が多い(というか、シティポップブームこそ、コンヴァージェンス文化そのものではないか、という気もしてくる)。

旧来のメディア企業やコンテンツホルダーが流通させる「正規」のルート=レコード等フィジカルメディアのレギュラーな流通とは異なる、「草の根」的なルート=時に脱法/

取り上げたカヴァーアルバム『Cover Selection 1-Midnight Lady-』をリリースしている他、バーチャルアイドルユニットSputripもシティポップ系楽曲を取り上げている。

違法の音楽ファイルの流通や、YouTube等へのアップロード、改変や二次創作が、予測できない形で拡散し、ブームに参加するファンたちによって新たなメディア的価値や意味が付与されていく様。さらには、そうした参加型のファン活動が、企業側のビジネスモデル変容をもたらしていく様。これらコンヴァージェンス的展開はすべて、一連のシティポップブームが経験し、推進してきたことである。

ジェンキンズは、こうした参加型ファンダム文化が、より民主的な消費社会的空間を形成することに期待を寄せている。シティポップブームにおいても、ある楽曲がYouTubeをきっかけに「バズ」を起こし、さらにはミーム化して拡散することにより、既存産業が「ストリーミング解禁」やオフィシャルMVの制作に踏み切るといった「民主的」な例が見られる。あるコンテンツが企業から消費者へ一方向的に供給されるのではなく、草の根的メディアを縦横に駆使し、新たな文脈を生産するファンカルチャーが、その供給の仕方や、時にはコンテンツの内容にまで影響を及ぼしているのだ。ここでは、エスタブリッシュメントはエスタブリッシュメントのままでいることはできない。旧来のメディア産業は新興のそれと協働することを余儀なくされ、ファンカルチャーもまた、その協働に対して参画するというポジティブな構図がそこには存在する。

だが、一方でジェンキンズは、コンヴァージェンス文化においては、しばしば既存産業の論理とは相容れない事態が生じ、彼らがそれを抑え込もうとすることも指摘している。シティポップに限らず、音楽産業とその消費者の間において、こういった光景はありふれたものだ。中でも著作権法やそれに付随した業界的慣習は、その「抑え込み」に際してもっとも頻繁に援用される論理だろう。企業がその原盤／楽曲から得られるはずの正当な利益を守るという範囲を逸脱し、参加型文化の豊穣な可能性や、それが涵養したはずの市場拡大がもたらす中長期的な利益を、自ら破壊していると思われる例は実に多い。象徴的な例としては、ユーザー側でのリッピングやコピーを禁じた悪名高きコピーコントロールCD〈※14〉や、既存のフローに固執するあまり国外での視聴を不可としたストリーミング音源やYouTube動画の存在を挙げることができるだろう。近年急速に緩和されてきているとはいえ、シティポップ系音源においても、こうしたアドホックで対抗的な「囲い込み」はまま見られる。

また、第4章でも論じたとおり、新たな覇権的デジタル企業による寡占という問題点も浮かび上がってくる。プラットフォームの多様化は、その一方で、巨大なコングロマリット的情報流通を顕在化させる。YouTube（＝Google）の一強化や、大手ストリーミングサービスにおけるアーティストや原盤権者への収益分配率の低さ＝不公平感。これらが固定的な問題となってしまうのか、あるいは、コンヴァージェンス的状況がさらに進むことで刷新されていくのかについては、まだ明確な見通しを描くことはできない。理想としては、ファン参加型文化が活性化していくのと並行して、一グローバル企業の提供するシステムにばかり依存するのではない、より柔軟な選択的消費が可能になっていくのが望ましいだろう。おそらく、そうした状況を準備する上でも、産業側の論理だけではなく、ファンダ

※14 コピーコントロールCD
ファイル共有ソフト等による音楽データの違法流通など、折から音楽業界で懸案視されていた問題に対抗するため導入されたコピー禁止技術付きの「CD」（厳密には既存のCD規格からは外れているので、CDですらない）。日本では2002年より大手レーベルにより順次採用された。音質面への懐疑をはじめ、既存プレイヤーでの正常作動が保証されないなど、違法コピーの意思のない善意のユーザーに対しても様々な不利益を生じさせる存在として消費者やアーティスト側から厳しく批判された。現在では、本来の目的であった違法コピーの抑制に効果があったのかどうかにも疑問符が付けられている。

ムから発される要請がますます大きな役割を担っていくことになる。現在のシティポップブームにおける予測不可能な種々のダイナミズムは、コンヴァージェンス文化の持つ社会的な意義と、そこに存在する諸問題を照らし出す優れた前照灯にもなっている。

今、ここにあるシティポップ

本書もいよいよ終盤にたどり着いたようだ。これまで、様々な論点からシティポップの特徴や魅力、時にはそこに潜む問題について明らかにしてきた。何よりもまず、シティポップがポピュラーミュージックとして類稀な魅力に満ちた存在であることは、承知していただけたのではないかと思っている。

欧米の音楽を手本にしながらも、ドメスティックな色彩を湛えた音楽。生まれた当時から、人々の耳をくすぐり、体を揺らしてきたシティポップ。時にはリラックスを、時にはダンスへの誘いを、そして、受容の系譜をたどり直してみることで、時には知的な興奮をももたらしてくれる。

ノスタルジアとエスケーピズムに浸された「非社会的」な音楽だと目されがちなシティポップには、それ特有の豊かな社会的機能があることも示した。かつて山崎正和が描出した「柔らかい個人主義」の時代において、シティポップは、人々の生活のワンシーンをポジティブに彩り、その「シーン」の中に戯れる様々な登場人物たちをつなぎ合わせる音楽、あるいは「憧れ」を発生させる機能をもって市民的自由へと誘う音楽として機能してきた。その後、一時的に不遇をかこつ時期もあったとはいえ、様々な文脈の上で息を吹き込まれ、カラフルで愉しげなサウンドを再提示し続けている。

もしかすると、今はもう「柔らかい個人主義」は失効し、様々な個人が個的に林立する、あるいは、様々な個人が熱狂のもとに集団化される時代、いわば「座礁した個人主義の時代」なのかもしれない。しかし、そんな中にあっても、いや、そんな状況だからこそ、トランスナショナルで、トランスジェネレーション的でもあるシティポップという胸躍る「文化」が、より一層多くの人々の心を捉えていく可能性もある。

現象としてのシティポップブームは、当然ながらいつしか終わりを迎える。しかしそうだとしても、あの時代と、今この時代においてシティポップが果たしてきた／いるポジティブな役割とその価値は今後も風化することはないだろうし、ひとつの後景的な意匠として、これからのポピュラーミュージックの展開の中でもしたたかに生き続けていくだろう。

シティポップは、たしかにこの時代の優れたサウンドトラックたりえている。ひとたびあなたがシティポップを聴けば、今この時に応じた「シーンメイキング」が行われる。その胸躍る体験は、決して過去からやってきたものではない。シティポップを聴く喜びは、今、ここにあるのだ。

あとがき

本書を制作しながら、様々なシティポップの楽曲、レコード、CD、ストリーミングをチャンポンして浴びるように聴いた。これまで何度も繰り返し聴いた名盤の素晴らしさに改めて感動したり、初めて耳にする作品の新鮮な魅力に驚きを味わったりした。

それらを味わえば味わうほど、シティポップについての様々な考えがうずまき、文字となって吐き出されていった。当初から楽しみにしていただいていた読者の方には大変申し訳のないことに、諸事情により発売予定日から大幅に遅れての刊行となってしまった。だが、その分予想以上の長きにわたることになった制作期間は、私にとって、シティポップそれ自体の魅力と知的な刺激が分かちがたく結びつき、混じり合う濃密な日々となった。

シティポップを聴くこと、知ること、ときには批判的／外部的な視点も織り交ぜながら論じること。本書では、なるべく多面的／多層的に、シティポップにおける「音楽そのもの」以外も描き出そうと努めた。シティポップが社会の中で鳴り響くとき、いったいどんな機能が託され、どんな意味を発生させてきたのか。シティポップの魅力を深く考えることとは、サウンドに身を委ねながらも、そうした思考へ誘われる体験でもある。本書を通じて、読者の皆さんにも、シティポップが体現してきたサウンドとしての魅力と、様々な機能／意味の融合を感じ取っていただけたなら、編著者としてこれ以上に嬉しいことはない。

２０２２年２月現在、変異株の脅威をはじめとして未だ未曾有のウイルス禍に覆われている地域は多く、各国間の往来にも相変わらず様々な制約が課せられている。長期化してしまったコロナ禍において、シティポップ受容もその展開に大きな影響を蒙ってきた。もっとも直接的な影響は、シティポップ楽曲をプレイし、踊るパーティーの開催を制限せざるをえなかったという事実に反映されている。これまで、様々な音楽がパーティー文化と密接に絡み合いながら発展してきたことを考えれば、この停滞はいかにも歯がゆい。人的交流の活性化はもちろん、ＤＪたちが紹介する楽曲が参加者へさらなる興味を焚き付け、シーンが拡散的に発展していくという現場的ダイナミズムは、一時的に中断されてしまった。もちろん、こうしたパーティーは感染状況の進退を見極めながら徐々に息を吹き返しつつあり、今後の展開次第ではコロナ禍以前の盛り上がりが再来しないとも限らない。

しかしながら、こうした状況は、シティポップ受容へまた別種の展開を促したのかもしれない。物理的な場での接近が制限されていたこの２年ほどで、個と個がつながろうとする引力は、やはりネット上でその働きを全面的に開花させてきたように思う。もしかすると、「真夜中のドア～stay with me」等のヒットを象徴的なものとする昨今の現象と、そこからもたらされた極めてコンヴァージェンス的な展開は、「自粛期間」ゆえに加速された出来事なのかもしれない。あらゆるルート、あらゆる仕方でバイラルにその魅力が伝播されていくという性質については、シティポップの側だって、（こんな喩えもどうかと思うが）

ウイルスにも決して負けてはいなかったのだ。

今やシティポップは、特にその「シティ」という単語が請け負っていた側面において、かつての姿から相当な変貌を遂げた。今や「シティ」は必ずしもなにか実体的な場所性を背負っているわけではない。「80年代の東京」は既に架空のものとしてリスナーの想像力の中へと吸収され尽くしている。シティポップは既に、「都市に所属するポップ」ではなく、「かつて夢見られた都会的ポップを聴くことを、思い思いの仕方で味わうポップ」というメタレベルのジャンル概念へと移行した。いつ、どこで（もちろん私の出身地のように埼玉の片田舎であってもいい）、誰と（もちろん一人でもいい）聴いても、シティポップが魅惑的なものであることは損なわれない。万一、「お前のようなヤツがシティポップなんて聴いているの？」と言われたら、こう言い返してやればいい。「そうだよ。だってシティポップなんだから」と。

おそらく、目に見える現象としてのシティポップブームはこれから先そう長くは続かないだろう。けれど、いや、だからこそ、この甘やかな音楽は余計にその魅力を磨き上げ、おぼろげに光り輝くノスタルジアの培養基として、時代の無意識の中でしたたかに延命していくような気もしている。ブームが霧散し、背景に退いても、現在の社会なりシーンに対してなにがしかの違和感や批判的な思いを抱く者がいる限り、いつでも再び蘇ってくるのかもしれない。万一、「まだシティポップなんて聴いているの？」と言われたら、こう言い返してやればいい。「そうだよ。だってシティポップなんだから」と。

以下に謝辞を。本書の元となった美学校オープン講座「基礎教養シリーズ　ゼロから聴きたいシティポップ」開講に際し、講師として誘ってくださった岸野雄一さんと美学校事務局の皆様。そして、同講座で素晴らしい発表をしてくださったモーリッツ・ソメさん、加藤賢さん。並びに、韓国シーンの活況ぶりをわくわくするエピソードとともに紹介してくださった長谷川陽平さんへお礼を申し上げます。皆さんから寄せられた論考やインタビューが本書の価値をぐんと高めていることは改めて申すまでもないでしょう。あわせて、重要なヒントとなる論文を快くご提供いただいた金悠進さん、芦崎瑞樹さん、本書の企画化に尽力された上、編集の労をとっていただいた河出書房新社の石川詩悠さんにも感謝を申し上げます。ぬQさんによる素晴らしいイラスト、森敬太さんによる刺激的な装丁も、執筆陣にとっての稀なる椿事でした。ありがとうございました。

素晴らしい楽曲を奏でてきたアーティストの皆様にも感謝と敬意を捧げます。皆さんの音楽から、日々を乗り切る力を得てきたことはいうまでもありません。同じく、DJの皆さん、ライター/評論家の皆さん、日々インスピレーションを与えてくれるリスナーの方々へも、謝辞と敬意を。そしてもちろん、講座を視聴いただいた受講生の皆様と、本書を手にとっていただいた読者の皆様へ、深く御礼申し上げます。

2022年2月

柴崎祐二

主要参考文献

雑誌

- 『アイデア』2014年7月号、誠文堂新光社
- 『AERA』1979年1月20日号、朝日新聞社；2019年12月23日号、朝日新聞出版
- 『朝日ジャーナル』1982年9月3日号、朝日新聞社
- 『ギター・マガジン』2020年1月号、リットーミュージック
- 『現代思想』2019年5月臨時増刊号、青土社
- 『SIGHT』2011年夏号、ロッキング・オン
- 『サンデー毎日』2019年9月1日号、毎日新聞出版
- 『CDジャーナル』(1995年8月号、2012年11月号、2014年9月号)、音楽出版社
- 『JJ』1983年1月号、光文社
- 『週刊プレイボーイ』1976年7月20日号、集英社
- 『週刊文春』1977年6月30日号、文藝春秋
- 『週刊明星』1983年4月14日号、集英社
- 『Spur』2015年6月号、集英社
- 『昭和40年男』2020年2月号増刊、クレタパブリッシング
- 『女性セブン』2021年5月20日・27日合併号、小学館
- 『新譜ジャーナル』(1977年8月号、1978年1月号)、自由国民社
- 『STUDIO VOICE』(1982年12月号、1994年5月号)、流行通信社；(2006年6月号、2018年9月号)、INFASパブリケーションズ
- 『DIAMOND BOX』1986年2月号、ダイヤモンド社
- 『宝島』1976年11月号、宝島社
- 『東京人』2021年4月号、都市出版
- 『トーキングロック！』2002年7月号、トーキングロック
- 『日経トレンディ』2021年6月号、日経BP
- 『ニューミュージック・マガジン』1971年5月号、ミュージック・マガジン
- 『ニュー・ライトミュージック』(1976年5月号、1976年10月号)、ヤマハ音楽振興会
- 『BART』1997年3月10日号、集英社
- 『bounce』(1995年6月号、1995年7月号、1995年8月号、1996年4月号、2003年5月号)、タワーレコード
- 『話の特集』1975年1月号、話の特集社
- 『Big Music』1983年1月号、講談社
- 『Views』1990年3月号、講談社
- 『フィガロジャポン』2014年3月号、CCCメディアハウス
- 『BRUTUS』(2015年3月1日号、2016年7月1日号、2019年11月15日号)、マガジンハウス
- 『Pen』2021年4月1日号、CCCメディアハウス
- 『毎日グラフ』1992年11月29日号、毎日新聞社
- 『ミス・ヒーロー』1983年8月号、講談社
- 『mimi』1980年7月号、講談社
- 『ミュージック・マガジン』(1998年11月号、2015年6月号、2019年3月号、2019年12月号、2020年4月号)、ミュージック・マガジン
- 『明星』(1980年6月号、1984年2月号)、集英社
- 『ヤングギター』1975年8月号、新興楽譜出版社
- 『ヤングフォーク』(1976年秋号、1977年夏号)、講談社
- 『ユリイカ』(1996年8月号、2004年9月号、2019年12月号)、青土社
- 『Listen!』Vol.01、2003年、ブルース・インターアクションズ
- 『Rooftop』1977年12月号、ロフトプロジェクト
- 『レコード・コレクターズ』(2003年4月号、2015年1月号、2016年9月号、2018年7月号、2018年9月号、2019年2月号、2020年6月号、2020年7月号、2021年4月号)、ミュージック・マガジン
- 『ロック画報』(01［2000年］、02［2000年］、14［2003年］)、ブルース・インターアクションズ
- 『WAVE』#27、1990年、ペヨトル工房

ディスクガイド

- 金澤寿和監修、Light Mellow Attendants『Light Mellow和モノ Special――more 160 items』ラトルズ、2013年
- 喫茶ロック委員会編『喫茶ロック』ソニー・マガジンズ、2002年
- 木村ユタカ監修『クロニクル・シリーズ　ジャパニーズ・シティ・ポップ』シンコーミュージック・エンタテイメント、2006年
- 木村ユタカ監修『増補改訂版　ディスク・コレクション　ジャパニーズ・シティ・ポップ』シンコーミュージック・エンタテイメント、2020年
- Groove Curators『WA B・O・O・G・I・E――1980s Japanese Boogie / Funk / Modern Soul / Fusion』トゥーヴァージンズ、2019年
- コイデヒロカズ『テクノ歌謡マニアクス』ブルース・インターアクションズ、2000年
- 佐藤秀彦『新蒸気波要点ガイド――ヴェイパーウェイヴ・アーカイブス2009-2019』DU BOOKS、2019年
- 菅原慎一＋パンス監修『アジア都市音楽ディスクガイド』DU BOOKS、2022年
- DIAMOND VACANCES編『ASIAN MUSIC GUIDE』自費出版、2020年
- 田口史人＋湯浅学＋北中正和監修『増補改訂　新版　日本ロック&フォーク・アルバム大全　ラヴ・ジェネレーション1966-1979』音楽之友社、2000年
- Chee Shimizu『obscure sound――桃源郷的音盤640選』リットーミュージック、2013年
- 永田一直編著『和ラダイスガラージBOOK for DJ』東

京キララ社、2015年
• 藤井陽一監修『ラグジュアリー歌謡——(((80s)))パーラー気分で楽しむ邦楽音盤ガイド538』DU BOOKS、2013年
• 古家正亨『ディスクコレクション　K-POP』シンコーミュージック・エンタテイメント、2012年
• 松木章太郎監修『和レアリック・ディスクガイド』ele-king books、2019年
• 湯浅学監修『レコード・コレクターズ増刊　日本ロック＆ポップス・アルバム年鑑　1979-1989』ミュージック・マガジン、2014年
• 吉沢dynamite.jp+CHINTAM監修『和モノ　A to Z——Japanese Groove Disc Guide』リットーミュージック、2015年
• lightmellowbu『オブスキュア・シティポップ・ディスクガイド』DU BOOKS、2020年
• RARE 33 inc.監修『GROOVE Presents RARE GROOVE A to Z——レア・グルーヴ　ディスク・ガイド』リットーミュージック、2009年
• 『80sディスクガイド』リブロポート、1998年
• 『THE DIG Presents　ディスコ』シンコーミュージック・エンタテイメント、2012年
• 『JAPANESE CLUB GROOVE DISC GUIDE』宙出版、2006年
• 『レコード・コレクターズ増刊　シティポップ1973-2019』ミュージック・マガジン、2019年
• Slama, Frédéric P., *The Japanese AOR Bible: 200 Japanese AOR Masterpieces*, self publishing, 2020.
• Slama, Frédéric P., *The Japanese AOR Bible 2: 200 Japanese AOR Masterpieces*, self publishing, 2020.

音楽書
• ジャック・アタリ『ノイズ——音楽／貨幣／雑音』金塚貞文訳、みすず書房、2012年
• 井手口彰典『ネットワーク・ミュージッキング——「参照の時代」の音楽文化』勁草書房、2009年
• 烏賀陽弘道『Jポップとは何か——巨大化する音楽産業』岩波新書、2005年
• 大川俊昭＋高護編著『定本はっぴいえんど』SFC音楽出版、1986年
• 大須賀猛＋ASIAN BEATS CLUB編『エイジアン・ポップ・ミュージックの現在』新宿書房、1993年
• 大和田俊之編著『ポップ・ミュージックを語る10の視点』アルテスパブリッシング、2020年
• 小川博司＋小田原敏＋粟谷佳司＋小泉恭子＋葉口英子＋増田聡『メディア時代の広告と音楽——変容するCMと音楽化社会』新曜社、2005年
• 北中正和『にほんのうた——戦後歌謡曲史』新潮文庫、1995年
• 北中正和責任編集『風都市伝説——1970年代の街とロックの記憶から』CDジャーナルムック、2004年
• 木村ユタカ監修『はっぴいえんどコンプリート』シンコーミュージック・エンタテイメント、2008年
• 高護『歌謡曲——時代を彩った歌たち』岩波新書、2011年
• 酒井順子『ユーミンの罪』講談社現代新書、2013年
• 佐々木敦『ニッポンの音楽』講談社現代新書、2014年
• 篠崎弘『カセット・ショップへ行けば、アジアが見えてくる——Pops in Asia』朝日新聞社、1988年
• スージー鈴木『1984年の歌謡曲』イースト新書、2017年
• 田中稲『昭和歌謡　出る単　1008語——歌詞を愛して、情緒を感じて』誠文堂新光社、2018年
• 田中雄二『TR-808〈ヤオヤ〉を作った神々——菊本忠男との対話——電子音楽in JAPAN外伝』DU BOOKS、2020年
• 萩原健太『はっぴいえんど伝説』シンコー・ミュージック、1992年
• 萩原健太『70年代　シティ・ポップ・クロニクル』ele-king books、2015年
• 萩原健太『80年代　日本のポップス・クロニクル』ele-king books、2018年
• 速水健朗『タイアップの歌謡史』新書y（洋泉社）、2007年
• 福屋利信『音楽社会学でJ-POP!!!——米軍基地から生まれた日本歌謡曲ヒストリー』かざひの文庫、2018年
• グレッグ・プラト『ヨット・ロック——AOR、西海岸サウンド黄金時代を支えたミュージシャンたち』奥田祐士訳、DU BOOOKS、2019年
• マイケル・ボーダッシュ『さよならアメリカ、さよならニッポン——戦後、日本人はどのようにして独自のポピュラー音楽を成立させたか』奥田祐士訳、白夜書房、2012年
• 『ポップ・アジア』編集部編『アジアポップスパラダイス』講談社、2000年
• 牧村憲一『ニッポン・ポップス・クロニクル1969-1989』スペースシャワーブックス、2013年
• 牧村憲一＋藤井丈司＋柴那典『渋谷音楽図鑑』太田出版、2017年
• 丸目蔵人『アジオン・ラヴァーズ　ver.1.0』大村書店、1996年
• 南田勝也『ロックミュージックの社会学』青弓社、2001年
• 南田勝也編著『私たちは洋楽とどう向き合ってきたのか——日本ポピュラー音楽の洋楽受容史』花伝社、2019年
• 村元武『プレイガイドジャーナルへの道　1968?1973——大阪労音—フォークリポート—プレイガイドジャーナル』東方出版、2016年
• 毛利嘉孝『増補　ポピュラー音楽と資本主義』せりか書房、2012年
• 林穂紅編『チャイニーズ・ポップスのすべて——香港・台湾・中国』音楽之友社、1997年
• 若杉実『渋谷系』シンコーミュージック・エンタテイメント、2014年

• 輪島裕介『踊る昭和歌謡——リズムからみる大衆音楽』NHK 出版新書、2015 年
• 『アジアンポップス事典』TOKYO FM 出版、1995 年
• 『渋谷系狂騒曲——街角から生まれたオルタナティヴ・カルチャー』リットーミュージック、2021 年
• 『宝島特別編集　日本ロック大百科［年表篇］——ロカビリーからバンド・ブームまで』JICC 出版局、1992 年
• 『ニューミュージックの本』共同通信社、1978 年
• 『ニューミュージック・マガジン 1977 年年鑑』ミュージック・マガジン、1978 年
• 『ニューミュージック・マガジン 1979 年年鑑』ミュージック・マガジン、1980 年
• 『別冊宝島　音楽誌が書かない J ポップ批評（25）フリッパーズギターと「渋谷系の時代」』宝島社、2003 年
• 『ライトミュージック増刊　スーパー・ロック '76』ヤマハ音楽振興会、1975 年
• 『レコード・コレクターズ増刊　はっぴいな日々——はっぴいえんどの風が吹いた時代』ミュージック・マガジン、2000 年
• Reynolds, Simon, *Retromania: Pop Culture's Addiction to Its Own Past*, Faber & Faber, 2012.
• Tsai, Eva, Tung-Hung Ho and Miaoju Jian (Eds.), *Made in Taiwan: Studies in Popular Music*, Routledge, 2019.

一般書
• 浅野智彦『「若者」とは誰か——アイデンティティの 30 年』河出ブックス、2013 年
• 泉麻人＋みうらじゅん『週刊本 24　無共闘世代』朝日出版社、1985 年
• 岩渕功一『トランスナショナル・ジャパン——ポピュラー文化がアジアをひらく』岩波現代文庫、2016 年
• ソースタイン・ヴェブレン『有閑階級の理論［新版］』村井章子訳、ちくま学芸文庫、2016 年
• 恩藏茂『『FM ステーション』とエアチェックの 80 年代——僕らの音楽青春記』河出文庫、2021 年
• 木澤佐登志『ダークウェブ・アンダーグラウンド——社会秩序を逸脱するネット暗部の住人たち』イースト・プレス、2019 年
• 木澤佐登志『ニック・ランドと新反動主義——現代世界を覆う〈ダーク〉な思想』星海社新書、2019 年
• 北田暁大『嗤う日本の「ナショナリズム」』NHK ブックス、2005 年
• 北田暁大『増補　広告都市・東京——その誕生と死』ちくま学芸文庫、2011 年
• 斎藤美奈子＋成田龍一編著『1980 年代』河出ブックス、2016 年
• フレドリック・ジェイムスン『カルチュラル・ターン』合庭惇＋秦邦生＋河野真太郎訳、作品社、2006 年
• ヘンリー・ジェンキンズ『コンヴァージェンス・カルチャー——ファンとメディアがつくる参加型文化』渡部宏樹＋北村紗衣＋阿部康人訳、晶文社、2021 年
• 絓秀実『増補　革命的な、あまりに革命的な——「1968 年革命」史論』ちくま学芸文庫、2018 年
• 高野光平『昭和ノスタルジー解体——「懐かしさ」はどう作られたのか』晶文社、2018 年
• 高畠通敏『高畠通敏集 2　政治の発見』岩波書店、2009 年
• 田中拓道『リベラルとは何か——17 世紀の自由主義から現代日本まで』中公新書、2020 年
• 田中康夫『なんとなく、クリスタル』河出書房新社、1981 年
• TVOD『ポストサブカル焼け跡派』百万年書房、2020 年
• 難波功士『族の系譜学——ユース・サブカルチャーズの戦後史』青弓社、2007 年
• 野嶋剛『台湾とは何か』ちくま新書、2016 年
• ジグムント・バウマン『退行の時代を生きる——人びとはなぜレトロトピアに魅せられるのか』伊藤茂訳、青土社、2018 年
• 早川タダノリ『「日本スゴイ」のディストピア——戦時下自画自賛の系譜』青弓社、2016 年
• 原宏之『バブル文化論——〈ポスト戦後〉としての一九八〇年代』慶應義塾大学出版会、2006 年
• マーク・フィッシャー『わが人生の幽霊たち——うつ病、憑在論、失われた未来』五井健太郎訳、ele-king books、2019 年
• ホイチョイ・プロダクション『見栄講座——ミーハーのためのその戦略と展開』小学館、1983 年
• ジャン・ボードリヤール『新装版　消費社会の神話と構造』今村仁司＋塚原史訳、紀伊國屋書店、2015 年
• 細川周平『ウォークマンの修辞学』エスピテーメー叢書（朝日出版社）、1981 年
• 宮台真司＋石原英樹＋大塚明子『増補　サブカルチャー神話解体——少女・音楽・マンガ・性の変容と現在』ちくま文庫、2007 年
• 文京洙『新・韓国現代史』岩波新書、2015 年
• 森健＋日戸浩之、此本臣吾監修『デジタル資本主義』東洋経済新報社、2018 年
• 森政稔『戦後「社会科学」の思想——丸山眞男から新保守主義まで』NHK ブックス、2020 年
• 山崎正和『柔らかい個人主義の誕生——消費社会の美学』中公文庫、1987 年
• 山本昭宏『戦後民主主義——現代日本を創った思想と文化』中公新書、2021 年
• 『宝島特別編集　永久保存版　1970 年大百科』JICC 出版局、1985 年
• 『宝島特別編集　1980 年大百科』JICC 出版局、1990 年
• 『平凡 Special　僕らの 80 年代』マガジンハウス、2019 年
• Boym, Svetlana, *The Future of Nostalgia*, Basic Books, 2002.
• Morley, David and Kevin Robins, *Spaces of Identity: Global Media, Electronic Landscapes and Cultural*

Boundaries, Routledge, 1995.

論文

• 芦崎瑞樹「輸入大衆音楽のカテゴリー化——「ポップス」の語を中心に——」大阪大学修士論文、2019年
• 石丸敦子「ノスタルジーのカルチュラル・スタディーズ：スヴェトラーナ・ボイム『ノスタルジーの未来』の描くロシア」『Quadrante』No.17、2015年
• 太田健二「リフレクティヴなイメージとしての「日本」：テクノ（ロジー）ミュージックとジャパニメーションを通して」『年報人間科学』25号、2004年
• 太田健二「オリエンタリズムと〈日本（人）〉イメージ再考：「クールジャパン」とポピュラー音楽の表象を事例に」『四天王寺大学紀要』61号、2015年
• 大和田俊之「〈切なさ〉と〈かわいさ〉の政治学：Perfume と BABYMETAL にみるオリエンタリズム」『Booklet』Vol.23、2015年
• 加藤賢「〈書評論文〉「シティ」たらしめるものは何か？：シティ・ポップ研究の現状と展望」『阪大音楽学報』16・17合併号、2020年
• 加藤賢「渋谷に召還される〈渋谷系〉——ポピュラー音楽におけるローカリティの構築と変容——」『ポピュラー音楽研究』Vol.24、2020年
• 金悠進「「シティポップ」なきポップス——ジャカルタ都会派音楽の実像——」『ポピュラー音楽研究』Vol.24、2020年
• モーリッツ・ソメ「ポピュラー音楽のジャンル概念における間メディア性と言説的構築——「ジャパニーズ・シティ・ポップ」を事例に——」『阪大音楽学報』16・17合併号、2020年
• 原口直希「台湾人若年層が抱く日本に対する「親しみ」の変容：日本のポップカルチャー受容を手掛かりに」『一橋研究』第44巻2・3・4合併号、2020年
• 屋葺素子「カバー曲史からみた台湾における日本のポピュラー音楽」『ポピュラー音楽研究』Vol.8、2004年
• Ballam-Cross, Paul, "Reconstructed Nostalgia: Aesthetic Commonalities and Self-Soothing in Chillwave, Synthwave, and Vaporwave," *Journal of Popular Music Studies* 33 (1), 2021.
• McLeod, Ken, "Vaporwave: Politics, Protest, and Identity," *Journal of Popular Music Studies* 30 (4), 2018.
• Mōri, Yoshitaka, "J-Pop Goes the World," *Made in Japan: Studies in Popular Music*, Tōru Mitsui (Ed.), Routledge, 2014.
• Sommet, Moritz and Ken Katō, "Japanese City Pop abroad: findings from an online music community survey," 2021.
• 조인애, 조규헌「문화번역의 관점에서 본 유튜브 시티팝（City pop）고찰：리메이크에서 뉴트로로」『외국학연구』no.55, 2021.

Web 記事

（紙幅の関係上、本文で直接参照したもののみ掲載した）
• Daisuke Ito「日本の関係者から見た、和モノ再評価の波」『Resident Advisor』2019年5月10日、https://jp.ra.co/features/2696
• 柴那典「「バイラルチャート」に見る、リスナー主体のヒットの生まれ方」『KOMPASS』2021年3月25日、https://kompass.cinra.net/article/202103-viral_kngsh
• 柴那典「日本の「シティ・ポップ」世界的人気のナゼ…現象の全貌が見えてきた」『現代ビジネス』2021年3月27日、https://gendai.ismedia.jp/articles/-/81352
• 田中敏明「AORの先駆けとなったシティ・ミュージックのブームを誘発！——マイケル・フランクス「アントニオの歌」」『ONTOMO』2020年12月5日、https://ontomo-mag.com/article/column/michael-franks-202012/
• 柳樂光隆「ジャイルス・ピーターソンが語る、ブリット・ファンクとUK音楽史のミッシングリンク」『Rolling Stone Japan』2021年4月12日、https://rollingstonejapan.com/articles/detail/35733
• 鳴田麻未「「みんなの共通項になりたい」"国民的ポップス志向"バンドがメジャー進出」『ナタリー』2015年6月26日、https://natalie.mu/music/pp/shiggyjr
• Jon Blistein「日本のシティ・ポップは、なぜ世界中のリスナーを虜にしているのか？」『Rolling Stone Japan』2019年8月12日、https://rollingstonejapan.com/articles/detail/31716
• 真保みゆき「「シュガー・ベイブの後、なぜポンタにドラムを頼んだか」山下達郎が初めて語った戦友・村上"ポンタ"秀一　山下達郎ロングインタビュー #1」2021年4月11日、https://bunshun.jp/articles/-/44612
• 村田健人「シティ・ポップ卒論①「日本のポピュラー音楽をめぐる"シティ"の移り変わり」」2019年2月9日、https://note.com/kentomuratacom/n/n1688660f6387
• 山元翔一「2021年、シティポップの海外受容の実態 Spotifyのデータで見る」『KOMPASS』2021年7月30日、https://kompass.cinra.net/article/202107-citypop2_ymmts
• Arcand, Rob and Sam Goldner "The Guide to Getting Into City Pop, Tokyo's Lush 80s Nightlife Soundtrack," *VICE*, January 25, 2019. https://www.vice.com/en/article/mbzabv/city-pop-guide-history-interview
• Boym, Svetlana, "Nostalgia," *Atlas of Transformation*. http://monumenttotransformation.org/atlas-of-transformation/html/n/nostalgia/nostalgia-svetlana-boym.html
• Kim, Joshua Minsoo, "Pacific Breeze 2: Japanese City Pop, AOR & Boogie 1972–1986," *Pitchfork*, June 2, 2020. https://pitchfork.com/reviews/albums/various-artists-pacific-breeze-2-japanese-city-pop-aor-and-boogie-1972-1986/
• Paugam, Van, "Why is City Pop Nostalgic?," March 2, 2021. https://www.vanpaugam.com/blog/2021/3/1/why-is-city-pop-nostalgic
• Zhang, Cat, "The Endless Life Cycle of Japanese City Pop," *Pitchfork*, February 24, 2021. https://pitchfork.com/features/article/the-endless-life-cycle-of-japanese-city-pop/

編著者

柴崎祐二（しばさき・ゆうじ）

1983年、埼玉県生まれ。音楽ディレクター、評論家。2006年よりレコード業界にてプロモーションや制作に携わり、多くのアーティストのA&Rを務める。著書に『ミュージック・ゴーズ・オン～最新音楽生活考』（ミュージック・マガジン、2021年）、編共著に『オブスキュア・シティポップ・ディスクガイド』（DU BOOKS、2020年）など。『アジア都市音楽ディスクガイド』（DU BOOKS、2022年）にも参加。

著者

岸野雄一（きしの・ゆういち）

1963年、東京都生まれ。勉強家（スタディスト）。美学校音楽学科主任。音楽レーベル〈Out One Disc〉主宰。俳優、音楽家、著述家など、多岐にわたり活動する。2015年、音楽劇『正しい数の数え方』で第19回文化庁メディア芸術祭エンターテインメント部門大賞を受賞。共著に『commmons: schola vol.10 Ryuichi Sakamoto Selections: Film Music』（エイベックス・ミュージック・クリエイティヴ、2016年）など。ほか、『ユリイカ』（青土社）などへ寄稿多数。

モーリッツ・ソメ（Moritz Sommet）

1980年、ドイツ・デュースブルク市生まれ。専門は日本学。スイス・フリブール大学文学部多言語研究センター情報文書センター長・図書館長。著書に『Mediale Interferenzen: Literatur und Popmusik in Japan (1955-2005)』(Harrassowitz、2021年)、論文に「ポピュラー音楽のジャンル概念における間メディア性と言説的構築――「ジャパニーズ・シティ・ポップ」を事例に――」(『阪大音楽学報』16・17合併号、2020年）など。

加藤賢（かとう・けん）

1993年、愛知県生まれ。専門はポピュラー音楽研究、都市論。早稲田大学教育学部卒業、大阪大学文学研究科博士後期課程在籍中。日本学術振興会特別研究員（DC2）。論文に「〈書評論文〉「シティ」たらしめるものは何か?：シティ・ポップ研究の現状と展望 」（『阪大音楽学報』16・17合併号、2020年)、「渋谷に召還される〈渋谷系〉――ポピュラー音楽におけるローカリティの構築と変容――」（『ポピュラー音楽研究』Vol.24、2020年）など。

長谷川陽平（はせがわ・ようへい）

1971年、東京都生まれ。ギタリスト、DJ、プロデューサー。1995年に渡韓し、以来、韓国を拠点に音楽活動を行う。ファンシネ・バンド、デリスパイス、サヌリム、デビルス等のバンドを経て、2009年より「チャン・ギハと顔たち」に参加するとともに、2010年より本格的にDJを開始、数多くのシティポップパーティーやアジアンミュージックパーティーをオーガナイズする。著書に『大韓ロック探訪記』（DU BOOKS、2014年）など。

二〇二三年四月二〇日　初版印刷
二〇二三年四月三〇日　初版発行

シティポップとは何《なに》か

編著者　柴崎祐二
著　者　岸野雄一、モーリッツ・ソメ、加藤賢、長谷川陽平
装　幀　森敬太（合同会社 飛ぶ教室）
装　画　ぬQ
本文図版　大酒井雄大
発行者　小野寺優
発行所　株式会社河出書房新社
〒一五一-〇〇五一
東京都渋谷区千駄ヶ谷二-三二-二
電話　〇三-三四〇四-一二〇一（営業）
〇三-三四〇四-八六一一（編集）
https://www.kawade.co.jp/
印　刷　株式会社亨有堂印刷所
製　本　小泉製本株式会社

Printed in Japan
ISBN978-4-309-29160-4